DEVOCIONAL DIARIO

UN TESORO CADA DÍA

UN VIAJE DIARIO HACIA
UNA VIDA ESPIRITUAL
FORTALECIDA Y FRUCTIFERA

PASTOR LUIS RICARDO MEZA G.

AGRADECIMIENTOS

Mi gratitud principal es para mi mejor amigo, el Espíritu Santo. Desde el día en que Jesús transformó mi vida, Su presencia ha sido mi guía constante: llenándome de paz, instruyéndome con sabiduría, corrigiéndome con amor, exhortándome con firmeza, sanándome en los momentos más oscuros y liberándome de las cadenas que me ataban. Pero, sobre todo, me ha amado con una paciencia infinita y un amor incondicional que supera cualquier descripción.

Agradezco profundamente a cada miembro del cuerpo de Cristo que ha sido una inspiración en mi caminar de fe. Sus vidas han edificado la mía y me han mostrado el poder de una fe vivida con integridad y humildad. En especial, quiero honrar la vida y el legado del apóstol Alejandro Ariza, mi padre espiritual, cuyo ejemplo de liderazgo y enseñanza me formó como un ministro competente del nuevo pacto.

A mi amada esposa, apoyo inquebrantable en cada etapa de este camino. Su fe en mí nunca ha flaqueado, aun en las pruebas más difíciles. Gracias por ser un reflejo del amor y la gracia de Dios en mi vida. A mis hijos, que son mi mayor tesoro, mi fuente constante de inspiración y un recordatorio diario de la grandeza de Dios. Cada uno de ustedes me desafía a ser un hombre de Dios más fuerte, más sabio y más amoroso.

Agradezco también a cada pastor, ministro y compañero que sirve conmigo en la obra del ministerio. Su dedicación y pasión han sido herramientas en las manos de Dios para moldear mi carácter y fortalecer mi propósito. Finalmente, a mis padres, quienes sembraron en mí valores inquebrantables y siempre me dieron lo mejor de sí. Su amor y sacrificio son una parte fundamental de quien soy hoy.

Gracias a todos los que, de una u otra forma, han sido instrumentos de bendición en este viaje. Este libro es tanto mío como suyo, pues cada palabra está impregnada de las lecciones que me han transmitido y el amor que me han brindado.

PROLOGO

La vida cristiana es un viaje hacia la plenitud en Cristo, donde cada día trae consigo un tesoro escondido en Su Palabra, esperando ser descubierto. "Un Tesoro Cada Día" es mucho más que un devocional; es una invitación a caminar de la mano con Dios, a cultivar una relación más profunda con Él y a permitir que Su verdad transforme cada rincón de tu vida.

En un mundo lleno de ruido y distracciones, este libro te brinda un espacio para detenerte, escuchar y reflexionar. A través de enseñanzas claras, pasajes bíblicos seleccionados y reflexiones prácticas, encontrarás herramientas para fortalecer tu fe, renovar tu espíritu y descubrir cómo fructificar en todas las áreas de tu vida.

Cada página está diseñada para llevarte a un encuentro personal con el Señor, donde Su Palabra te guiará, Su amor te transformará, y Su propósito se hará más claro. No importa en qué etapa te encuentres en tu caminar cristiano, este libro es un recordatorio constante de que la única manera de fructificar es permaneciendo en Cristo.

Prepárate para ser retado, alentado y renovado. Toma este libro como tu compañero diario, y mientras avanzas, descubrirás que no solo estás leyendo palabras, sino que estás siendo transformado por el poder de Aquel que te ha llamado a una vida fructífera, al finalizar este libro habras recorrido la biblia de tapa a tapa y esto detonará tu fe y tu vida espiritual.

Este no es un simple devocional. Es una herramienta para que experimentes la promesa de Jesús: "Yo soy la vid, vosotros los pámpanos; el que permanece en mí, y yo en él, este lleva mucho fruto" (Juan 15:5). ¡Que este sea el comienzo de una jornada espiritual llena de frutos para la gloria de Dios!

Con gratitud,

Pastor Luis Ricardo Meza

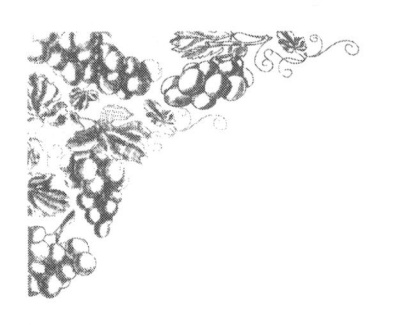

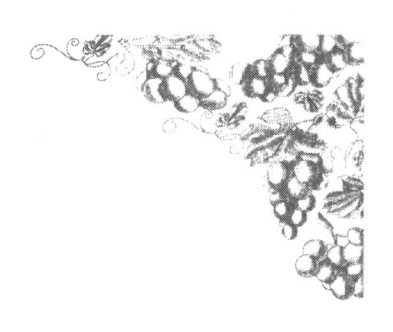

ENERO

"Comienza este año permaneciendo en la Vid Verdadera, confiando en que Dios hará fructificar cada área de tu vida rendida a Él."

"Yo soy la vid, vosotros los pámpanos; el que permanece en mí, y yo en él, éste lleva mucho fruto; porque separados de mí, nada podéis hacer." (Juan 15:5)

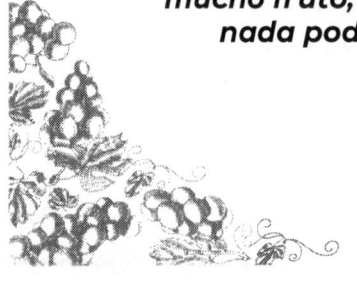

Día 1 - Enero:

Jesús, la Luz Verdadera

Citas bíblicas a leer: Juan 1:1-18

Reflexión:

Juan 1:4-5 dice: "En Él estaba la vida, y la vida era la luz de los hombres. La luz en las tinieblas resplandece, y las tinieblas no prevalecieron contra ella."

Jesús es la Luz Verdadera, la fuente de vida que ilumina el camino en medio de las tinieblas. Cuando permitimos que Él entre en nuestro corazón, Su luz disipa las sombras del pecado, el temor y la confusión. Esa luz no solo nos guía, sino que también nos transforma, capacitándonos para dar fruto abundante. Estar conectados a Cristo significa vivir en comunión constante con Él, dejando que Su luz brille en nosotros y a través de nosotros.

Conectados a la Vid Verdadera:

Jesús es la fuente de toda vida: Si permanecemos conectados a Él, seremos como lámparas que reflejan Su luz al mundo.

Su toque nos vivifica: Cuando nos acercamos a Él con un corazón rendido, recibimos una nueva vida que nos impulsa a dar fruto espiritual. No es un simple cambio externo, sino una transformación que comienza en lo profundo del alma.

Compromiso práctico:

Dedica 10 minutos hoy para orar y pedirle a Jesús que ilumine las áreas de tu vida que necesitan Su toque transformador. Haz una lista de esas áreas y confía en que Su luz las disipará.

Puntos de oración:

Agradece porque Jesús es la luz que nunca se apaga.

Ora para que Su luz te transforme y te capacite para fructificar.

Clama por aquellos que aún viven en tinieblas, para que reciban el toque de Jesús en sus vidas.

Día 2 - Enero:

Conectados al Creador

Citas bíblicas a leer: Génesis 1-4

Reflexión:

En Génesis 1:31 leemos: "Y vio Dios todo lo que había hecho, y he aquí que era bueno en gran manera."

Dios creó todo con orden, belleza y propósito. Nos formó a Su imagen y semejanza, dándonos la capacidad de reflejar Su carácter y glorificar Su nombre. Sin embargo, el pecado trajo desconexión y caos. Solo al volver a conectar nuestra vida con Dios, la Vid Verdadera, encontramos restauración y un propósito que trasciende.

Conectados a la Vid Verdadera:

El toque del Creador nos restaura: Así como Dios formó al hombre con Sus manos, Él también puede recrear y restaurar lo que está roto en nuestras vidas.

Somos hechos para dar fruto: Nuestro propósito original es reflejar a Dios en todo lo que hacemos. Al permanecer en Él, comenzamos a ver frutos de amor, obediencia y santidad en nuestra vida.

Compromiso práctico:

Hoy, reflexiona en cómo estás glorificando a Dios con tu vida. Anota tres áreas en las que puedes mejorar para reflejar mejor Su imagen. Dedica un tiempo a orar sobre cada una.

Puntos de oración:

Agradece porque eres una creación hecha a la imagen de Dios.

Ora para que el toque de Dios restaure áreas rotas en tu vida.

Intercede por quienes sienten que su vida carece de propósito, para que se conecten con su Creador.

Día 3 - Enero:
La Obediencia que Atrae Bendición

Citas bíblicas a leer: Génesis 5-8

Reflexión:

En Génesis 6:22 dice: "Y lo hizo así Noé; hizo conforme a todo lo que Dios le mandó."

En medio de un mundo corrupto y apartado de Dios, Noé encontró gracia al permanecer obediente. Su fidelidad lo llevó a ser parte de la obra redentora de Dios. La obediencia no siempre es fácil, pero nos conecta con el poder de Dios y atrae Su bendición sobre nuestra vida.

Conectados a la Vid Verdadera:

La obediencia fluye de la comunión con Dios: Noé escuchó y actuó según la voz de Dios porque caminaba en relación con Él. Cuando estamos conectados a Cristo, la obediencia se convierte en fruto natural de nuestra fe.

La bendición sigue a la obediencia: La fidelidad a Dios abre puertas para experimentar Su protección, provisión y propósito en nuestra vida.

Compromiso práctico:

Escribe una acción concreta que sabes que Dios te está llamando a obedecer. Decide hoy dar ese paso, confiando en Su guía y fidelidad.

Puntos de oración:

Agradece porque Dios bendice la obediencia fiel.

Ora para tener un corazón dispuesto a escuchar y obedecer Su voz.

Intercede por quienes están luchando para obedecer a Dios en áreas específicas de su vida.

Día 4 - Enero:

La Fidelidad de Dios en el Pacto

Citas bíblicas a leer: Génesis 9-12

Reflexión:

En Génesis 9:13, Dios establece Su pacto con Noé y dice: "Mi arco he puesto en las nubes, el cual será por señal del pacto entre mí y la tierra."

El arco iris es símbolo de la fidelidad de Dios, quien siempre cumple Sus promesas. Él no cambia ni falla. Al estar conectados a la Vid Verdadera, aprendemos a confiar en Su fidelidad, incluso cuando las circunstancias parecen contrarias.

Conectados a la Vid Verdadera:

El pacto de Dios es firme: Así como el arco iris recordaba a Noé la promesa de Dios, hoy podemos recordar que Su amor y fidelidad son eternos.

Nuestra respuesta al pacto: La fidelidad de Dios nos impulsa a responder con confianza y entrega total, viviendo para honrarle.

Compromiso práctico:

Identifica una promesa de Dios en la Biblia que te inspire. Escríbela y medita en ella hoy, declarando en oración que Su fidelidad es inquebrantable.

Puntos de oración:

Agradece porque Dios siempre cumple Sus promesas.

Ora para fortalecer tu confianza en Su fidelidad.

Intercede por quienes están dudando de las promesas de Dios.

Día 5 - Enero:

Fructificando a Través de la Palabra

Citas bíblicas a leer: Salmos 1-3

Reflexión:

En el Salmo 1:2-3 se describe al justo: "Sino que en la ley de Jehová está su delicia, y en Su ley medita de día y de noche. Será como árbol plantado junto a corrientes de aguas, que da su fruto en su tiempo."

La Palabra de Dios es como agua viva que nutre nuestra vida espiritual. Permanecer en la Vid Verdadera significa deleitarnos en Su Palabra y meditar en ella. Allí encontramos dirección, corrección y el alimento necesario para crecer y dar fruto constante.

Conectados a la Vid Verdadera:

Nutrición espiritual diaria: La Palabra es nuestro alimento. Meditar en ella nos fortalece, renueva nuestra mente y nos llena de vida.

El fruto llega en su tiempo: No te desanimes si no ves resultados inmediatos. Dios está obrando en tu vida y, a Su tiempo, dará fruto abundante.

Compromiso práctico:

Dedica hoy 10 minutos a leer y meditar en el Salmo 1. Pide al Espíritu Santo que te dé una palabra específica para este día y anótala.

Puntos de oración:

Agradece por el poder transformador de la Palabra de Dios.

Ora para desarrollar un amor profundo por la lectura y meditación diaria de las Escrituras.

Clama por quienes necesitan ser nutridos espiritualmente con la Palabra.

Día 6 - Enero:

Caminando en Confianza con el Maestro

Citas bíblicas a leer: Génesis 13-16

Reflexión:

En Génesis 15:6 se nos dice: "Y creyó a Jehová, y le fue contado por justicia."

Abram caminó en confianza con Dios aun cuando la promesa parecía imposible. Su relación con el Señor no dependía de lo que podía ver, sino de lo que Dios había hablado. Cuando permitimos que Dios nos guíe y recibimos Su toque transformador, aprendemos a caminar por fe, no por vista. La fe que fructifica nace de una relación constante con la Vid Verdadera.

Conectados a la Vid Verdadera:

Confianza total: La fe no requiere entenderlo todo; requiere rendición total al Dios que lo sabe todo. La verdadera confianza en Dios crece cuando estamos dispuestos a entregarle nuestro futuro, nuestras dudas y nuestro tiempo.

Responde con obediencia: Abram no solo creyó; también obedeció. La obediencia es el fruto natural de una vida conectada a la fuente verdadera.

Compromiso práctico:

Escribe una promesa de Dios que te desafíe a confiar. Ora al Señor, entregándole tus dudas y declarando tu confianza en que Él cumplirá lo que ha prometido.

Puntos de oración:

Agradece porque Dios cumple Sus promesas a quienes confían en Él.

Ora para desarrollar una fe profunda y obediente.

Intercede por quienes están luchando con dudas, para que reciban un toque de fe y esperanza.

Día 7 - Enero:

La Transformación que Da Vida

Citas bíblicas a leer: Génesis 17-19

Reflexión:

En Génesis 17:5, Dios le dice a Abram: "No se llamará más tu nombre Abram, sino que será tu nombre Abraham; porque te he puesto por padre de muchedumbre de gentes."

Cuando Dios toca nuestra vida, no solo nos transforma, sino que nos da una nueva identidad. Abram pasó de ser "padre enaltecido" a "padre de multitudes". La transformación que Dios realiza en nosotros es total: afecta quiénes somos, cómo vivimos y hacia dónde vamos.

Conectados a la Vid Verdadera:

El toque que da propósito: Dios no solo transforma nuestro nombre; transforma nuestro propósito. Lo que antes parecía imposible comienza a fructificar cuando estamos conectados a la Vid.

Vida abundante: Al caminar con Él, experimentamos una renovación que nos lleva a vivir en plenitud, confiando en Sus planes y no en nuestras limitaciones.

Compromiso práctico:

Dedica un tiempo hoy para reflexionar en cómo Dios ha transformado tu vida hasta ahora. Escribe un área en la que aún necesites Su toque renovador y ora con fe.

Puntos de oración:

Agradece porque Dios renueva tu identidad y propósito.

Ora para recibir con humildad la transformación que Él quiere hacer en ti.

Clama por quienes necesitan un cambio radical en sus vidas.

Día 8 - Enero:

Prueba y Confianza

Citas bíblicas a leer: Génesis 20-22

Reflexión:

En Génesis 22:12, el ángel del Señor dice a Abraham: "No extiendas tu mano sobre el muchacho, ni le hagas nada; porque ya conozco que temes a Dios."

La prueba de Abraham en la entrega de su hijo Isaac nos enseña la importancia de confiar plenamente en Dios. Su disposición a entregar lo más preciado fue una señal de su profunda conexión con el Señor. A través de la prueba, Abraham vio a Dios como Jehová Jireh (El Señor Proveerá).

Conectados a la Vid Verdadera:

Entrega total: Estar conectados a Dios implica entregar lo que más valoramos, confiando en que Él proveerá y cumplirá Su plan perfecto.

Provisión y fruto: Cuando confiamos, recibimos. La provisión de Dios llega en el momento preciso para aquellos que caminan en fe y obediencia.

Compromiso práctico:

Hoy, identifica algo que necesitas rendir a Dios por completo. Ora y entrega esa área en Sus manos, confiando en Su provisión.

Puntos de oración:

Agradece porque Dios es tu proveedor en cada circunstancia.

Ora para desarrollar una fe que rinde todo a Dios sin reservas.

Intercede por aquellos que atraviesan pruebas, para que confíen en la provisión divina.

Día 9 – Enero:

El Justo en la Prueba

Citas bíblicas a leer: Job 1-3

Reflexión:

En Job 1:21, Job declara: "Jehová dio, y Jehová quitó; sea el nombre de Jehová bendito."

Job permaneció firme en su adoración a Dios, aun cuando perdió todo lo que poseía. Su vida nos recuerda que, al estar conectados a Dios, la adversidad no puede apagar nuestra fe ni robar nuestro propósito.

Conectados a la Vid Verdadera:

Permanecer en adoración: En medio del dolor y la pérdida, el toque de Dios nos fortalece para seguir adorándole y confiando en Su bondad.

Un fruto probado: La prueba revela la calidad de nuestra conexión con Dios. Si permanecemos en Él, produciremos fruto aun en el valle.

Compromiso práctico:

Dedica tiempo hoy para adorar a Dios sin pedirle nada. Reconoce Su soberanía y Su bondad, aun en medio de tus luchas.

Puntos de oración:

Agradece porque Dios sigue siendo digno de adoración en todo tiempo.

Ora para permanecer firme en la fe durante las pruebas.

Intercede por aquellos que están atravesando pérdidas o sufrimiento.

Día 10 – Enero:

Palabras que Dan Vida

Citas bíblicas a leer: *Job 4-7*

Reflexión:

En Job 6:10, Job declara: "Yo aún tendría consuelo... porque no he contradicho las palabras del Santo."

Las palabras tienen un poder increíble para edificar o derribar. Job, en medio de su sufrimiento, mantuvo firme su respeto y reverencia por las palabras de Dios. Al estar conectados a la Vid Verdadera, nuestras palabras comienzan a reflejar la vida y el carácter de Cristo.

Conectados a la Vid Verdadera:

Hablar vida: Cuando permanecemos en comunión con Dios, nuestras palabras comienzan a dar fruto en otros: palabras de consuelo, ánimo y verdad.

Recibir el toque de esperanza: La Palabra de Dios es como bálsamo que sana y consuela cuando las emociones nos abruman.

Compromiso práctico:

Hoy, habla palabras de vida a alguien que esté desanimado. Anima a esa persona con una promesa bíblica o una oración.

Puntos de oración:

Agradece por el poder de la Palabra de Dios que da vida y esperanza.

Ora para que tus palabras siempre reflejen a Cristo.

Intercede por quienes necesitan recibir palabras de aliento y verdad.

Día 11 - Enero:

Esperanza en el Dolor

Citas bíblicas a leer: Job 8-11

Reflexión:

En Job 11:18 se afirma: "Tendrás confianza, porque hay esperanza; mirarás alrededor y dormirás seguro."

El sufrimiento no dura para siempre. La esperanza en Dios es el ancla que nos mantiene firmes cuando todo parece perder sentido. Su toque de esperanza nos recuerda que la prueba es temporal y que Él está obrando en medio de nuestro dolor.

Conectados a la Vid Verdadera:

Esperanza eterna: La conexión con Dios nos da una perspectiva eterna que supera nuestras circunstancias.

La paz del Maestro: Su toque trae descanso y seguridad en medio de la tormenta.

Compromiso práctico:

Escribe una oración de esperanza para ti mismo o alguien más. Ora por paz y seguridad en Dios.

Puntos de oración:

Agradece porque Dios es la fuente de nuestra esperanza.

Ora por fortaleza y paz en medio del dolor.

Intercede por quienes necesitan esperanza en tiempos difíciles.

Día 12 - Enero:

Dios, Nuestra Justicia

Citas bíblicas a leer: Salmos 4-7

Reflexión:

En el Salmo 4:1, David clama: "Respóndeme cuando clamo, oh Dios de mi justicia."

Dios es justo y fiel. Cuando nos encontramos con injusticias o desafíos que no comprendemos, Su toque nos asegura que Él es nuestro defensor y refugio seguro.

Conectados a la Vid Verdadera:

Refugio en Su justicia: No necesitamos defendernos ni aferrarnos al resentimiento; Dios pelea nuestras batallas.

Paz en medio del conflicto: Al permanecer en Él, recibimos la paz que sobrepasa todo entendimiento.

Compromiso práctico:

Ora por alguien que esté enfrentando injusticia. Clama a Dios para que intervenga en esa situación.

Puntos de oración:

Agradece porque Dios es tu defensor y justicia.

Ora para que Su paz guarde tu corazón en tiempos de conflicto.

Intercede por quienes necesitan experimentar la justicia de Dios.

Día 13 - Enero:

Encontrando Fortaleza en Dios

Citas bíblicas a leer: Job 12-14

Reflexión:

En Job 12:10, se nos recuerda: "En Su mano está el alma de todo viviente, y el hálito de todo ser humano."

Nuestra vida está en las manos de Dios. Aunque las circunstancias sean difíciles, Él nos sostiene con Su toque poderoso y nos da la fortaleza para seguir adelante.

Conectados a la Vid Verdadera:

El poder del toque divino: Su toque renueva nuestras fuerzas y nos recuerda que nuestra vida está bajo Su control.

Confianza en Su soberanía: Aun cuando no comprendemos lo que sucede, podemos descansar sabiendo que Dios tiene el control.

Compromiso práctico:

Escribe un área donde necesites la fortaleza de Dios. Ora y declara que confías en Su poder para sostenerte.

Puntos de oración:

Agradece porque Dios sostiene tu vida en Su mano.

Ora por fortaleza en tiempos de debilidad o dificultad.

Intercede por quienes necesitan ser renovados en su confianza en Dios.

Día 14 – Enero:

Siembra para Ver Fruto

Citas bíblicas a leer: Job 15-17

Reflexión:

En Job 16:19, Job declara con convicción: "He aquí que en los cielos está mi testigo, y mi testimonio está en las alturas."

Incluso en su sufrimiento más profundo, Job reconoce que Dios está presente y actúa en Su tiempo perfecto. Esta confianza surge de sembrar fe cuando todo parece árido, creyendo que Dios responderá. Cada oración, entrega y acto de fe es una semilla que se planta, esperando una cosecha de bendición.

Conectados a la Vid Verdadera:

La semilla de fe es un acto de confianza: Aunque no veamos resultados inmediatos, cada paso de fe es como una semilla que Dios hará crecer en el momento adecuado.

Multiplicación divina: Cuando ofrecemos nuestras dificultades y dudas a Dios, Él toma esas "semillas" y las multiplica en forma de restauración, fortaleza y esperanza.

Compromiso práctico:

Hoy, toma una situación difícil y decide entregársela a Dios como una "semilla de fe". Ora, confiando en que Su respuesta llegará en el tiempo perfecto.

Puntos de oración:

Agradece porque Dios multiplica nuestras oraciones de fe.

Ora para desarrollar paciencia mientras esperas la respuesta de Dios.

Clama por aquellos que luchan en medio del sufrimiento, para que puedan sembrar fe y ver fruto.

Día 15 - Enero:

Multiplicación de Fe

Citas bíblicas a leer: Job 18-21

Reflexión:

En Job 19:25, Job proclama: "Yo sé que mi Redentor vive, y al fin se levantará sobre el polvo."

La proclamación de Job surge de una semilla de fe inquebrantable. Aun cuando parecía perder todo, él decide confiar en que su Redentor no lo ha abandonado. Dios honra este tipo de fe al multiplicar las pequeñas acciones de confianza en grandes testimonios de restauración.

Conectados a la Vid Verdadera:

Fe que supera las pruebas: Al sembrar confianza en Dios, nuestras circunstancias comienzan a alinearse con Sus promesas.

Tu Redentor actúa hoy: Dios no solo multiplica las semillas de fe que plantamos, sino que lo hace abundantemente.

Compromiso práctico:

Escribe una declaración de fe como la de Job: "Yo sé que mi Redentor vive y..." Completa esa frase con una promesa personal que estés creyendo. Declárala en voz alta.

Puntos de oración:

Agradece porque tu Redentor está vivo y activo en tu vida.

Ora para mantener la fe firme cuando atravieses dificultades.

Intercede por quienes necesitan experimentar la multiplicación de su fe.

Día 16 – Enero:

Dios es la Fuente Inagotable

Citas bíblicas a leer: Job 22-25

Reflexión:

En Job 22:21 se nos insta: "Vuelve ahora en amistad con Él, y tendrás paz; y por ello te vendrá bien."

La provisión y la paz fluyen de Dios cuando nos volvemos a Él en total dependencia. Es fácil ver nuestras limitaciones y olvidar que Dios es nuestra fuente inagotable. Al sembrar actos de fe en obediencia y entrega, abrimos las puertas para que Su provisión fluya en abundancia.

Conectados a la Vid Verdadera:

Dios como fuente: Al igual que el agricultor cuida del árbol antes que del fruto, debemos enfocarnos en Dios como nuestra fuente y no en los resultados inmediatos.

La siembra trae cosecha: La fe es sembrar aunque no veamos la tierra producir aún. Dios honra cada entrega sincera y actúa conforme a Sus promesas.

Compromiso práctico:

Identifica una necesidad en tu vida y declárale a Dios que Él es tu fuente. Confía en Su provisión y da un paso concreto de fe.

Puntos de oración:

Agradece porque Dios es tu fuente inagotable.

Ora para confiar en Su provisión, aun en momentos de escasez.

Clama por aquellos que necesitan reconocer a Dios como su fuente.

Día 17 - Enero:

Semillas en el Valle

Citas bíblicas a leer: Job 26-31

Reflexión:

En Job 27:3-4, Job declara: "Mientras mi aliento esté en mí... mis labios no hablarán iniquidad."

Job nos enseña a sembrar con integridad aun en los momentos más difíciles. La prueba no debe desviarnos de nuestra fidelidad. Cuando sembramos verdad y rectitud en el valle, Dios responde multiplicando nuestra fortaleza y restauración.

Conectados a la Vid Verdadera:

Integridad como semilla: Cada acto de fidelidad a Dios en tiempos difíciles es una semilla que germina con recompensas eternas.

Multiplicación en el tiempo perfecto: La cosecha no siempre es inmediata, pero Dios nunca olvida una semilla plantada en fe.

Compromiso práctico:

Hoy, decide sembrar integridad. No te dejes llevar por las circunstancias. Habla con verdad, obra con rectitud y confía en Dios.

Puntos de oración:

Agradece porque Dios honra la integridad y fidelidad.

Ora para mantenerte firme en la verdad durante tus pruebas.

Intercede por quienes enfrentan tentaciones o dificultades.

Día 18 - Enero:
El Toque que Restaura

Citas bíblicas a leer: Job 32-34

Reflexión:

En Job 33:4 se declara: "El Espíritu de Dios me hizo, y el soplo del Omnipotente me dio vida."

El toque de Dios trae vida y restauración. Cuando plantamos nuestras debilidades y temores en Sus manos, Dios los transforma en nuevas fuerzas y propósito. La fe, cuando es sembrada con sinceridad, siempre produce restauración divina.

Conectados a la Vid Verdadera:

Restauración divina: Cada entrega a Dios es una oportunidad para que Su toque restaure lo que parecía perdido.

Vida nueva: Dios sopla sobre las áreas secas de nuestra vida, haciéndonos fructificar una vez más.

Compromiso práctico:

Ora por una área específica en tu vida que necesita restauración. Confía en que el toque de Dios traerá nueva vida.

Puntos de oración:

Agradece porque Dios restaura lo que el enemigo ha intentado robar.

Ora para experimentar el toque vivificante del Espíritu Santo.

Intercede por quienes necesitan renovación espiritual.

Día 19 - Enero:

Del Valle a la Cima

Citas bíblicas a leer: Salmos 8-11

Reflexión:

En el Salmo 8:4 leemos: "¿Qué es el hombre, para que tengas de él memoria, y el hijo del hombre, para que lo visites?"

Aunque parezcamos insignificantes, Dios nos ha creado con un propósito glorioso. Cuando sembramos nuestra vida en Sus manos, Él nos lleva del valle a la cima, honrando Su plan y dándonos fruto abundante.

Conectados a la Vid Verdadera:

Propósito eterno: Dios nunca olvida Su obra maestra. Cada semilla de fe que sembramos, Él la convierte en fruto que honra Su nombre.

Del valle a la cima: Permanecer conectados a Dios nos lleva a alturas que no podemos alcanzar por nuestra cuenta.

Compromiso práctico:

Escribe una oración agradeciendo a Dios por el valor y propósito que ha puesto en tu vida.

Puntos de oración:

Agradece porque Dios te ha creado con propósito.

Ora para ser constante en sembrar fe en las manos de Dios.

Clama por quienes necesitan descubrir su propósito en Cristo.

Día 20 - Enero:

Fe que Produce Respuesta

Citas bíblicas a leer: Job 35-37

Reflexión:

En Job 36:11, se nos promete: "Si oyeren y le sirvieren, acabarán sus días en bienestar, y sus años en dicha."

Cuando escuchamos la voz de Dios y actuamos con fe, nuestras vidas comienzan a reflejar Su gloria. Servir a Dios no solo es un privilegio, sino una semilla que produce fruto en bienestar y propósito. Dios siempre responde a una fe activa y sincera.

Conectados a la Vid Verdadera:

La fe activa produce fruto: Dios no solo observa nuestra disposición; Él honra nuestras acciones de fe y multiplica Su favor sobre nuestras vidas.

Escuchar y actuar: Permanecer conectados significa estar atentos a Su voz y listos para obedecer. Es en este espacio de comunión donde vemos Su respuesta sobrenatural.

Compromiso práctico:

Dedica tiempo hoy para escuchar a Dios. Ora con un corazón abierto y decide obedecer lo que Él te pida.

Puntos de oración:

Agradece porque Dios honra la fe obediente.

Ora para ser sensible a Su voz y actuar en fe.

Intercede por aquellos que necesitan aprender a escuchar y obedecer al Señor.

Día 21 - Enero:

El Poder del Encuentro con Dios

Citas bíblicas a leer: Job 38-42

Reflexión:

En Job 42:5, Job dice: "De oídas te había oído; mas ahora mis ojos te ven."

Después de un tiempo de pruebas y dudas, Job experimenta un encuentro directo con Dios que transforma su vida. No se trata solo de conocer acerca de Dios, sino de tener una relación viva con Él. Este encuentro renueva nuestra fe y nos lleva a un nivel más profundo de fructificación.

Conectados a la Vid Verdadera:

El encuentro transforma: Cuando buscamos a Dios sinceramente, Él se revela y Su toque cambia nuestras perspectivas y propósitos.

Renovación y restauración: Una relación íntima con Dios nos llena de nueva vida, incluso después de tiempos de desolación.

Compromiso práctico:

Busca un tiempo especial para estar en comunión con Dios. Dedica momentos de silencio para permitir que Él hable a tu corazón.

Puntos de oración:

Agradece por los encuentros transformadores con Dios.

Ora para tener una relación más cercana y personal con el Señor.

Clama por quienes necesitan experimentar un encuentro renovador con Él.

Día 22 - Enero:

Fe en Acción

Citas bíblicas a leer: Génesis 23-26

Reflexión:

En Génesis 26:12, Isaac siembra en la tierra y cosecha al ciento por uno, porque Jehová lo bendijo.

Este acto de fe nos recuerda que Dios honra a quienes trabajan confiando en Su provisión. Isaac no se detuvo por las circunstancias adversas; él actuó con fe, y Dios multiplicó su esfuerzo. La fructificación requiere confianza y acción.

Conectados a la Vid Verdadera:

La fe se expresa en acción: Sembrar en tiempos difíciles demuestra nuestra confianza en la fidelidad de Dios.

La bendición de Dios multiplica: Permanecer conectados a la Vid nos asegura que lo que sembramos en fe producirá fruto abundante.

Compromiso práctico:

Identifica una acción que puedas tomar como "semilla de fe". Hazla confiando en que Dios multiplicará lo que ofreces.

Puntos de oración:

Agradece por la bendición que sigue a la fe activa.

Ora para tener valor al sembrar en tiempos de incertidumbre.

Intercede por quienes necesitan experimentar el favor de Dios en sus acciones.

Día 23 - Enero:

Bendición Generacional

Citas bíblicas a leer: Génesis 27-30

Reflexión:

En Génesis 28:13-14, Dios reafirma Su pacto con Jacob, prometiéndole bendición y una descendencia que será de impacto global.

Dios es un Dios generacional que multiplica Su favor y propósito a través de las generaciones. La conexión a la Vid Verdadera asegura que nuestro fruto tendrá impacto más allá de nuestras vidas, alcanzando a otros y glorificando a Dios.

Conectados a la Vid Verdadera:

Impacto generacional: Dios nos llama a sembrar no solo para el presente, sino para el futuro. Lo que hacemos hoy influirá en las generaciones venideras.

Multiplicación divina: La bendición de Dios no tiene límites; Él usa nuestras vidas para impactar a otros y establecer Su reino.

Compromiso práctico:

Ora por tu familia y generaciones futuras. Declara bendición y propósito sobre ellas, confiando en que Dios cumplirá Su plan.

Puntos de oración:

Agradece porque Dios multiplica Su bendición de generación en generación.

Ora por sabiduría para sembrar en tus relaciones familiares.

Intercede por las generaciones futuras, para que sigan el camino del Señor.

Día 24 - Enero:
Restauración en Dios

Citas bíblicas a leer: Génesis 31-34

Reflexión:

En Génesis 33:4, Esaú y Jacob se reconcilian con lágrimas, mostrando cómo Dios puede restaurar incluso las relaciones más rotas.

La reconciliación es una expresión del fruto que proviene de estar conectados a Dios. Él toma nuestras semillas de arrepentimiento y amor, y las convierte en restauración, sanidad y paz.

Conectados a la Vid Verdadera:

Restauración como fruto: Dios nos llama a vivir en paz con otros. Sembrar amor y humildad produce relaciones saludables y llenas de propósito.

El poder del perdón: La reconciliación demuestra la obra de Dios en nuestros corazones y es un testimonio de Su gracia.

Compromiso práctico:

Identifica una relación que necesite restauración. Ora y toma un paso práctico hacia la reconciliación.

Puntos de oración:

Agradece por la restauración que Dios trae a las relaciones rotas.

Ora para tener un corazón dispuesto a perdonar y reconciliarse.

Clama por quienes necesitan experimentar paz en sus relaciones.

Día 25 - Enero:

Propósito en los Altibajos

Citas bíblicas a leer: Génesis 35-38

Reflexión:

En Génesis 37:5-10, José recibe un sueño que revela el propósito de Dios para su vida, a pesar de las pruebas que enfrentaría.

Dios nos da un propósito eterno, aun cuando enfrentamos altos y bajos. Sembrar fe en medio de las pruebas garantiza que, a su tiempo, veremos el cumplimiento de Sus planes.

Conectados a la Vid Verdadera:

Propósito en todo tiempo: Los desafíos no cancelan el plan de Dios; son parte del proceso de fructificación.

El sueño sigue vivo: Permanecer conectados a la Vid nos ayuda a recordar que Su propósito se cumplirá en Su tiempo perfecto.

Compromiso práctico:

Reflexiona en un sueño o propósito que Dios te haya dado. Ora para renovar tu confianza en Su plan, a pesar de las circunstancias.

Puntos de oración:

Agradece por los propósitos eternos de Dios para tu vida.

Ora por fortaleza para perseverar en medio de los desafíos.

Intercede por quienes han perdido de vista los planes de Dios.

Día 26 - Enero:

La Confianza que Fortalece

Citas bíblicas a leer: Salmos 12-14

Reflexión:

En el Salmo 12:6 se nos recuerda: "Las palabras de Jehová son palabras limpias, como plata refinada en horno de tierra, purificada siete veces."

La Palabra de Dios es nuestra fortaleza en tiempos de incertidumbre. Cuando sembramos Su verdad en nuestro corazón, nuestra fe se fortalece y nuestras acciones reflejan Su carácter. La confianza en Su Palabra produce fruto de seguridad, paz y dirección.

Conectados a la Vid Verdadera:

Sembrar Su Palabra: Cada promesa de Dios es una semilla que, al germinar en nuestro corazón, nos guía hacia la fructificación.

Refugio en Su verdad: Al permanecer en la Vid, las circunstancias no nos desestabilizan, porque Su Palabra es el cimiento sólido en el cual nos apoyamos.

Compromiso práctico:

Hoy, memoriza un versículo del Salmo 12 que te inspire confianza en Dios. Medítalo y repítelo durante el día.

Puntos de oración:

Agradece porque las palabras de Dios son puras y confiables.

Ora para que Su Palabra sea tu refugio en medio de las dificultades.

Intercede por quienes necesitan confiar más en las promesas de Dios.

Día 27 - Enero:

Fidelidad en el Proceso

Citas bíblicas a leer: Génesis 39-42

Reflexión:

En Génesis 39:21 se dice: "Pero Jehová estaba con José, y le extendió Su misericordia, y le dio gracia en los ojos del jefe de la cárcel."

José enfrentó injusticias y sufrimiento, pero nunca perdió su conexión con Dios. En cada etapa de su vida, Dios estaba con él, guiándolo y extendiéndole Su favor. La fidelidad de José es un ejemplo de cómo podemos fructificar incluso en los momentos más oscuros.

Conectados a la Vid Verdadera:

Fidelidad en las pruebas: Permanecer en comunión con Dios durante los tiempos difíciles asegura que Su gracia nos sostendrá y que el fruto llegará en Su tiempo.

La misericordia de Dios multiplica: Al mantenernos fieles, experimentamos cómo Su favor transforma nuestras circunstancias para Su gloria.

Compromiso práctico:

Reflexiona en un desafío que enfrentas actualmente. Dedica tiempo a orar, entregándolo a Dios y confiando en que Su favor te acompañará.

Puntos de oración:

Agradece porque Dios está contigo en cada etapa de tu vida.

Ora para permanecer fiel durante las pruebas.

Clama por quienes están luchando para ver la misericordia de Dios en sus vidas.

Día 28 - Enero:

Sembrando Reconciliación

Citas bíblicas a leer: Génesis 43-46

Reflexión:

En Génesis 45:5, José le dice a sus hermanos: "No os entristezcáis, ni os pese de haberme vendido acá; porque para preservación de vida me envió Dios delante de vosotros."

José reconoció que todo lo que vivió fue parte del plan de Dios para reconciliar y preservar a Su pueblo. Sembrar perdón y amor, incluso cuando otros nos han fallado, es una manifestación del fruto que proviene de estar conectados a Dios.

Conectados a la Vid Verdadera:

El fruto del perdón: El perdón no solo libera a quienes lo reciben, sino que también produce paz y restauración en el corazón de quien lo ofrece.

Propósito en las pruebas: Cada etapa de nuestra vida tiene un propósito divino, y la reconciliación es una de las formas más poderosas de fructificar.

Compromiso práctico:

Ora por alguien con quien necesites reconciliarte. Pide a Dios que te dé un corazón perdonador y busca una forma práctica de demostrar amor hacia esa persona.

Puntos de oración:

Agradece porque Dios usa cada etapa de tu vida para Su gloria.

Ora para que el perdón sea una semilla que traiga restauración.

Intercede por familias o relaciones que necesitan reconciliación.

Día 29 - Enero:

Fructificando hasta el Final

Citas bíblicas a leer: Génesis 47-50

Reflexión:

En Génesis 50:20, José dice: "Vosotros pensasteis mal contra mí, mas Dios lo encaminó a bien, para hacer lo que vemos hoy, para mantener en vida a mucho pueblo."

Dios transforma incluso lo que parece adverso en oportunidades para Su gloria y propósito. Al mantenernos conectados a Él, fructificamos hasta el final, impactando vidas y cumpliendo Su voluntad.

Conectados a la Vid Verdadera:

Dios obra en todo: Las dificultades pueden ser oportunidades para fructificar, si permanecemos confiando en Su plan.

Impacto duradero: La conexión con la Vid asegura que el fruto que damos tenga un impacto eterno.

Compromiso práctico:

Reflexiona en una lección que Dios te ha enseñado en medio de dificultades. Escríbela como un recordatorio de Su fidelidad y compártela con alguien para animarlo.

Puntos de oración:

Agradece porque Dios transforma lo malo en oportunidades para bien.

Ora para fructificar incluso en los momentos de adversidad.

Intercede por quienes necesitan confiar en el propósito de Dios para sus vidas.

Día 30 - Enero:

Llamados a Ser Luz

Citas bíblicas a leer: Éxodo 1-3

Reflexión:

En Éxodo 3:10, Dios llama a Moisés diciendo: "Ven, por tanto, ahora, y te enviaré a Faraón, para que saques de Egipto a mi pueblo."

Moisés fue llamado a ser un instrumento de luz y liberación para Israel. De igual manera, nosotros somos llamados a fructificar siendo luz en un mundo que necesita desesperadamente la guía de Dios. Cada paso de obediencia es una semilla que Dios usa para transformar vidas.

Conectados a la Vid Verdadera:

Fructificar para otros: Al igual que Moisés, nuestra conexión con Dios nos capacita para impactar y liberar a otros con Su verdad.

Obediencia que inspira: Cada acto de obediencia nos lleva a cumplir nuestro propósito en Su plan eterno.

Compromiso práctico:

Identifica una manera en la que puedas ser luz para alguien hoy. Puede ser a través de una palabra de ánimo, ayuda práctica o simplemente mostrando amor.

Puntos de oración:

Agradece porque Dios te llama a ser luz en medio de las tinieblas.

Ora para ser obediente al llamado que Él tiene para tu vida.

Clama por quienes necesitan ser guiados hacia la libertad en Cristo.

FEBRERO

"La fructificación viene al beber de las aguas vivas de Su Palabra. Permanece arraigado en Cristo y prosperarás en Su tiempo perfecto."

"Será como árbol plantado junto a corrientes de aguas, que da su fruto en su tiempo, y su hoja no cae; y todo lo que hace, prosperará." (Salmos 1:3)

Día 1 - Febrero:
Renueva Tu Perspectiva

Citas bíblicas a leer: Éxodo 7-9

Reflexión:

En estos capítulos, vemos cómo Dios envía las plagas como señales para mostrar Su soberanía y llamar a Faraón al arrepentimiento. Sin embargo, su corazón se endureció repetidamente, impidiendo que reconociera la autoridad divina. Esto nos recuerda que el cambio empieza con nuestra disposición a escuchar a Dios y dejar que Él transforme nuestra perspectiva. Cada plaga era un golpe directo contra los falsos dioses de Egipto, desafiando las falsas creencias de Faraón. Así, Dios también nos invita a examinar nuestras mentes para deshacernos de ideas que no reflejan Su verdad.

Cambiando mi manera de pensar:

Reconocer áreas de endurecimiento: Al igual que Faraón, a menudo resistimos cambiar nuestra mentalidad por miedo o terquedad. Dios nos llama a someter nuestros pensamientos a Su Palabra.

La obediencia abre puertas: Cuando permitimos que nuestra mente se alinee con la voluntad de Dios, vemos cómo Su poder obra incluso en las situaciones más difíciles.

Compromiso práctico:

Escribe en oración un área en tu vida donde sientas que te has resistido a Dios. Pide al Espíritu Santo que te ayude a renovar tu perspectiva y someterla a Su guía.

Puntos de oración:

Agradece a Dios porque Su poder transforma las circunstancias y las mentes.

Ora por un corazón dispuesto a recibir corrección.

Intercede por aquellos que necesitan rendirse a la soberanía de Dios.

Día 2 - Febrero:

Reflexiona en el Poder del Perdón

Citas bíblicas a leer: Salmos 15-17

Reflexión:

En el Salmo 15, David pregunta: "¿Quién habitará en Tu tabernáculo?" La respuesta subraya la importancia de una vida íntegra, limpia de maldad y enfocada en la verdad. Por otro lado, el Salmo 17 es un clamor de protección y justicia, donde David busca refugio en la fidelidad de Dios. Estos pasajes nos desafían a examinar nuestras vidas a la luz de la Palabra y a confiar en que Él es quien guía nuestras acciones y pensamientos hacia la integridad.

Cambiando mi manera de pensar:

Piensa desde una perspectiva celestial: Reflexionar en la santidad de Dios y Su estándar eterno transforma nuestra manera de abordar los desafíos cotidianos.

Reemplaza el temor por confianza: Al igual que David clamó confiadamente en medio de sus pruebas, nosotros podemos renovar nuestra fe sabiendo que Dios pelea nuestras batallas.

Compromiso práctico:

Haz una lista de pensamientos que necesitas alinear con la justicia y verdad de Dios. Medita en un versículo del Salmo 15 que te inspire a vivir una vida íntegra.

Puntos de oración:

Agradece porque Dios es justo y nos guía hacia la verdad.

Ora para que tus pensamientos reflejen Su santidad.

Clama por justicia y protección para quienes enfrentan adversidades.

Día 3 - Febrero:

Libres por Su Mano Poderosa

Citas bíblicas a leer: Éxodo 10-12

Reflexión:

La décima plaga en Egipto, la muerte de los primogénitos, marca el clímax del enfrentamiento entre Dios y Faraón. Este evento también introduce la institución de la Pascua, un recordatorio eterno de la liberación divina. Dios mostró Su fidelidad al proteger a Su pueblo, guiándolos hacia una nueva identidad como nación libre. Así también, cuando rendimos nuestras mentes a Su obra redentora, experimentamos una libertad que va más allá de las circunstancias.

Cambiando mi manera de pensar:

El poder de recordar: La Pascua nos enseña que Dios nos invita a recordar Su fidelidad para reforzar nuestra fe. Esto cambia nuestra manera de enfrentar el futuro.

De la esclavitud a la libertad mental: Al igual que los israelitas dejaron Egipto, debemos abandonar pensamientos que nos mantienen esclavizados y aceptar la libertad que Cristo ganó para nosotros.

Compromiso práctico:

Reflexiona en una "esclavitud mental" de la que necesitas ser liberado. Ora pidiendo a Dios que te ayude a caminar en libertad y a recordar Su fidelidad.

Puntos de oración:

Agradece porque Dios es nuestro libertador.

Ora para que tu mente sea renovada conforme a la libertad que Dios ofrece.

Clama por aquellos que aún están esclavizados por pensamientos limitantes.

Día 4 - Febrero:

Caminando en Fe en Medio del Mar

Citas bíblicas a leer: Éxodo 13-15

Reflexión:

La apertura del Mar Rojo simboliza el poder de Dios para llevarnos más allá de lo que consideramos imposible. En Éxodo 14:13, Moisés dice: "Estad firmes, y ved la salvación que Jehová hará hoy con vosotros." Este acto no solo fue una demostración del poder divino, sino también una invitación a caminar en fe, incluso cuando las circunstancias parecen imposibles.

Cambiando mi manera de pensar:

Confianza radical en Dios: Este evento nos enseña que no hay barrera que Él no pueda romper. Nuestra tarea es confiar y avanzar, incluso cuando no vemos el camino claro.

Transformación a través de la prueba: Las dificultades son oportunidades para ver a Dios obrando de maneras que nunca imaginamos.

Compromiso práctico:

Identifica una barrera que enfrentas hoy. Entrégala a Dios y da un paso de fe hacia la solución, confiando en Su poder.

Puntos de oración:

Agradece porque Dios abre caminos donde no los hay.

Ora para tener fe en medio de las pruebas.

Intercede por quienes necesitan experimentar la liberación divina.

Día 5 - Febrero:

El Pan del Cielo

Citas bíblicas a leer: Éxodo 16-18

Reflexión:

En Éxodo 16, Dios provee maná para los israelitas, enseñándoles a depender de Él diariamente. Esta provisión no solo satisfizo sus necesidades físicas, sino que también fortaleció su fe. Cada día era una oportunidad para confiar en que Dios supliría sus necesidades.

Cambiando mi manera de pensar:

La dependencia diaria transforma: Aprender a confiar en la provisión de Dios nos libera de la ansiedad y renueva nuestra mente para vivir en paz.

La obediencia como camino al fruto: Dios pidió a los israelitas seguir instrucciones específicas con el maná. Cuando obedecemos, demostramos fe y abrimos la puerta a Su provisión continua.

Compromiso práctico:

Hoy, confía en que Dios suplirá una necesidad específica. Toma tiempo para agradecer por Su fidelidad pasada y presente.

Puntos de oración:

Agradece por la provisión diaria de Dios.

Ora para aprender a depender completamente de Él.

Intercede por quienes enfrentan necesidades, para que experimenten Su provisión.

Día 6 - Febrero:
Preparados para la Presencia de Dios

Citas bíblicas a leer: Éxodo 19-21

Reflexión:

Dios llama a Israel a consagrarse antes de darle los Diez Mandamientos. Este acto de preparación subraya que nuestra manera de vivir y pensar debe reflejar nuestra relación con un Dios santo. Cuando permitimos que Su Palabra moldee nuestra mente, nos volvemos más receptivos a Su voluntad y más fructíferos en nuestra vida espiritual.

Cambiando mi manera de pensar:

Consagración intencional: Dedicar tiempo para examinar nuestras vidas y pensamientos nos alinea con el propósito de Dios.

Obediencia que fructifica: Al aceptar Su guía, nuestras acciones reflejan Su carácter y producen fruto duradero.

Compromiso práctico:

Establece un momento del día para consagrarte a Dios, pidiendo que moldee tus pensamientos según Su Palabra.

Puntos de oración:

Agradece por la guía de la Palabra de Dios.

Ora para que tus pensamientos y acciones sean consagrados a Él.

Intercede por quienes necesitan acercarse a Dios con un corazón puro.

Día 7 - Febrero:

Leyes que Transforman

Citas bíblicas a leer: Éxodo 22-24

Reflexión:

Las leyes dadas a Israel no solo buscaban regular su comportamiento, sino también transformar sus corazones y mentes hacia una vida santa. Estas instrucciones divinas resaltan que Dios se preocupa por cada aspecto de nuestra vida. Cuando meditamos en Su ley, descubrimos principios eternos que nos llevan a una transformación interior.

Cambiando mi manera de pensar:

La Palabra es nuestro estándar: Reflexionar en las leyes de Dios cambia nuestra forma de percibir lo correcto y lo incorrecto, llevándonos a vivir con propósito.

Justicia que fructifica: Dios desea que vivamos de una manera que glorifique Su nombre y traiga bendición a otros.

Compromiso práctico:

Medita en una de las leyes mencionadas en estos capítulos y considera cómo puedes aplicarla en tu vida diaria.

Puntos de oración:

Agradece porque Dios nos da principios para vivir.

Ora para que Su Palabra transforme tu forma de pensar.

Intercede por quienes necesitan alinear sus vidas con los principios de Dios.

Día 8 – Febrero:

Viviendo para Su Gloria

Citas bíblicas a leer: *Éxodo 25-27*

Reflexión:

En estos capítulos, Dios da instrucciones detalladas para la construcción del tabernáculo, un lugar donde Él habitaría en medio de Su pueblo. Cada aspecto del diseño simboliza Su santidad y deseo de comunión. Esto nos enseña que Dios no solo desea transformar nuestras acciones, sino también nuestras mentes para que vivamos en constante adoración y obediencia.

Cambiando mi manera de pensar:

Dios busca excelencia: Al igual que el tabernáculo debía ser construido con excelencia, nuestras vidas deben ser moldeadas para reflejar Su gloria. Esto comienza con un pensamiento renovado que busca agradarle en todo.

Haz de tu mente un tabernáculo: Cultivar pensamientos santos crea un espacio donde la presencia de Dios puede habitar y transformar.

Compromiso práctico:

Examina un área de tu vida donde necesites rendir tus pensamientos a Dios. Dedica tiempo para alinear esa área con Su voluntad.

Puntos de oración:

Agradece porque Dios desea habitar en medio de Su pueblo.

Ora para que tu vida y tus pensamientos reflejen Su santidad.

Clama por quienes necesitan reconocer la importancia de vivir para Su gloria.

Día 9 - Febrero:
Fortaleza en la Alabanza

Citas bíblicas a leer: Salmos 18-20

Reflexión:

El Salmo 18:2 declara: "Jehová, roca mía y castillo mío, y mi libertador." David expresa una confianza inquebrantable en Dios como su refugio y fuerza. Este salmo nos recuerda que la alabanza no solo eleva a Dios, sino que también transforma nuestra manera de pensar, llenándonos de fe y esperanza en medio de las pruebas.

Cambiando mi manera de pensar:

Renueva tu mente con alabanza: Reconocer a Dios como nuestra roca y fortaleza cambia el enfoque de nuestras circunstancias a Su poder.

La alabanza fortalece el alma: Cuando alabamos, declaramos quién es Dios y nos conectamos con Su verdad, renovando nuestra perspectiva en medio de los desafíos.

Compromiso práctico:

Toma unos minutos hoy para alabar a Dios en oración, enfocándote en Su carácter. Escribe una lista de atributos de Dios que te inspiren confianza y fe.

Puntos de oración:

Agradece porque Dios es tu roca y refugio en todo momento.

Ora para que la alabanza transforme tus pensamientos y emociones.

Clama por quienes necesitan encontrar fortaleza en la alabanza a Dios.

Día 10 - Febrero:

Sacerdotes Llamados a Servir

Citas bíblicas a leer: Éxodo 28-30

Reflexión:

Dios llama a Aarón y a sus hijos para ser sacerdotes y les da instrucciones específicas sobre sus vestiduras y funciones. Estos detalles subrayan la importancia de estar preparados para ministrar en la presencia de Dios. Hoy, somos un sacerdocio santo (1 Pedro 2:9), llamados a servirle con un corazón limpio y una mente renovada.

Cambiando mi manera de pensar:

Llamados a ser diferentes: Como sacerdotes espirituales, debemos pensar y actuar de manera que honremos a Dios y reflejemos Su santidad.

Transformación para el servicio: La preparación sacerdotal simboliza que debemos dejar atrás pensamientos egoístas y adoptar una mentalidad de servicio y obediencia.

Compromiso práctico:

Dedica un tiempo para preguntarle a Dios cómo puedes servirle mejor. Escribe un área específica en la que Él te está llamando a ser Su instrumento.

Puntos de oración:

Agradece por el privilegio de ser parte de Su sacerdocio.

Ora para que tus pensamientos y acciones reflejen Su santidad.

Intercede por quienes están sirviendo a Dios en diversas áreas, para que permanezcan enfocados en Su propósito.

Día 11 - Febrero:
La Presencia de Dios Transforma

Citas bíblicas a leer: Éxodo 31-33

Reflexión:

En Éxodo 33:15, Moisés clama: "Si Tu presencia no ha de ir conmigo, no nos saques de aquí." Moisés reconoce que la presencia de Dios es esencial para la vida y el liderazgo. Sin ella, no hay propósito ni dirección. Este pasaje nos llama a buscar Su presencia continuamente, permitiendo que transforme nuestras mentes y guíe nuestras decisiones.

Cambiando mi manera de pensar:

La presencia de Dios trae claridad: En Su presencia, nuestras preocupaciones y dudas se transforman en confianza y paz.

Renueva tu mente en Su presencia: Pasar tiempo con Dios cambia nuestra manera de pensar, alineándonos con Su voluntad perfecta.

Compromiso práctico:

Dedica hoy un momento especial para estar en Su presencia. Apaga distracciones y simplemente busca a Dios en oración y meditación.

Puntos de oración:

Agradece porque Su presencia es guía y fortaleza en tu vida.

Ora para ser más consciente de Su presencia en cada momento.

Clama por quienes necesitan experimentar la cercanía de Dios.

Día 12 - Febrero:

Un Pacto de Restauración

Citas bíblicas a leer: Éxodo 34-37

Reflexión:

Dios renueva Su pacto con Israel después del pecado del becerro de oro. En Éxodo 34:6-7, Él se revela como "misericordioso y piadoso, tardo para la ira, y grande en misericordia y verdad." Este pacto nos recuerda que Dios siempre está dispuesto a restaurarnos cuando volvemos a Él. Su misericordia es la base para transformar nuestra mente y caminar en obediencia renovada.

Cambiando mi manera de pensar:

El arrepentimiento trae restauración: Cuando rendimos nuestras fallas a Dios, Él transforma nuestra mente y renueva nuestro compromiso con Su propósito.

El carácter de Dios cambia nuestra perspectiva: Recordar Su misericordia y fidelidad nos llena de esperanza para enfrentar cualquier desafío.

Compromiso práctico:

Reflexiona en un área de tu vida que necesita restauración. Ora pidiendo que Su misericordia te transforme y te guíe hacia una nueva obediencia.

Puntos de oración:

Agradece porque Dios es misericordioso y siempre está dispuesto a restaurarte.

Ora para que tu mente sea renovada y alineada con Su verdad.

Intercede por quienes necesitan regresar a Dios y experimentar Su pacto de gracia.

Día 13 - Febrero:

Viviendo en Su Gloria

Citas bíblicas a leer: Éxodo 38-40

Reflexión:

En Éxodo 40:34-35, la gloria de Dios llena el tabernáculo, simbolizando Su presencia en medio de Su pueblo. Esta manifestación divina nos enseña que, cuando vivimos para glorificar a Dios, Él habita en nosotros y nos capacita para fructificar en Su propósito.

Cambiando mi manera de pensar:

Un tabernáculo viviente: Hoy somos templos del Espíritu Santo. Cambiar nuestra manera de pensar significa vivir conscientes de que Su gloria habita en nosotros y guía nuestras decisiones.

Glorificar a Dios en todo: Nuestras acciones y pensamientos deben reflejar Su gloria, mostrando al mundo quién es Él.

Compromiso práctico:

Dedica tiempo para examinar si tus pensamientos y acciones están reflejando la gloria de Dios. Ora pidiendo al Espíritu Santo que te guíe para vivir como un tabernáculo viviente.

Puntos de oración:

Agradece porque Su gloria habita en ti.

Ora para que tus pensamientos y acciones reflejen Su presencia en tu vida.

Clama por una iglesia que viva para glorificar a Dios en todo.

Día 14 - Febrero:

Ofrecidos como Sacrificio Vivo

Citas bíblicas a leer: Levítico 1-3

Reflexión:

Los sacrificios en Levítico 1-3 reflejan el deseo de Dios de que Su pueblo viva en comunión con Él. Aunque ya no ofrecemos sacrificios animales, somos llamados a ser sacrificios vivos (Romanos 12:1), dedicando cada pensamiento y acción a Su servicio.

Cambiando mi manera de pensar:

Rendirlo todo a Dios: Transformar nuestra mente significa entregar nuestras preocupaciones, deseos y decisiones como ofrenda agradable a Dios.

Vivir con propósito: Cada acto de obediencia es una oportunidad para honrar a Dios y fructificar en Su plan.

Compromiso práctico:

Haz una lista de áreas que necesitas rendir a Dios como sacrificio vivo. Ora y entrégalas en fe, pidiendo Su guía y dirección.

Puntos de oración:

Agradece porque Dios te invita a vivir en comunión con Él.

Ora para rendir cada área de tu vida como sacrificio vivo.

Intercede por quienes luchan para entregar todo a Dios.

Día 15 - Febrero:

El Arrepentimiento que Trae Vida

Citas bíblicas a leer: Levítico 4-6

Reflexión:

Estos capítulos presentan ofrendas por el pecado y por la culpa, destacando la importancia del arrepentimiento y la restauración con Dios. Levítico 5:5 establece: "Cuando pecare en alguna de estas cosas, confesará aquello en que pecó." Dios no solo desea que nos demos cuenta de nuestras faltas, sino que nos acerquemos a Él en busca de perdón. El sacrificio era un símbolo del costo del pecado, pero también de Su gracia para restaurarnos.

Cambiando mi manera de pensar:

Reconocer el pecado con humildad: El primer paso hacia el cambio es aceptar nuestras faltas sin justificar nuestras acciones.

El perdón renueva la mente: Al recibir el perdón de Dios, nuestros pensamientos se liberan de la culpa y el temor, permitiéndonos caminar en libertad y propósito.

Compromiso práctico:

Tómate un momento hoy para examinar tu corazón y confesar tus pecados ante Dios. Agradece por Su gracia y pide al Espíritu Santo que renueve tu mente para que vivas de acuerdo con Su verdad.

Puntos de oración:

Agradece porque Dios está siempre dispuesto a perdonar y restaurar.

Ora para que el arrepentimiento transforme tu manera de pensar y actuar.

Intercede por quienes luchan con la culpa o el temor, para que experimenten la gracia de Dios.

Día 16 - Febrero:

El Pastor que Suple Todas Nuestras Necesidades

Citas bíblicas a leer: Salmos 21-23

Reflexión:

El Salmo 23:1 declara: "Jehová es mi pastor; nada me faltará." Este pasaje describe el cuidado constante de Dios por Sus hijos, guiándolos, protegiéndolos y proveyendo para cada necesidad. La imagen del buen pastor nos invita a confiar plenamente en Su dirección, incluso en los momentos más oscuros. El valle de sombra de muerte no es el fin, sino un lugar donde Su presencia renueva nuestras fuerzas. Su vara y Su cayado no solo nos corrigen, sino que nos protegen y nos sostienen. Al cambiar nuestra mentalidad de temor a confianza, aprendemos a descansar en Su cuidado perfecto.

Cambiando mi manera de pensar:

Dios siempre provee: La mentalidad de escasez puede robarnos la paz. Al confiar en el buen pastor, nuestras preocupaciones son reemplazadas por la certeza de Su provisión. La fe vence el temor: Incluso en los valles más oscuros, la presencia de Dios transforma nuestra perspectiva, permitiéndonos ver Su fidelidad en cada paso.

Compromiso práctico:

Escribe una lista de las formas en que Dios ha sido tu pastor y ha provisto para tus necesidades. Tómate tiempo para agradecerle y fortalecer tu confianza en Su cuidado.

Puntos de oración:

Agradece porque Dios cuida de ti como un pastor cuida de sus ovejas, ora para vivir en la confianza de que Él suplirá todas tus necesidades, intercede por quienes atraviesan "valles oscuros," para que sientan la guía y provisión de Dios.

Día 17 - Febrero:

Obediencia que Trae Bendición

Citas bíblicas a leer: Levítico 7-9

Reflexión:

En estos capítulos, Dios instruye a los sacerdotes sobre cómo realizar las ofrendas y establece el papel de Aarón y sus hijos. Levítico 9:6 dice: "Esto es lo que mandó Jehová que hiciéseis; y la gloria de Jehová se os aparecerá." La obediencia era la clave para experimentar la presencia y gloria de Dios.

La obediencia no es solo un acto externo, sino un cambio interno que nos lleva a alinear nuestra voluntad con la de Dios. Cuando nuestra mente es transformada, nuestras acciones reflejan Su carácter, y Su bendición fluye en nuestras vidas.

Cambiando mi manera de pensar:

La obediencia comienza en la mente: Transformar nuestros pensamientos nos permite entender la voluntad de Dios y actuar según Sus instrucciones.

La gloria sigue a la obediencia: Al seguir las instrucciones de Dios con un corazón dispuesto, experimentamos Su presencia y propósito en formas nuevas y poderosas.

Compromiso práctico:

Identifica un área de tu vida donde Dios te esté llamando a obedecer. Toma un paso concreto hacia esa obediencia hoy, confiando en que Su gloria se manifestará.

Puntos de oración:

Agradece porque la obediencia trae la bendición y presencia de Dios.

Ora para que tu mente sea renovada y alineada con Su voluntad.

Clama por quienes necesitan fuerza para obedecer a Dios en áreas específicas.

Día 18 - Febrero:

Santidad en la Vida Diaria

Citas bíblicas a leer: Levítico 10-12

Reflexión:

En Levítico 10:3, Dios declara: "En los que a mí se acercan me santificaré, y en presencia de todo el pueblo seré glorificado." Este llamado a la santidad nos recuerda que nuestra relación con Dios debe reflejarse en cada aspecto de nuestra vida. Ser santos no significa ser perfectos, sino vivir apartados para Él, permitiendo que Su carácter transforme nuestra manera de pensar y actuar.

La santidad no es algo reservado para momentos de culto; es un estilo de vida que abarca nuestras palabras, decisiones y relaciones.

Cambiando mi manera de pensar:

La santidad es una mentalidad: Al adoptar pensamientos que glorifiquen a Dios, nuestras acciones comenzarán a reflejar Su santidad.

Una vida apartada: Cambiar nuestra forma de pensar nos lleva a vivir con propósito, honrando a Dios en lo cotidiano.

Compromiso práctico:

Dedica tiempo para examinar tus pensamientos y actitudes. Pide a Dios que te muestre áreas donde necesitas ser transformado para reflejar Su santidad.

Puntos de oración:

Agradece porque Dios nos llama a ser santos como Él es santo.

Ora para que tu vida diaria glorifique a Dios en todas las áreas.

Intercede por aquellos que luchan para vivir en santidad.

Día 19 - Febrero:
Restauración y Purificación

Citas bíblicas a leer: Levítico 13-15

Reflexión:

En estos capítulos, Dios instruye a Israel sobre cómo tratar con enfermedades y contaminación ceremonial. Aunque parecen leyes físicas, reflejan verdades espirituales profundas. Dios desea purificarnos de todo lo que nos separa de Su presencia. Levítico 14:20 destaca que, después de la purificación, la persona era declarada limpia y reconciliada con Dios.

Este proceso nos enseña que la purificación espiritual requiere rendir nuestras impurezas a Dios y permitir que Él nos restaure completamente.

Cambiando mi manera de pensar:

La limpieza comienza en la mente: Dejar atrás pensamientos negativos y destructivos nos permite experimentar la pureza que Dios desea para nosotros.

Reconciliación con propósito: Cuando nuestra mente es purificada, podemos acercarnos a Dios con libertad y caminar en Su voluntad.

Compromiso práctico:

Ora y entrega a Dios cualquier pensamiento o actitud que necesite purificación. Pide que Él restaure tu mente y corazón para vivir en Su propósito.

Puntos de oración:

Agradece porque Dios es fiel para restaurarte y purificarte.

Ora para que tu mente sea limpiada de todo pensamiento que no glorifique a Dios.

Intercede por quienes necesitan experimentar la reconciliación con Dios.

Día 20 - Febrero:

Viviendo Conforme a Sus Principios

Citas bíblicas a leer: Levítico 16-18

Reflexión:

En Levítico 16, se describe el Día de la Expiación, un momento de purificación y reconciliación para Israel. Este día simboliza cómo Dios nos ofrece una relación renovada con Él, basada en Su gracia y misericordia. Levítico 18:5 dice: "Por tanto, guardaréis Mis estatutos y Mis ordenanzas, los cuales haciendo el hombre, vivirá en ellos."

Este llamado a vivir conforme a Sus principios nos recuerda que la verdadera vida fluye de obedecer Su Palabra. Cuando renovamos nuestra mente para alinearla con Sus principios, experimentamos plenitud y propósito.

Cambiando mi manera de pensar:

Sus principios traen vida: La obediencia a Su Palabra no es una carga, sino una fuente de bendición y dirección.

Renovación continua: Cambiar nuestra mentalidad requiere meditar diariamente en Su Palabra y dejar que transforme nuestras decisiones.

Compromiso práctico:

Elige un principio o mandato en la Palabra de Dios que puedas aplicar hoy. Medita en cómo este puede transformar tu vida y ponlo en práctica.

Puntos de oración:

Agradece porque Sus principios son guía y vida para nosotros.

Ora para vivir cada día conforme a Su Palabra.

Intercede por quienes necesitan aprender a caminar en los principios de Dios.

Día 21 - Febrero:

Amando Como Dios Ama

Citas bíblicas a leer: Levítico 19-21

Reflexión:

En Levítico 19:18, Dios manda: "Amarás a tu prójimo como a ti mismo." Este mandato, repetido por Jesús en el Nuevo Testamento, es la base de una vida que refleja Su carácter. Amar como Dios ama requiere un cambio profundo en nuestra manera de pensar, pasando del egoísmo a la compasión y del juicio al entendimiento.

Cambiando mi manera de pensar:

Amar es un acto de voluntad: Cambiar nuestra mentalidad para amar como Dios ama nos permite ver a otros con los ojos de Cristo.

El amor refleja Su carácter: Cada acto de amor es una semilla que fructifica en nuestras vidas y en las de quienes nos rodean.

Compromiso práctico:

Identifica a alguien en tu vida que necesite experimentar el amor de Dios. Busca una manera práctica de mostrarle amor hoy.

Puntos de oración:

Agradece porque Dios nos enseña a amar como Él ama.

Ora para que tu mente y corazón estén alineados con Su amor.

Clama por quienes necesitan ser tocados por el amor de Dios a través de ti.

Día 22 - Febrero:

Vidas Dedicadas a Dios

Citas bíblicas a leer: Levítico 22-24

Reflexión:

En Levítico 22:31-32, Dios dice: "Guardad, pues, Mis mandamientos, y cumplidlos. Yo Jehová. Y no profanaréis Mi santo nombre." Estos capítulos subrayan la importancia de la santidad en cada área de nuestras vidas. Dios desea que nuestras acciones reflejen Su carácter, no solo en los momentos públicos, sino también en lo privado.

La santidad no es un simple acto externo, sino una transformación interna que comienza con nuestra manera de pensar. Al dedicar nuestra vida completamente a Dios, le permitimos moldear cada pensamiento y decisión para que glorifiquen Su nombre.

Cambiando mi manera de pensar:

La santidad como estilo de vida: Cambiar nuestra mentalidad implica reconocer que cada aspecto de nuestra vida es una oportunidad para honrar a Dios.

Consagración diaria: La santidad comienza en la mente; al alinear nuestros pensamientos con Su Palabra, nuestras acciones seguirán Su dirección.

Compromiso práctico:

Dedica un tiempo para consagrar tu día a Dios. Pide que cada pensamiento y acción glorifiquen Su nombre.

Puntos de oración:

Agradece porque Dios nos llama a una vida santa y dedicada a Él.

Ora para mantener tus pensamientos alineados con Su voluntad.

Intercede por quienes luchan para vivir en santidad.

Día 23 - Febrero:

El Poder de la Adoración Verdadera

Citas bíblicas a leer: Salmos 24-26

Reflexión:

En el Salmo 24:3-4, David pregunta: "¿Quién subirá al monte de Jehová? ¿Y quién estará en Su lugar santo? El limpio de manos y puro de corazón." Este salmo destaca que la adoración verdadera comienza con un corazón puro y una vida íntegra. No se trata solo de palabras o gestos externos, sino de una relación genuina con Dios que transforma nuestra mente y motiva nuestra alabanza.

La adoración es un acto que renueva nuestra perspectiva, nos centra en la grandeza de Dios y nos aleja de las preocupaciones terrenales.

Cambiando mi manera de pensar:

La adoración comienza en el corazón: Renovar nuestra mente significa rendir nuestras preocupaciones, temores y distracciones para enfocarnos completamente en Dios.

Pureza y propósito: La verdadera adoración fluye de un corazón limpio, alimentado por pensamientos que glorifican a Dios.

Compromiso práctico:

Dedica tiempo hoy para adorar a Dios en espíritu y en verdad. Haz una lista de las cosas que te distraen de adorarlo y entrégalas en oración.

Puntos de oración:

Agradece porque Dios es digno de adoración y alabanza.

Ora para mantener un corazón puro que refleje Su gloria.

Clama por una iglesia que adore a Dios en espíritu y en verdad.

Día 24 - Febrero:

El Año del Jubileo

Citas bíblicas a leer: Levítico 25-27

Reflexión:

En Levítico 25:10 se instituye el año del jubileo, un tiempo de restauración, libertad y reposo. Este mandato simboliza el deseo de Dios de que Su pueblo viva en un ciclo continuo de renovación y libertad. Así como el jubileo restauraba la tierra y las relaciones, nosotros somos llamados a experimentar una renovación constante al vivir en comunión con Dios.

Este pasaje nos recuerda que la verdadera libertad comienza en nuestra mente. Cambiar nuestra manera de pensar nos permite experimentar la libertad que Cristo compró para nosotros y vivir con un corazón agradecido y renovado.

Cambiando mi manera de pensar:

Libertad mental: Al dejar atrás el pasado y confiar en el propósito de Dios, somos renovados para caminar en Su plenitud.

Restauración divina: Al igual que el jubileo traía restauración a la tierra, nuestra mente puede ser restaurada al alinearse con los principios de Dios.

Compromiso práctico:

Identifica un área en tu vida que necesite restauración. Ora y confía en que Dios puede traer libertad y renovación.

Puntos de oración:

Agradece porque Dios es el restaurador de todas las cosas.

Ora para experimentar Su libertad en cada área de tu vida.

Intercede por quienes necesitan restauración y renovación en su caminar con Dios.

Día 25 - Febrero:

Contados como Pueblo de Dios

Citas bíblicas a leer: Números 1-3

Reflexión:

En estos capítulos, Dios ordena un censo de las tribus de Israel, recordando que cada persona tiene un lugar y un propósito en Su plan. Números 1:54 dice: "E hicieron los hijos de Israel conforme a todas las cosas que mandó Jehová a Moisés." La organización del pueblo de Dios refleja Su orden y propósito en cada vida.

Al igual que Israel, somos llamados a reconocer nuestro lugar en el cuerpo de Cristo y a vivir con una mentalidad de propósito y pertenencia.

Cambiando mi manera de pensar:

Eres parte del plan de Dios: Cambiar nuestra manera de pensar significa recordar que no somos insignificantes; cada vida cuenta en Su reino.

Unidad en el propósito: Al reconocer nuestro valor en el cuerpo de Cristo, nuestros pensamientos se enfocan en edificar y servir.

Compromiso práctico:

Escribe cómo te ves siendo parte del plan de Dios. Reflexiona en cómo puedes contribuir al cuerpo de Cristo de manera práctica.

Puntos de oración:

Agradece porque cada vida tiene propósito en el plan de Dios.

Ora para reconocer y cumplir tu llamado en Su reino.

Clama por la unidad del cuerpo de Cristo.

Día 26 - Febrero:

Bendecidos para Bendecir

Citas bíblicas a leer: Números 4-6

Reflexión:

En Números 6:24-26, Dios instruye a Aarón y a sus hijos para bendecir al pueblo con estas palabras: "Jehová te bendiga y te guarde; Jehová haga resplandecer Su rostro sobre ti, y tenga de ti misericordia." Esta bendición no solo muestra el deseo de Dios de cuidar a Su pueblo, sino también Su propósito de que seamos canales de bendición para otros.

Cuando permitimos que nuestra mente sea transformada, dejamos de enfocarnos solo en recibir bendiciones y comenzamos a buscar maneras de bendecir a los demás.

Cambiando mi manera de pensar:

La bendición como misión: Al cambiar nuestra perspectiva, entendemos que somos llamados a compartir las bendiciones de Dios con quienes nos rodean.

Un corazón generoso: Una mentalidad renovada nos lleva a vivir para dar, reflejando el carácter de Dios.

Compromiso práctico:

Encuentra una manera práctica de bendecir a alguien hoy, ya sea con tus palabras, tiempo o recursos.

Puntos de oración:

Agradece porque Dios te bendice abundantemente.

Ora para ser un canal de bendición en la vida de otros.

Intercede por quienes necesitan experimentar la misericordia y cuidado de Dios.

Día 27 - Febrero:

Enfocados en Su Presencia

Citas bíblicas a leer: Números 7-9

Reflexión:

En Números 9:15-23, vemos cómo la nube de la presencia de Dios guiaba a Israel en el desierto. Su pueblo dependía completamente de la dirección divina, moviéndose o deteniéndose según Su guía. Esto nos enseña a confiar plenamente en la dirección de Dios y a mantener nuestra mente enfocada en Su presencia.

La guía de Dios no siempre será predecible, pero cuando confiamos en Él, nuestras mentes se renuevan con paz y confianza en Su propósito.

Cambiando mi manera de pensar:

Dependencia total: Renovar nuestra mente significa aprender a depender de la presencia de Dios más que de nuestras propias fuerzas o planes.

Flexibilidad espiritual: La transformación mental nos capacita para seguir la dirección de Dios, incluso cuando no entendemos el panorama completo.

Compromiso práctico:

Dedica tiempo para buscar la dirección de Dios en una decisión que enfrentas. Ora y confía en que Su presencia te guiará.

Puntos de oración:

Agradece porque Su presencia siempre está contigo para guiarte.

Ora para aprender a depender completamente de Su dirección.

Intercede por quienes necesitan claridad y guía en sus vidas.

Día 28 - Febrero:

Confiando en Su Liderazgo

Citas bíblicas a leer: Números 10-12

Reflexión:

En Números 10:35, Moisés clama: "Levántate, oh Jehová, y sean esparcidos Tus enemigos." Este versículo refleja una total confianza en el liderazgo de Dios mientras el pueblo de Israel avanzaba en el desierto. Aunque enfrentaban desafíos, sabían que Dios iba delante de ellos como su protector y guía.

Cuando rendimos nuestra mente a Su liderazgo, dejamos de preocuparnos por las circunstancias y comenzamos a caminar en confianza, sabiendo que Él siempre cumple Su propósito.

Cambiando mi manera de pensar:

Dios va delante: Cambiar nuestra perspectiva nos permite ver los desafíos como oportunidades para experimentar Su poder y dirección.

Confianza en el camino: Una mente renovada descansa en que Dios es fiel para liderarnos hacia Su propósito.

Compromiso práctico:

Identifica un desafío que enfrentas y confía en que Dios va delante de ti. Ora pidiendo fortaleza para avanzar con fe.

Puntos de oración:

Agradece porque Dios es tu guía y protector.

Ora para confiar plenamente en Su liderazgo en todas las áreas de tu vida.

Intercede por quienes necesitan fortaleza para avanzar en medio de desafíos.

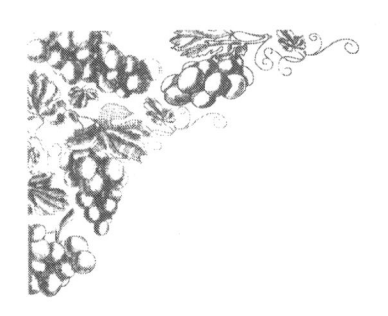

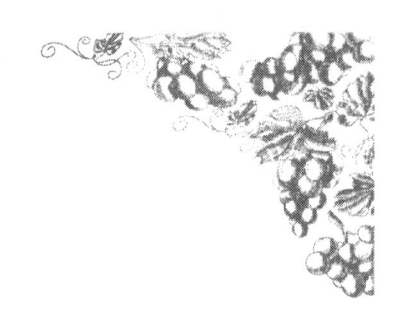

MARZO

"El proceso de dar fruto requiere paciencia y confianza. Permite que el cuidado amoroso de Dios te transforme para que fructifiques abundantemente."

Todo pámpano que lleva fruto, lo limpiará, para que lleve más fruto." (Juan 15:2)

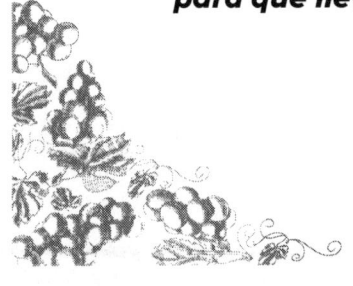

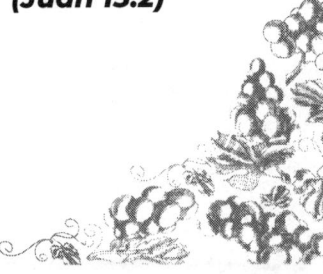

Día 1 - Marzo:
Fe en Medio del Desafío

Citas bíblicas a leer: Números 13-15

Reflexión:

En estos capítulos, los espías enviados a Canaán regresan con dos informes muy distintos. Mientras la mayoría ve gigantes y obstáculos insuperables, Caleb y Josué ven la oportunidad y la fidelidad de Dios. En Números 14:9, Caleb declara: "El Señor está con nosotros; no los temáis." Este pasaje nos recuerda que nuestra perspectiva depende de en quién depositamos nuestra fe.

El desafío es elegir confiar en las promesas de Dios, incluso cuando las circunstancias parecen adversas. Al renovar nuestra mente con Su Palabra, aprendemos a enfocarnos en Su poder en lugar de nuestros miedos.

Siendo luz:

La fe ilumina nuestra visión: Cuando somos guiados por la fe en Dios, vemos más allá de los obstáculos y confiamos en Su provisión.

Un testimonio de confianza: Nuestra fe no solo nos fortalece, sino que inspira a otros a confiar en Dios, mostrando Su luz al mundo.

Compromiso práctico:

Identifica un área en tu vida donde necesitas confiar más en Dios. Dedica tiempo en oración, entregándole tus temores y pidiéndole que fortalezca tu fe.

Puntos de oración:

Agradece por las promesas de Dios y Su fidelidad.

Ora para tener una visión basada en fe y no en temor.

Intercede por quienes enfrentan desafíos y necesitan la luz de la esperanza en Dios.

Día 2 - Marzo:

El Señor es Mi Fortaleza

Citas bíblicas a leer: Salmos 27-29

Reflexión:

El Salmo 27:1 declara: "El Señor es mi luz y mi salvación; ¿de quién temeré?" David nos enseña a encontrar fortaleza en Dios, incluso en los momentos más oscuros. Este salmo es un llamado a buscar Su presencia, confiando en que Él ilumina nuestro camino y nos da seguridad en medio de las pruebas.

Buscar a Dios en medio de los desafíos no solo nos fortalece, sino que nos permite ser reflejo de Su luz para quienes nos rodean.

Siendo luz:

La luz que transforma: Vivir en la luz de Dios nos capacita para enfrentar las adversidades con esperanza y transmitir esa paz a los demás.

Una vida de alabanza: Al confiar en Dios y alabarlo en toda circunstancia, damos testimonio de Su grandeza.

Compromiso práctico:

Dedica un tiempo hoy para meditar en los Salmos y alabar a Dios por Su fidelidad. Comparte un testimonio de cómo Él ha sido tu fortaleza con alguien que lo necesite.

Puntos de oración:

Agradece por la protección y fortaleza que Dios te da.

Ora para que tu vida sea un reflejo de Su luz y esperanza.

Intercede por quienes necesitan reconocer a Dios como su refugio.

Día 3 - Marzo:
El Llamado a la Santidad

Citas bíblicas a leer: Números 16-18

Reflexión:

El juicio de Dios sobre la rebelión de Coré, Datán y Abiram en Números 16 nos muestra la seriedad del pecado y la importancia de la obediencia. Dios establece claramente Su autoridad y llama a Su pueblo a ser santos. Números 18:7 nos recuerda: "Os he dado el oficio del sacerdocio como un don."

Somos llamados a servir a Dios con reverencia y obediencia, dejando que Su luz transforme nuestras vidas y las de quienes nos rodean.

Siendo luz:

La santidad como testimonio: Vivir en obediencia y santidad demuestra a otros la diferencia que hace caminar con Dios.

La luz que guía: Al mantenernos firmes en Su Palabra, reflejamos la claridad y propósito de Su dirección.

Compromiso práctico:

Evalúa tus pensamientos y acciones. Pide a Dios que te muestre áreas donde necesitas crecer en santidad. Comprométete a obedecer Su dirección con fidelidad.

Puntos de oración:

Agradece por el privilegio de servir a Dios y ser guiado por Su luz.

Ora para mantener una vida de obediencia y santidad.

Intercede por quienes luchan con la obediencia y necesitan ser guiados por Dios.

Día 4 - Marzo:

Agua en el Desierto

Citas bíblicas a leer: Números 19-21

Reflexión:

En Números 20, el pueblo de Israel enfrenta sed en el desierto, y Dios provee agua de una roca. Este milagro simboliza cómo Dios es nuestra fuente de provisión, incluso en los lugares más áridos de la vida. Sin embargo, la desobediencia de Moisés al golpear la roca en lugar de hablarle muestra la importancia de seguir las instrucciones de Dios con precisión.

Dios nos llama a confiar en Su provisión y obedecer Su guía, permitiendo que Su luz brille incluso en los momentos más difíciles.

Siendo luz:

Fe en acción: Cuando confiamos en la provisión de Dios, mostramos Su fidelidad a los demás.

Un testimonio de obediencia: Seguir las instrucciones de Dios refleja nuestra confianza en Su plan perfecto.

Compromiso práctico:

Identifica un área en tu vida donde necesitas confiar en la provisión de Dios. Dedica tiempo en oración, entregándole tus necesidades y buscando Su guía.

Puntos de oración:

Agradece por la provisión constante de Dios en tu vida.

Ora para aprender a confiar en Su plan y seguir Su guía.

Intercede por quienes necesitan experimentar la provisión divina en sus vidas.

Día 5 - Marzo:
Bendición en Medio del Conflicto

Citas bíblicas a leer: Números 22-24

Reflexión:

La historia de Balaam nos muestra cómo Dios puede usar incluso a los enemigos de Su pueblo para cumplir Su propósito. En Números 23:8, Balaam declara: "¿Cómo maldeciré a quien Dios no ha maldecido?" Este pasaje subraya que nadie puede frustrar los planes de Dios para Sus hijos.

Dios nos llama a confiar en Su protección y a ser luz incluso en medio de las adversidades. Nuestra fe en Su fidelidad puede inspirar a otros a buscar Su guía y protección.

Siendo luz:

Una confianza que brilla: Vivir con la certeza de que Dios está a nuestro favor da testimonio de Su poder y fidelidad.

Reflejar Su protección: Mostrar gratitud por Su cuidado y alentar a otros a confiar en Él.

Compromiso práctico:

Reflexiona en cómo Dios ha transformado tus conflictos en bendiciones. Comparte ese testimonio con alguien que necesite esperanza.

Puntos de oración:

Agradece porque Dios cuida y protege a Sus hijos.

Ora para confiar en que Él tiene el control de cada situación.

Intercede por quienes enfrentan conflictos y necesitan experimentar la paz de Dios.

Día 6 - Marzo:
Liderazgo en el Propósito de Dios

Citas bíblicas a leer: Números 25-27

Reflexión:

En Números 27, Dios instruye a Moisés a designar a Josué como el nuevo líder de Israel. Moisés, sabiendo que no entraría en la Tierra Prometida, entrega el liderazgo con humildad y confianza en el plan de Dios. En Números 27:18-19 leemos: "Toma a Josué hijo de Nun, hombre en el cual está el espíritu, y pon tu mano sobre él." Este pasaje nos enseña que el liderazgo efectivo proviene de la obediencia y la dependencia en Dios.

Dios nos llama a servir como líderes que guían con humildad y reflejan Su luz en cada acción, mostrando a otros el camino hacia Su propósito.

Siendo luz:

Liderazgo con integridad: Un líder que camina en la luz de Dios guía a otros con transparencia y verdad.

Inspirar confianza: Reflejar la sabiduría y el carácter de Dios anima a otros a seguir Su dirección.

Compromiso práctico:

Reflexiona sobre cómo estás liderando en tu hogar, trabajo o comunidad. Ora para que tus acciones sean un reflejo de la luz de Dios y guíen a otros hacia Él.

Puntos de oración:

Agradece por los líderes que Dios ha puesto en tu vida.

Ora para ser un líder humilde y dependiente de Su guía.

Intercede por quienes están en posiciones de liderazgo, para que reflejen la luz de Dios.

Día 7 - Marzo:

Una Vida de Ofrecimiento

Citas bíblicas a leer: Números 28-30

Reflexión:

Estos capítulos detallan las ofrendas y votos que Israel debía presentar a Dios, mostrando la importancia de vivir una vida entregada a Él. En Números 29:39 leemos: "Estas cosas ofreceréis a Jehová en vuestras fiestas solemnes, además de vuestros votos y ofrendas voluntarias." Esto nos recuerda que nuestra vida diaria debe ser un continuo acto de adoración y entrega.

Vivir como luz implica ofrecer cada pensamiento, palabra y acción como sacrificio agradable a Dios, mostrando Su amor y propósito a quienes nos rodean.

Siendo luz:

Adoración en acción: Mostrar la luz de Dios requiere que vivamos de manera intencional, reflejando Su carácter en nuestras elecciones diarias.

Un ejemplo de entrega: Nuestra devoción a Dios inspira a otros a rendir sus vidas a Él.

Compromiso práctico:

Dedica un tiempo hoy para agradecer a Dios por Su fidelidad. Identifica algo que puedas ofrecerle como acto de adoración, ya sea tu tiempo, tus recursos o tus talentos.

Puntos de oración:

Agradece por el privilegio de vivir una vida entregada a Dios.

Ora para que tus acciones reflejen Su amor y propósito.

Intercede por quienes necesitan aprender a vivir en adoración y entrega.

Día 8 - Marzo:
La Victoria en la Obediencia

Citas bíblicas a leer: Números 31-33

Reflexión:

En Números 31, Israel derrota a los madianitas bajo la dirección de Dios. Esta victoria es un recordatorio de que la obediencia a Su guía trae resultados poderosos. Números 33 también detalla los lugares por los que pasó Israel, recordándonos que Dios estuvo con ellos en cada etapa de su viaje.

Dios nos llama a caminar en obediencia, confiando en que Su luz nos guía hacia la victoria espiritual y nos capacita para influir positivamente en quienes nos rodean.

Siendo luz:

Una obediencia que ilumina: Seguir la dirección de Dios inspira a otros a confiar en Su guía.

La fidelidad como testimonio: Reconocer la mano de Dios en cada etapa de nuestra vida muestra Su fidelidad a los demás.

Compromiso práctico:

Reflexiona sobre cómo la obediencia a Dios ha traído bendición en tu vida. Comparte ese testimonio con alguien que lo necesite.

Puntos de oración:

Agradece por la guía y fidelidad de Dios en cada etapa de tu vida.

Ora para caminar en obediencia y confianza en Su plan.

Intercede por quienes necesitan confiar en Dios para sus próximas decisiones.

Día 9 - Marzo:

Gozo en el Perdón

Citas bíblicas a leer: Salmos 30-32

Reflexión:

El Salmo 32:1 declara: "Bienaventurado aquel cuya transgresión ha sido perdonada, y cubierto su pecado." David celebra la alegría y libertad que vienen del perdón de Dios. Este salmo también enfatiza la importancia de confesar nuestros pecados y no guardar silencio ante Dios, permitiendo que Su luz purifique nuestras vidas.

El perdón no solo restaura nuestra relación con Dios, sino que también nos capacita para reflejar Su gracia y compasión hacia los demás.

Siendo luz:

El perdón como testimonio: Mostrar gratitud por el perdón de Dios inspira a otros a buscar Su gracia.

Reflejar Su compasión: Al perdonar a quienes nos han herido, compartimos la luz de Cristo con un mundo que necesita esperanza.

Compromiso práctico:

Identifica una relación o situación donde necesites practicar el perdón. Ora pidiendo la gracia de Dios para perdonar y ser un reflejo de Su amor.

Puntos de oración:

Agradece por el perdón y la gracia de Dios en tu vida.

Ora para reflejar Su compasión y perdón hacia los demás.

Intercede por quienes necesitan experimentar el gozo del perdón.

Día 10 - Marzo:

Alineados con Su Propósito

Citas bíblicas a leer: Números 34-36

Reflexión:

En Números 34, Dios establece los límites de la Tierra Prometida y da instrucciones específicas sobre cómo asignar el territorio. Esto demuestra que Su plan es claro y específico para Su pueblo. Cada tribu tenía un lugar y un propósito en el diseño divino.

Dios también tiene un plan para nosotros, y al caminar en Su luz, descubrimos nuestro lugar en Su propósito. Esta claridad nos capacita para ser luz en nuestras comunidades y familias.

Siendo luz:

Conocer tu propósito: Cuando vivimos alineados con el plan de Dios, reflejamos Su dirección y propósito.

Una vida intencional: Caminar en Su luz nos ayuda a tomar decisiones que glorifiquen Su nombre y beneficien a quienes nos rodean.

Compromiso práctico:

Dedica tiempo para orar y buscar claridad sobre el propósito de Dios para tu vida. Anota las áreas donde necesitas alinearte más con Su plan.

Puntos de oración:

Agradece porque Dios tiene un propósito claro para tu vida.

Ora para caminar en Su dirección y cumplir Su voluntad.

Intercede por quienes buscan entender su lugar en el plan de Dios.

Día 11 - Marzo:
La Fidelidad de Dios en el Pasado y el Presente

Citas bíblicas a leer: Deuteronomio 1-3

Reflexión:

En estos capítulos, Moisés recuerda al pueblo de Israel las obras de Dios en su pasado, subrayando Su fidelidad. En Deuteronomio 1:30 dice: "Jehová vuestro Dios, el cual va delante de vosotros, Él peleará por vosotros." Este recordatorio es una invitación a confiar en que el mismo Dios que fue fiel en el pasado lo será en el futuro.

Cuando caminamos en la luz de Su fidelidad, nuestra fe inspira a otros a confiar en Su poder y amor.

Siendo luz:

La fidelidad inspira fe: Testificar de las obras de Dios en nuestras vidas fortalece a quienes nos rodean.

Una vida confiada: Reflejar confianza en Dios muestra Su carácter a un mundo que necesita esperanza.

Compromiso práctico:

Haz una lista de las maneras en que Dios ha sido fiel contigo en el pasado. Comparte un testimonio de Su fidelidad con alguien que necesite ánimo.

Puntos de oración:

Agradece por la fidelidad constante de Dios en tu vida.

Ora para confiar en Su fidelidad en cada situación presente.

Intercede por quienes necesitan recordar las obras de Dios en sus vidas.

Día 12 - Marzo:

Guardando Sus Mandamientos con Amor

Citas bíblicas a leer: Deuteronomio 4-6

Reflexión:

En Deuteronomio 6:5, Dios manda: "Amarás al Señor tu Dios de todo tu corazón, y de toda tu alma, y con todas tus fuerzas." Este pasaje subraya que obedecer Sus mandamientos debe ser una expresión de amor y no solo un acto ritual.

Cuando vivimos en la luz de Su amor, nuestro compromiso con Dios inspira a otros a buscar una relación más profunda con Él.

Siendo luz:

El amor como base: Una vida de obediencia que fluye del amor muestra la luz de Dios de manera auténtica.

Impacto eterno: Amar a Dios y guardar Sus mandamientos transforma nuestras vidas y las de quienes nos rodean.

Compromiso práctico:

Medita en cómo estás amando a Dios en tus pensamientos, palabras y acciones. Escribe una oración renovando tu amor y compromiso con Él.

Puntos de oración:

Agradece por el privilegio de amar y obedecer a Dios.

Ora para que tus acciones reflejen tu amor por Él.

Intercede por quienes necesitan experimentar el amor de Dios de manera personal.

Día 13 - Marzo:

Dependencia Total en Dios

Citas bíblicas a leer: Deuteronomio 7-9

Reflexión:

En Deuteronomio 8:3, Moisés recuerda al pueblo: "Te afligió y te hizo tener hambre, y te sustentó con maná… para hacerte saber que no solo de pan vivirá el hombre, mas de todo lo que sale de la boca de Jehová vivirá el hombre." Este pasaje muestra que las pruebas tienen un propósito: enseñarnos a depender completamente de Dios.

El maná simboliza la provisión diaria de Dios y Su llamado a confiar en Él, no solo para nuestras necesidades físicas, sino también para nuestra vida espiritual. Ser luz implica demostrar una fe que inspira a otros a buscar en Dios su provisión y dirección.

Siendo luz:

Fe que impacta: Una vida de dependencia en Dios muestra Su fidelidad y provisión a quienes nos rodean.

Provisión espiritual: Al nutrirnos de Su Palabra, reflejamos esperanza y propósito en un mundo hambriento de dirección.

Compromiso práctico:

Hoy, elige confiar en Dios en un área específica donde necesites provisión o guía. Escribe una promesa bíblica relacionada con esa necesidad y decláarala en oración.

Puntos de oración:

Agradece porque Dios es tu proveedor en toda circunstancia.

Ora para depender completamente de Su Palabra y dirección.

Intercede por quienes enfrentan escasez física o espiritual, para que encuentren en Dios su sustento.

Día 14 - Marzo:

Amar y Servir con Corazón Íntegro

Citas bíblicas a leer: Deuteronomio 10-12

Reflexión:

En Deuteronomio 10:12-13, Moisés pregunta: "¿Qué pide Jehová tu Dios de ti? Solamente que le temas, que andes en todos Sus caminos, y que le ames y sirvas con todo tu corazón y con toda tu alma." Este llamado resalta que la verdadera adoración no es solo una obligación, sino una respuesta amorosa al carácter fiel de Dios.

Dios busca un pueblo que viva en integridad, no por temor, sino porque reconoce Su bondad y grandeza. Al vivir con un corazón entregado, reflejamos Su luz y animamos a otros a amarlo y servirlo de manera genuina.

Siendo luz:

Integridad que transforma: Amar y servir a Dios con sinceridad impacta profundamente a quienes nos rodean.

Una vida auténtica: Vivir en obediencia no solo honra a Dios, sino que inspira a otros a buscarlo con un corazón sincero.

Compromiso práctico:

Dedica tiempo para examinar tus motivaciones al servir a Dios. Pide al Espíritu Santo que purifique tu corazón y te guíe a amar y servir con integridad.

Puntos de oración:

Agradece porque Dios busca una relación genuina contigo.

Ora para que tu amor y servicio reflejen Su carácter.

Intercede por quienes necesitan experimentar la alegría de amar y servir a Dios.

Día 15 - Marzo:
Generosidad que Refleja el Corazón de Dios

Citas bíblicas a leer: Deuteronomio 13-15

Reflexión:

En Deuteronomio 15:10, Dios instruye: "Sin falta le darás, y no te dolerá el corazón cuando le des; porque por ello te bendecirá Jehová tu Dios en todos tus hechos." Este pasaje subraya la importancia de una generosidad que nace de un corazón transformado por la gracia de Dios.

Cuando compartimos con otros, reflejamos el carácter compasivo de Dios. La generosidad no solo satisface necesidades, sino que también brilla como luz, mostrando el amor y cuidado de Dios a través de nuestras acciones.

Siendo luz:

Dar con alegría: La generosidad no es solo un acto físico, sino un testimonio del carácter de Dios en nuestras vidas.

Impacto eterno: Compartir nuestros recursos refleja el corazón de Dios y transforma vidas.

Compromiso práctico:

Identifica a alguien que pueda beneficiarse de tu generosidad hoy, ya sea con tiempo, recursos o palabras de ánimo. Sé intencional en reflejar el amor de Dios a través de tu acción.

Puntos de oración:

Agradece por las bendiciones que Dios te ha dado para compartir.

Ora para que tu generosidad sea una extensión del amor de Dios.

Intercede por quienes están en necesidad, para que encuentren ayuda y esperanza en Él.

Día 16 - Marzo:

Alabanza en Medio de la Batalla

Citas bíblicas a leer: Salmos 33-35

Reflexión:

El Salmo 34:1 proclama: "Bendeciré a Jehová en todo tiempo; Su alabanza estará de continuo en mi boca." David declara su confianza en Dios, incluso en medio de pruebas y persecuciones. Este salmo es un testimonio de cómo la alabanza a Dios ilumina nuestra perspectiva y nos da fuerza en tiempos de dificultad.

Al alabar a Dios en toda circunstancia, nuestra luz brilla, mostrando al mundo que nuestra esperanza está en un Dios que es fiel y digno de confianza.

Siendo luz:

La alabanza transforma: Al enfocarnos en Dios en lugar de nuestras circunstancias, reflejamos Su paz y poder.

Un testimonio de fe: Alabar en medio de la prueba inspira a otros a confiar en Dios.

Compromiso práctico:

Dedica tiempo hoy para alabar a Dios, independientemente de tus circunstancias. Haz una lista de razones para darle gracias y comparte una de ellas con alguien más.

Puntos de oración:

Agradece porque Dios es digno de alabanza en todo momento.

Ora para que la alabanza sea una constante en tu vida, incluso en tiempos difíciles.

Intercede por quienes necesitan experimentar el poder transformador de la alabanza.

Día 17 - Marzo:

Justicia y Verdad

Citas bíblicas a leer: Deuteronomio 16-18

Reflexión:

En Deuteronomio 16:20, Dios instruye: "La justicia, la justicia seguirás, para que vivas y heredes la tierra que Jehová tu Dios te da." Este llamado a la justicia no solo trata de cumplir con la ley, sino de reflejar el carácter justo de Dios en todas nuestras interacciones.

Ser luz implica vivir con integridad y buscar el bienestar de los demás. Al caminar en justicia, mostramos el amor de Dios y Su deseo de que vivamos en armonía y equidad.

Siendo luz:

Justicia que ilumina: Al tratar a otros con justicia y verdad, reflejamos el carácter de Dios.

Una influencia positiva: La justicia inspira a otros a actuar con rectitud y a buscar a Dios.

Compromiso práctico:

Piensa en una situación donde puedas actuar con justicia y verdad. Sé intencional en reflejar el carácter de Dios en esa circunstancia.

Puntos de oración:

Agradece porque Dios es justo y guía tus decisiones.

Ora para vivir en justicia y reflejar Su luz en tus interacciones.

Intercede por quienes necesitan restaurar relaciones dañadas por la injusticia.

Día 18 - Marzo:

La Protección Divina

Citas bíblicas a leer: Deuteronomio 19-21

Reflexión:

En Deuteronomio 20:4 se declara: "Porque Jehová vuestro Dios va con vosotros, para pelear por vosotros contra vuestros enemigos, para salvaros." Este pasaje nos recuerda que Dios es nuestro defensor y protector, guiándonos y peleando nuestras batallas.

Cuando confiamos en Su protección, nuestra paz y confianza brillan como luz, inspirando a otros a buscar refugio en Él.

Siendo luz:

Una confianza que impacta: Vivir con la seguridad de la protección divina muestra a otros que Dios es digno de confianza.

Luz en la batalla: Al enfrentar dificultades con fe, demostramos que no estamos solos, sino sostenidos por Dios.

Compromiso práctico:

Ora por una situación donde necesites la intervención de Dios. Confía en que Él está peleando por ti y comparte esa confianza con alguien que lo necesite.

Puntos de oración:

Agradece porque Dios es tu protector y defensor.

Ora para enfrentar las dificultades con fe y valentía.

Intercede por quienes necesitan experimentar la protección de Dios en sus vidas.

Día 19 - Marzo:
Amor y Responsabilidad

Citas bíblicas a leer: Deuteronomio 22-24

Reflexión:

En estos capítulos, Dios da instrucciones específicas sobre cómo tratar a los demás con cuidado y responsabilidad. En Deuteronomio 24:19 se dice: "Cuando siegues tu mies en tu campo, y olvides alguna gavilla, no volverás a recogerla; será para el extranjero, para el huérfano y para la viuda." Este mandamiento muestra el corazón compasivo de Dios y Su deseo de que cuidemos de los más vulnerables.

Ser luz significa reflejar el amor de Dios al cuidar de quienes nos rodean, siendo intencionales en mostrar Su gracia y bondad.

Siendo luz:

Cuidado que impacta: Nuestras acciones de compasión muestran el carácter de Dios a un mundo que necesita Su amor.

Una responsabilidad divina: Al cuidar de otros, reflejamos la luz de Cristo y Su llamado a servir.

Compromiso práctico:

Busca una oportunidad hoy para mostrar compasión a alguien que lo necesite. Puede ser una acción práctica, una palabra de aliento o un gesto de apoyo.

Puntos de oración:

Agradece porque Dios te llama a ser luz a través del cuidado y el amor.

Ora para tener un corazón sensible a las necesidades de los demás.

Intercede por quienes están pasando por momentos de vulnerabilidad.

Día 20 - Marzo:
Las Bendiciones de la Obediencia

Citas bíblicas a leer: Deuteronomio 25-27

Reflexión:

En Deuteronomio 27, Moisés instruye al pueblo sobre la importancia de obedecer los mandamientos de Dios. Este capítulo culmina con una declaración solemne: "Maldito el que no confirmare las palabras de esta ley para hacerlas" (Deut. 27:26). Estas palabras reflejan el llamado de Dios a una obediencia completa que proviene de un corazón dispuesto.

La obediencia a Dios no es una carga, sino un camino hacia la vida plena. Ser luz implica vivir de manera que otros vean en nuestra obediencia el fruto de la comunión con Dios.

Siendo luz:

La obediencia como testimonio: Una vida comprometida con los mandatos de Dios refleja Su fidelidad y guía a otros hacia la verdad.

La luz de la integridad: Cuando caminamos en obediencia, nuestra vida brilla con la paz y el propósito que solo Dios puede dar.

Compromiso práctico:

Reflexiona en un área donde necesitas obedecer a Dios más plenamente. Haz un compromiso práctico de alinear tus acciones con Su Palabra.

Puntos de oración:

Agradece porque Dios nos guía con Sus mandamientos para nuestro bien.

Ora para que tu vida sea un reflejo de obediencia y fidelidad.

Intercede por quienes necesitan rendirse a la guía de Dios.

Día 21 - Marzo:

Escoge la Vida

Citas bíblicas a leer: Deuteronomio 28-30

Reflexión:

En Deuteronomio 30:19-20, Moisés declara: "He puesto delante de ti la vida y la muerte, la bendición y la maldición; escoge, pues, la vida, para que vivas tú y tu descendencia." Este pasaje es un llamado a elegir vivir en comunión con Dios, confiando en Sus promesas y apartándonos de todo lo que nos aleja de Su propósito.

Ser luz implica vivir una vida que otros quieran imitar, mostrando que elegir a Dios es la decisión que lleva a la plenitud y la verdadera libertad.

Siendo luz:

Decisiones que inspiran: Cuando escogemos obedecer a Dios, nuestra vida se convierte en un testimonio de Su gracia y poder transformador.

Luz en nuestras elecciones: Elegir la vida en Dios es reflejar Su verdad a un mundo que busca dirección.

Compromiso práctico:

Evalúa tus decisiones recientes. Haz una lista de áreas donde necesitas elegir la vida y el propósito de Dios. Ora para que Él te guíe en cada elección.

Puntos de oración:

Agradece porque Dios nos da la oportunidad de escoger la vida.

Ora para que tus elecciones reflejen el deseo de glorificar a Dios.

Intercede por quienes enfrentan decisiones difíciles, para que elijan el camino de Dios.

Día 22 - Marzo:

Fuerza en Su Promesa

Citas bíblicas a leer: Deuteronomio 31-34

Reflexión:

En Deuteronomio 31:6, Moisés anima al pueblo diciendo: "Esforzaos y cobrad ánimo; no temáis, ni tengáis miedo de ellos, porque Jehová tu Dios es el que va contigo." Estas palabras recuerdan que la fidelidad de Dios es el fundamento de nuestra fuerza.

Cuando caminamos con Dios, Su luz brilla en nuestra confianza y valentía, mostrando a otros que podemos enfrentar cualquier desafío porque Él está con nosotros.

Siendo luz:

La valentía que inspira: Al demostrar confianza en Dios, motivamos a quienes nos rodean a caminar en fe.

Fuerza en la comunión: Permanecer cerca de Dios nos capacita para enfrentar los retos con esperanza y propósito.

Compromiso práctico:

Identifica un desafío que enfrentas hoy. Declara la promesa de Deuteronomio 31:6 sobre esa situación y confía en que Dios está contigo.

Puntos de oración:

Agradece porque Dios nunca te deja ni te desampara.

Ora para enfrentar los desafíos con valentía y fe.

Intercede por quienes necesitan fortaleza en medio de sus pruebas.

Día 23 - Marzo:

El Señor es Nuestra Roca

***Citas bíblicas a leer:** Salmos 36-38*

Reflexión:

El Salmo 36:9 dice: "Porque contigo está el manantial de la vida; en tu luz veremos la luz." Este salmo describe cómo la fidelidad de Dios es una fuente inagotable de vida y guía para Su pueblo. En Su luz, encontramos claridad, propósito y esperanza.

Ser luz significa vivir una vida que señale a otros hacia el manantial de vida que es Dios, invitándolos a experimentar Su bondad y verdad.

Siendo luz:

La luz que guía: Al caminar en la luz de Dios, nos convertimos en un faro para quienes buscan dirección.

Esperanza que transforma: Reflejar la bondad de Dios anima a otros a confiar en Él.

Compromiso práctico:

Dedica tiempo para meditar en cómo Dios ha sido tu fuente de vida y guía. Comparte un testimonio de Su fidelidad con alguien que lo necesite.

Puntos de oración:

Agradece porque Dios es la fuente de toda vida y esperanza.

Ora para caminar en Su luz y reflejar Su bondad.

Intercede por quienes necesitan encontrar dirección en Dios.

Día 24 - Marzo:

Avanzando en Fe

***Citas bíblicas a leer:** Josué 1-3*

Reflexión:

En Josué 1:9, Dios dice: "Mira que te mando que te esfuerces y seas valiente; no temas ni desmayes, porque Jehová tu Dios estará contigo en dondequiera que vayas." Estas palabras fortalecieron a Josué mientras asumía el liderazgo y guiaba al pueblo hacia la Tierra Prometida.

Dios nos llama a avanzar con valentía, confiando en que Su presencia nos capacita para cumplir Su propósito. Nuestra fe en acción brilla como luz, inspirando a otros a confiar en Su fidelidad.

Siendo luz:

Liderazgo con propósito: Al avanzar en fe, guiamos a otros hacia las promesas de Dios.

Valentía que inspira: Nuestra confianza en Dios motiva a quienes nos rodean a caminar en fe.

Compromiso práctico:

Reflexiona en una área donde necesitas avanzar con valentía. Pide a Dios que te guíe y capacite para dar ese paso.

Puntos de oración:

Agradece porque Dios te acompaña en cada paso de tu vida.

Ora para caminar con valentía hacia el propósito que Él tiene para ti.

Intercede por quienes necesitan fuerza para avanzar en fe.

Día 25 - Marzo:

La Obediencia que Abre Puertas

Citas bíblicas a leer: Josué 4-6

Reflexión:

En Josué 6, vemos cómo Dios derriba los muros de Jericó después de que el pueblo obedece Sus instrucciones. Este milagro es un recordatorio de que la obediencia a Dios abre puertas y destruye barreras que parecen imposibles de superar.

Ser luz significa mostrar a otros el poder de la obediencia a Dios, reflejando Su capacidad de obrar en lo imposible.

Siendo luz:

Obediencia que inspira: Vivir en obediencia a Dios demuestra Su poder a quienes nos rodean.

Fe que rompe barreras: Nuestra confianza en Dios motiva a otros a buscar Su dirección en sus vidas.

Compromiso práctico:

Identifica un muro en tu vida que necesite ser derribado. Ora y pídele a Dios que te guíe en obediencia para ver Su poder manifestarse.

Puntos de oración:

Agradece porque Dios es capaz de derribar cualquier barrera.

Ora para obedecer a Dios en cada área de tu vida.

Intercede por quienes enfrentan situaciones imposibles, para que confíen en el poder de Dios.

Día 26 - Marzo:

Restaurando la Comunión con Dios

***Citas bíblicas a leer:** Josué 7-9*

Reflexión:

En Josué 7, el pecado de Acán rompe la comunión del pueblo con Dios y causa una derrota en Hai. Sin embargo, cuando el pecado es confesado y tratado, Dios restaura a Israel, guiándolos a la victoria. Esto nos recuerda que el pecado oculto puede detener nuestro avance espiritual, pero la confesión y el arrepentimiento abren el camino para la restauración.

Josué 8:1 es clave: "No temas ni desmayes; toma contigo toda la gente de guerra, y levántate." Cuando restauramos nuestra comunión con Dios, Él nos guía con fuerza renovada hacia la victoria.

Siendo luz:

Confesión que libera: Al reconocer nuestras faltas y buscar restauración, damos testimonio de la gracia transformadora de Dios.

Restauración que inspira: Una vida restaurada brilla como un faro para quienes necesitan esperanza y reconciliación.

Compromiso práctico:

Reflexiona sobre cualquier área de tu vida donde necesites restauración espiritual. Dedica tiempo en confesión y busca reconciliarte con Dios.

Puntos de oración:

Agradece por la gracia y restauración que Dios ofrece.

Ora para mantener una comunión constante y honesta con Dios.

Intercede por quienes necesitan reconocer y confesar su pecado para experimentar restauración.

Día 27 - Marzo:

La Mano de Dios en la Batalla

Citas bíblicas a leer: Josué 10-12

Reflexión:

En Josué 10:12-14, Dios responde a la oración de Josué, deteniendo el sol y la luna para asegurar la victoria de Israel. Este milagro muestra que cuando confiamos en Dios, Él actúa poderosamente a nuestro favor, incluso de formas inesperadas.

Nuestra fe en medio de las batallas no solo nos fortalece, sino que también refleja el poder de Dios a quienes nos rodean. Cada victoria que Él nos concede es una oportunidad para proclamar Su grandeza.

Siendo luz:

Fe que inspira a otros: Al confiar en Dios en nuestras luchas, mostramos Su fidelidad y poder.

Milagros que testifican: Las intervenciones divinas en nuestra vida reflejan la soberanía de Dios al mundo.

Compromiso práctico:

Identifica una lucha actual y entrégala a Dios en oración, confiando en que Él obrará poderosamente. Comparte tu experiencia con alguien para animarlo a confiar en Dios.

Puntos de oración:

Agradece porque Dios pelea nuestras batallas y nos da la victoria.

Ora para tener fe en medio de los desafíos.

Intercede por quienes necesitan experimentar el poder de Dios en sus circunstancias.

Día 28 - Marzo:
Reclamando la Tierra Prometida

Citas bíblicas a leer: Josué 13-15

Reflexión:

En Josué 14:12, Caleb dice: "Dame, pues, ahora este monte." Aunque tenía 85 años, Caleb todavía estaba dispuesto a reclamar la tierra que Dios le había prometido, demostrando una fe activa y perseverante. Su historia nos enseña que nunca es tarde para confiar en las promesas de Dios y avanzar hacia Su propósito.

La determinación de Caleb brilla como un ejemplo de cómo podemos ser luz, inspirando a otros a confiar en Dios y reclamar Su herencia espiritual.

Siendo luz:

Perseverancia que ilumina: Una fe constante en las promesas de Dios anima a quienes nos rodean a mantenerse firmes.

Propósito eterno: Vivir confiando en las promesas de Dios refleja Su fidelidad y Su plan eterno.

Compromiso práctico:

Haz una lista de las promesas de Dios que aún esperas ver cumplidas en tu vida. Ora con fe renovada y comprométete a avanzar hacia esas metas con determinación.

Puntos de oración:

Agradece por las promesas de Dios que son fieles y verdaderas.

Ora para mantener una fe perseverante como la de Caleb.

Intercede por quienes han perdido la esperanza en las promesas de Dios.

Día 29 - Marzo:
Compartiendo la Herencia de Dios

Citas bíblicas a leer: Josué 16-18

Reflexión:

En estos capítulos, las tribus de Israel reciben su herencia en la Tierra Prometida. Cada asignación refleja el cuidado de Dios por Su pueblo y Su deseo de que cada uno ocupe el lugar que Él ha preparado. Este acto también muestra la importancia de compartir las bendiciones de Dios con los demás.

Nuestra herencia en Cristo no es solo para nuestro beneficio, sino para compartirla como luz con quienes nos rodean, mostrándoles el amor y la gracia de Dios.

Siendo luz:

Bendición compartida: Al compartir nuestras bendiciones, reflejamos el corazón generoso de Dios.

Unidad en el propósito: Reconocer nuestra herencia en Cristo nos une como pueblo de Dios y nos capacita para ser luz.

Compromiso práctico:

Busca una manera de compartir tus bendiciones con alguien hoy. Puede ser una palabra de ánimo, un recurso o simplemente tu tiempo.

Puntos de oración:

Agradece por la herencia espiritual que tienes en Cristo.

Ora para ser un canal de bendición para quienes te rodean.

Intercede por quienes necesitan experimentar la gracia y provisión de Dios.

Día 30 - Marzo:

La Confianza que Brilla

Citas bíblicas a leer: Salmos 39-41

Reflexión:

En el Salmo 40:1-3, David proclama: "Pacientemente esperé a Jehová, y se inclinó a mí, y oyó mi clamor." Este pasaje muestra cómo confiar en Dios trae esperanza y un cántico nuevo que transforma nuestra perspectiva y da testimonio a los demás.

Cuando confiamos en Dios en medio de las pruebas, nuestra vida refleja Su luz y anima a otros a buscarlo y descansar en Su fidelidad.

Siendo luz:

Esperanza visible: Al esperar en Dios con paciencia, mostramos Su fidelidad a quienes nos rodean.

Una canción que inspira: Nuestro testimonio de confianza en Dios invita a otros a conocer Su amor y cuidado.

Compromiso práctico:

Piensa en un momento en que Dios respondió a tus oraciones. Reflexiona en ese testimonio y compártelo con alguien que necesite ánimo.

Puntos de oración:

Agradece porque Dios escucha y responde a nuestras oraciones.

Ora para esperar en Él con paciencia y confianza.

Intercede por quienes están clamando a Dios, para que encuentren esperanza en Su fidelidad.

Día 31 - Marzo:
El Descanso en Su Promesa

***Citas bíblicas a leer:** Josué 19-21*

Reflexión:

En Josué 21:45 se declara: "No faltó palabra de todas las buenas promesas que Jehová había hecho a la casa de Israel; todo se cumplió." Este versículo concluye la distribución de la tierra, mostrando que Dios es fiel para cumplir cada una de Sus promesas.

Cuando descansamos en las promesas de Dios, nuestra vida refleja Su luz, mostrando a los demás que pueden confiar plenamente en Su palabra.

Siendo luz:

Fidelidad que inspira confianza: Testificar las promesas cumplidas de Dios anima a otros a confiar en Él.

Un descanso que brilla: Al vivir confiados en Su fidelidad, mostramos Su paz y propósito.

Compromiso práctico:

Haz una lista de las promesas de Dios que has visto cumplidas en tu vida. Dedica tiempo para alabarle y comparte ese testimonio con alguien que necesite esperanza.

Puntos de oración:

Agradece porque Dios siempre cumple Sus promesas.

Ora para descansar en la fidelidad de Su Palabra.

Intercede por quienes están esperando el cumplimiento de las promesas de Dios en sus vidas.

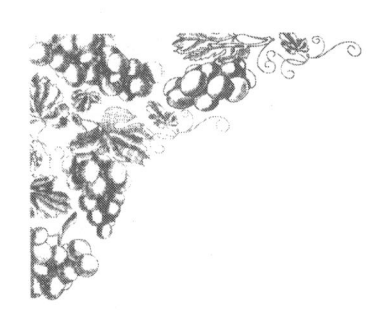

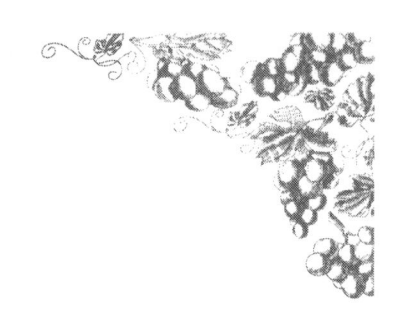

ABRIL

"Cuando permaneces en Cristo, Su amor y Su Palabra te capacitan para vencer todo obstáculo y dar frutos que glorifican Su nombre."

"Si permanecéis en mí, y mis palabras permanecen en vosotros, pedid todo lo que queráis, y os será hecho." (Juan 15:7)

Día 1 – Abril:

Renovando mi Alianza con Dios

Citas bíblicas a leer: Josué 22-24

Reflexión:

En Josué 24:15, Josué declara: "Yo y mi casa serviremos a Jehová." Este versículo es un llamado a reafirmar nuestra dedicación a Dios. El pueblo de Israel, después de conquistar la Tierra Prometida, recibe una invitación a renovar su alianza con Dios y a apartarse de los ídolos.

Esta renovación diaria es vital para nuestras vidas espirituales. Hoy, el Espíritu Santo nos ayuda a mantenernos fieles y comprometidos. Él nos recuerda quién es Dios, fortalece nuestra determinación y nos guía para vivir en obediencia.

Soplo de Dios:

El Espíritu Santo nos da la valentía y claridad para escoger a Dios en medio de tantas distracciones. No podemos mantener nuestra relación con Dios por nuestras fuerzas; necesitamos que Su Espíritu renueve nuestra pasión y compromiso. Él es el motor que nos permite ser fieles y tener un hogar consagrado.

Compromiso práctico:

Reflexiona: ¿Qué áreas de tu vida necesitan ser consagradas nuevamente a Dios? Declara como Josué: "Yo y mi casa serviremos a Jehová." Escríbelo y colócalo en un lugar visible.

Puntos de oración:

Agradece al Espíritu Santo por renovar tu pasión y compromiso con Dios.

Ora por la unidad espiritual en tu hogar.

Intercede por familias que necesitan reencontrar a Dios como su fundamento.

Día 2 - Abril:

Un Corazón Obediente

Citas bíblicas a leer: Jueces 1-3

Reflexión:

En Jueces 2:10-11 leemos que, después de la muerte de Josué, "se levantó otra generación que no conocía a Jehová." Israel se desvió porque dejaron de escuchar la voz de Dios y permitieron que las influencias externas moldearan sus corazones.

Hoy, el Espíritu Santo es quien nos guía a la obediencia. Nos enseña la diferencia entre el bien y el mal, y nos capacita para elegir lo correcto, incluso cuando es difícil. Su soplo nos aparta del conformismo y nos llama a vivir con propósito y fidelidad.

Soplo de Dios:

El Espíritu Santo es nuestra brújula moral. Cuando enfrentamos decisiones difíciles, Su voz nos recuerda las verdades de Dios y nos da el poder para obedecerlas. Permítele hablarte y guiarte cada día.

Compromiso práctico:

Dedica unos minutos para escuchar la voz del Espíritu Santo. Ora y pídele dirección en un área específica donde necesites obediencia y discernimiento.

Puntos de oración:

Agradece porque el Espíritu Santo es tu guía constante.

Ora para tener un corazón sensible a la voz de Dios.

Intercede por las nuevas generaciones, para que conozcan y amen al Señor.

Día 3 - Abril:

Débiles, pero Usados por Dios

Citas bíblicas a leer: Jueces 4-6

Reflexión:

En Jueces 6:12, el ángel del Señor dice a Gedeón: "Jehová está contigo, varón esforzado y valiente." Gedeón se veía a sí mismo como el más débil, pero Dios lo escogió y lo capacitó para liberar a Israel.

El Espíritu Santo nos capacita más allá de nuestras debilidades. Aunque nos sintamos insuficientes, Su poder en nosotros nos hace valientes y nos equipa para cumplir los propósitos divinos. Él transforma nuestra percepción de nosotros mismos y nos recuerda que, con Dios, somos más que vencedores.

Soplo de Dios:

El Espíritu Santo nos empodera con valentía. Él ve en nosotros lo que no podemos ver y nos llama a actuar con fe. Como Gedeón, no dependas de tus fuerzas, sino del poder del Espíritu.

Compromiso práctico:

Identifica una debilidad que te ha limitado. Entrégasela a Dios y pídele al Espíritu Santo que te fortalezca y te dé valentía para actuar.

Puntos de oración:

Agradece porque Dios te usa a pesar de tus debilidades.

Ora para que el Espíritu Santo te dé valor para obedecer Su llamado.

Intercede por aquellos que sienten que no son suficientes para servir a Dios.

Día 4 - Abril:

Dios es Tu Fortaleza en la Batalla

Citas bíblicas a leer: Jueces 7-9

Reflexión:

En Jueces 7:7, Dios dice a Gedeón que liberará a Israel con solo 300 hombres, mostrando que la victoria no depende de la cantidad o la fuerza humana, sino del poder de Dios.

El Espíritu Santo pelea nuestras batallas. En momentos de dificultad, Él nos fortalece, nos consuela y nos guía para enfrentar cada reto con fe. Cuando permitimos que Su soplo nos llene, encontramos paz en medio de cualquier tormenta.

Soplo de Dios:

El Espíritu Santo nos recuerda que no estamos solos en nuestras luchas. Él nos equipa con valor y nos da la confianza para depender del poder de Dios.

Compromiso práctico:

Piensa en una batalla que estás enfrentando. Ora y entrégasela a Dios. Declara que Su Espíritu pelea por ti y te da la victoria.

Puntos de oración:

Agradece porque Dios es tu fortaleza y defensor.

Ora para confiar en el poder del Espíritu Santo en medio de tus luchas.

Intercede por quienes están enfrentando batallas espirituales y emocionales.

Día 5 - Abril:

Volviendo a la Misericordia de Dios

Citas bíblicas a leer: Jueces 10-12

Reflexión:

En Jueces 10:15, Israel clama: "Hemos pecado; haz con nosotros como bien te parezca; solo te rogamos que nos libres en este día." A pesar de su desobediencia, Dios responde con misericordia cuando el pueblo se arrepiente sinceramente.

El Espíritu Santo nos lleva al arrepentimiento verdadero. Él nos convence de pecado, nos da un corazón contrito y nos guía de regreso a los brazos del Padre. Su soplo restaura nuestra relación con Dios y nos permite experimentar Su gracia.

Soplo de Dios:

El Espíritu Santo obra en nuestros corazones, convenciéndonos del amor de Dios. Él nos da esperanza cuando sentimos que hemos fallado y nos lleva a experimentar Su perdón.

Compromiso práctico:

Dedica tiempo para examinar tu corazón. Confiesa cualquier pecado y recibe el perdón de Dios. Escribe una oración de gratitud por Su misericordia.

Puntos de oración:

Agradece porque la misericordia de Dios es nueva cada mañana.

Ora para mantener un corazón sensible y arrepentido.

Intercede por quienes necesitan volver a la gracia y el amor de Dios

Día 6 – Abril:

Un Río de Esperanza en la Sequía

Citas bíblicas a leer: Salmos 42-44

Reflexión:

El Salmo 42:1 declara: "Como el ciervo brama por las corrientes de las aguas, así clama por ti, oh Dios, el alma mía." En momentos de sequía espiritual, el salmista nos recuerda que nuestro mayor anhelo debe ser la presencia de Dios. Aunque enfrente la adversidad y su alma esté abatida, su esperanza permanece firme: "Espera en Dios, porque aún he de alabarle" (Salmo 42:5).

Cuando estamos sedientos y cansados, el Espíritu Santo es ese "río de agua viva" que renueva nuestras fuerzas y restaura nuestra comunión con Dios. Su soplo refresca nuestra alma y nos lleva a encontrar consuelo en la presencia del Padre.

Soplo de Dios:

El Espíritu Santo nos aviva en tiempos de sequía espiritual. Él nos recuerda que Dios sigue siendo nuestra esperanza, nuestro refugio y nuestra fuente inagotable de vida.

Compromiso práctico:

Dedica unos minutos en silencio para buscar la presencia de Dios. Escribe una oración sincera de anhelo por Él y entrégale tus cargas.

Puntos de oración:

Agradece porque el Espíritu Santo es el río que renueva tu alma.

Ora para que tu sed espiritual sea saciada en Dios.

Intercede por quienes se sienten abatidos, para que encuentren esperanza en Él.

Día 7 - Abril:

El Poder en Nuestra Debilidad

Citas bíblicas a leer: Jueces 13-15

Reflexión:

En Jueces 13:5, Dios escoge a Sansón para liberar a Israel, dándole una fuerza sobrenatural a través del Espíritu. A pesar de sus fallas, la presencia del Espíritu Santo en su vida fue evidente. Esto nos enseña que Dios puede usarnos aun cuando somos imperfectos.

La verdadera fuerza no proviene de nuestras habilidades, sino del poder del Espíritu Santo en nosotros. Él nos fortalece cuando nos sentimos débiles, nos capacita para cumplir el llamado de Dios y nos renueva para no depender de nuestras fuerzas limitadas.

Soplo de Dios:

El Espíritu Santo llena nuestras vidas de poder. Él nos da la fuerza espiritual y emocional que necesitamos para superar los desafíos y cumplir con valentía el propósito que Dios nos ha asignado.

Compromiso práctico:

Identifica un área donde te sientas débil o falto de fuerzas. Ora y pide al Espíritu Santo que te llene con Su poder y te capacite para seguir adelante.

Puntos de oración:

Agradece porque el Espíritu Santo es tu fuerza en los momentos de debilidad.

Ora para depender de Su poder y no en tus capacidades.

Intercede por quienes necesitan ser fortalecidos espiritualmente.

Día 8 – Abril:

Cuando Dios Rompe Cadenas

Citas bíblicas a leer: Jueces 16-18

Reflexión:

En Jueces 16, Sansón pierde su fuerza al apartarse de su consagración a Dios, pero en su arrepentimiento, clama: "Acuérdate ahora de mí, oh Jehová" (Jueces 16:28). Dios lo escucha y le devuelve la fuerza para cumplir su propósito, demostrando Su gracia y redención.

El Espíritu Santo rompe las cadenas de nuestra vida: cadenas de pecado, de temor o de desesperanza. Aun cuando hayamos caído, Su soplo nos levanta, nos restaura y nos equipa para terminar la obra que Dios ha comenzado en nosotros.

Soplo de Dios:

El Espíritu Santo nos ofrece redención y restauración. Aun cuando hemos fallado, Él nos lleva de regreso a la presencia de Dios y nos capacita para caminar en victoria.

Compromiso práctico:

Reflexiona en una cadena que necesitas que Dios rompa en tu vida. Pide al Espíritu Santo que te fortalezca y renueve tu compromiso con Él.

Puntos de oración:

Agradece porque el Espíritu Santo tiene el poder de romper toda cadena.

Ora para ser restaurado y vivir en victoria.

Intercede por quienes necesitan experimentar la libertad que solo Dios puede dar.

Día 9 - Abril:

Restauración en Medio del Caos

Citas bíblicas a leer: Jueces 19-21

Reflexión:

En estos capítulos, vemos cómo Israel cayó en desorden y caos al apartarse de Dios. Jueces 21:25 resume la situación: "En aquellos días no había rey en Israel; cada uno hacía lo que bien le parecía." Esta narrativa nos recuerda que apartarse de Dios trae confusión y destrucción, pero Su Espíritu sigue llamándonos al arrepentimiento y la restauración.

El Espíritu Santo es quien restaura el orden en nuestra vida. Cuando nos rendimos a Su guía, Él trae claridad, propósito y renovación a lo que parecía perdido.

Soplo de Dios:

El Espíritu Santo transforma el caos en orden divino. Cuando le permitimos dirigir nuestra vida, Él nos da un nuevo comienzo y nos lleva hacia la voluntad perfecta de Dios.

Compromiso práctico:

Examina las áreas de tu vida donde sientas confusión o desorden. Pide al Espíritu Santo que restaure el orden y la dirección divina en esas áreas.

Puntos de oración:

Agradece porque el Espíritu Santo trae orden y renovación.

Ora para que Dios sea el Rey de cada aspecto de tu vida.

Intercede por quienes viven en caos espiritual y necesitan restauración.

Día 10 - Abril:

Fieles en los Momentos Difíciles

Citas bíblicas a leer: Rut 1-4

Reflexión:

En Rut 1:16, Rut declara: "Tu pueblo será mi pueblo, y tu Dios, mi Dios." A pesar de su dolor y pérdida, Rut elige ser fiel a Dios y a Noemí, su suegra. Esta decisión la lleva a experimentar la provisión y el favor de Dios, convirtiéndola en parte del linaje de Cristo.

El Espíritu Santo nos guía a ser fieles en tiempos difíciles. Su presencia nos da esperanza y nos ayuda a caminar con propósito, incluso cuando no entendemos el plan de Dios.

Soplo de Dios:

El Espíritu Santo nos enseña a ser fieles y perseverar. Aun en tiempos de incertidumbre, Él nos asegura que Dios está obrando a nuestro favor.

Compromiso práctico:

Piensa en un desafío que estés enfrentando. Pide al Espíritu Santo que te dé fortaleza y fidelidad para perseverar con fe.

Puntos de oración:

Agradece por la fidelidad de Dios en medio de los momentos difíciles.

Ora para ser fiel en cada etapa de tu vida.

Intercede por quienes necesitan fortaleza y esperanza en su proceso.

Día 11 - Abril:

Un Corazón Rendido

Citas bíblicas a leer: 1 Samuel 1-3

Reflexión:

En 1 Samuel 1:27-28, Ana entrega a Samuel al servicio de Dios, cumpliendo su promesa: "Por este niño oraba, y Jehová me dio lo que le pedí; yo, pues, lo dedico a Jehová." Ana nos enseña el poder de la oración y de rendir lo más valioso a Dios.

El Espíritu Santo nos guía a rendir nuestro corazón y nuestros sueños a Dios. Cuando le entregamos todo, Él multiplica nuestras ofrendas y las usa para cumplir Sus planes perfectos.

Soplo de Dios:

El Espíritu Santo nos ayuda a confiar en Dios plenamente. Él nos da la paz y la seguridad para rendir lo que más valoramos, sabiendo que Dios obra para nuestro bien.

Compromiso práctico:

Ora y entrega a Dios algo que has estado reteniendo (un sueño, temor, necesidad). Confía en Su fidelidad para obrar en esa área.

Puntos de oración:

Agradece porque Dios es fiel y digno de tu confianza.

Ora para tener un corazón rendido y obediente.

Intercede por aquellos que necesitan aprender a rendir sus cargas a Dios.

Día 12 - Abril:
La Gloria de Dios en Acción

Citas bíblicas a leer: 1 Samuel 4-6

Reflexión:

En 1 Samuel 6, el arca del pacto, símbolo de la presencia de Dios, regresa a Israel. Este evento muestra que la presencia de Dios trae bendición, pero también exige reverencia.

El Espíritu Santo habita en nosotros y nos guía a caminar en Su presencia con respeto y obediencia. Cuando permitimos que Él gobierne nuestra vida, experimentamos Su gloria transformadora.

Soplo de Dios:

El Espíritu Santo nos enseña a vivir en reverencia. Él revela la gloria de Dios en nuestro interior y nos capacita para ser reflejos vivos de Su presencia.

Compromiso práctico:

Dedica tiempo para adorar y honrar la presencia de Dios en tu vida. Reconócelo como el centro de todo lo que haces.

Puntos de oración:

Agradece porque Su Espíritu habita en ti.

Ora para vivir cada día con reverencia y gratitud por Su presencia.

Intercede por quienes necesitan experimentar la gloria de Dios en sus vidas.

Día 13 - Abril:

Dios Reina Sobre Todo

Citas bíblicas a leer: Salmos 45-47

Reflexión:

El Salmo 46:10 declara: "Estad quietos, y conoced que yo soy Dios." En un mundo lleno de caos y ruido, este versículo nos invita a detenernos, recordar quién es Dios y descansar en Su soberanía. El salmista proclama que Él reina sobre todo y que Su presencia es nuestro refugio y fortaleza.

El Espíritu Santo nos ayuda a experimentar la paz y el poder de Dios, incluso en medio de los desafíos. Nos enseña a rendir nuestras preocupaciones y a confiar plenamente en Su autoridad y control.

Soplo de Dios:

El Espíritu Santo calma el ruido de nuestra alma y nos lleva a reconocer la grandeza de Dios. Él nos fortalece para confiar en Su dominio sobre todas las circunstancias.

Compromiso práctico:

Dedica unos minutos para estar en silencio ante Dios. Ora y entrégale todo aquello que te preocupa, declarando que Él reina sobre tu vida.

Puntos de oración:

Agradece porque Dios es soberano y digno de confianza.

Ora para aprender a descansar en Su autoridad y poder.

Intercede por quienes necesitan experimentar la paz de Dios en tiempos difíciles.

Día 14 - Abril:

Escuchando la Voz de Dios

Citas bíblicas a leer: 1 Samuel 7-9

Reflexión:

En 1 Samuel 8, el pueblo de Israel pide un rey, rechazando el liderazgo directo de Dios. Esta decisión surge porque no escucharon la voz de Dios y siguieron sus propios deseos.

El Espíritu Santo nos guía a escuchar la voz de Dios con claridad. Cuando estamos dispuestos a prestar atención y obedecer, Él nos dirige hacia Su propósito, evitando decisiones que nos apartan de Su voluntad.

Soplo de Dios:

El Espíritu Santo nos habla en lo profundo de nuestro ser. Su voz nos da dirección, consuelo y nos alerta cuando estamos tomando caminos equivocados.

Compromiso práctico:

Dedica tiempo en oración para escuchar la voz de Dios. Apaga las distracciones y pídele al Espíritu Santo que te hable con claridad.

Puntos de oración:

Agradece porque el Espíritu Santo te guía y te habla.

Ora para tener un corazón dispuesto a escuchar y obedecer la voz de Dios.

Intercede por aquellos que están tomando decisiones importantes, para que sean guiados por Dios.

Día 15 - Abril:

Transformados por el Espíritu de Dios

Citas bíblicas a leer: 1 Samuel 10-13

Reflexión:

En 1 Samuel 10:6, Samuel le dice a Saúl: "El Espíritu de Jehová vendrá sobre ti... y serás mudado en otro hombre." Cuando el Espíritu Santo viene sobre alguien, trae transformación radical. El cambio en Saúl fue visible; el Espíritu lo capacitó para su llamado.

De la misma manera, el Espíritu Santo transforma nuestra vida. Nos da un nuevo corazón, renueva nuestra mente y nos capacita para cumplir con valentía el propósito de Dios.

Soplo de Dios:

El Espíritu Santo no solo nos llena, sino que nos transforma. Nos equipa con poder, sabiduría y valentía para caminar como hijos de Dios.

Compromiso práctico:

Reflexiona en un área de tu vida que necesite ser transformada. Pide al Espíritu Santo que renueve tu corazón y mente.

Puntos de oración:

Agradece porque el Espíritu Santo trae transformación a tu vida.

Ora para ser moldeado conforme a la voluntad de Dios.

Intercede por quienes necesitan un cambio profundo en sus vidas.

Día 16 - Abril:

Dios Mira el Corazón

Citas bíblicas a leer: 1 Samuel 14-16

Reflexión:

En 1 Samuel 16:7, Dios le dice a Samuel: "El hombre mira lo que está delante de sus ojos, pero Jehová mira el corazón." Mientras Samuel buscaba al futuro rey, Dios le recordó que Él valora el corazón por encima de la apariencia externa.

El Espíritu Santo escudriña nuestro corazón y lo purifica. Él nos ayuda a identificar las intenciones incorrectas, a arrepentirnos y a cultivar un corazón que agrade a Dios.

Soplo de Dios:

El Espíritu Santo trabaja en lo profundo de nuestro ser, transformando nuestro carácter y alineando nuestras motivaciones con el corazón de Dios.

Compromiso práctico:

Ora y pídele al Espíritu Santo que examine tu corazón. Reflexiona en una actitud o motivación que necesite ser purificada.

Puntos de oración:

Agradece porque Dios mira tu corazón con amor y propósito.

Ora para tener un corazón puro y sincero delante de Dios.

Intercede por quienes necesitan una transformación de corazón.

Día 17 - Abril:

La Batalla es del Señor

Citas bíblicas a leer: 1 Samuel 17-19

Reflexión:

En 1 Samuel 17:47, David declara frente a Goliat: "La batalla es de Jehová, y Él os entregará en nuestras manos." Aunque Goliat parecía invencible, David confió en que Dios pelearía por él y le daría la victoria.

El Espíritu Santo nos fortalece para enfrentar gigantes en nuestra vida. Él nos recuerda que no luchamos solos; Dios está con nosotros y Su poder es mayor que cualquier obstáculo.

Soplo de Dios:

El Espíritu Santo nos da valentía y fe para declarar la victoria de Dios en medio de las batallas. Su soplo nos capacita para actuar con confianza, sabiendo que Él pelea por nosotros.

Compromiso práctico:

Identifica un "gigante" que enfrentas en este momento. Declara en oración que la batalla es del Señor y confía en Su victoria.

Puntos de oración:

Agradece porque Dios pelea tus batallas y te da la victoria.

Ora para enfrentar los desafíos con fe y valentía.

Intercede por quienes se sienten derrotados, para que encuentren esperanza en Dios.

Día 18 - Abril:

Amistad y Propósito Divino

Citas bíblicas a leer: 1 Samuel 20-22

Reflexión:

La amistad entre David y Jonatán nos muestra cómo Dios usa relaciones para cumplir Su propósito. En 1 Samuel 20:42, Jonatán dice a David: "Jehová esté entre tú y yo, y entre mi descendencia y tu descendencia, para siempre." Esta amistad fue guiada por Dios, mostrando Su fidelidad a través del amor y el apoyo mutuo.

El Espíritu Santo nos conecta con personas que nos fortalecen y nos ayudan a caminar en el propósito de Dios. Él nos capacita para ser amigos fieles y reflejar Su amor en nuestras relaciones.

Soplo de Dios:

El Espíritu Santo edifica relaciones que glorifican a Dios y fortalecen nuestro caminar espiritual.

Compromiso práctico:

Ora por tus amistades y relaciones. Identifica cómo puedes ser un apoyo para alguien hoy y pídele al Espíritu Santo que te guíe.

Puntos de oración:

Agradece por las personas que Dios ha puesto en tu vida para fortalecer tu fe.

Ora para ser un reflejo del amor y la fidelidad de Dios en tus relaciones.

Intercede por amistades que necesitan reconciliación y restauración.

Día 19 - Abril:

El Poder de la Dependencia en Dios

Citas bíblicas a leer: 1 Samuel 23-25

Reflexión:

En 1 Samuel 23:4, David consulta a Dios antes de actuar: "Entonces David volvió a consultar a Jehová." Este pasaje nos enseña la importancia de depender completamente de Dios en cada decisión y situación.

El Espíritu Santo nos guía y nos da sabiduría cuando dependemos de Él. Su soplo nos ayuda a discernir la voluntad de Dios y nos fortalece para actuar conforme a Su dirección.

Soplo de Dios:

El Espíritu Santo nos enseña a buscar la guía de Dios en cada paso, confiando en que Sus planes son perfectos y nos llevan a la victoria.

Compromiso práctico:

Dedica tiempo en oración para consultar a Dios sobre una decisión que enfrentas. Escucha Su voz y sigue Su guía.

Puntos de oración:

Agradece porque el Espíritu Santo te guía en cada paso.

Ora para depender de Dios en cada área de tu vida.

Intercede por quienes necesitan discernimiento y dirección divina.

Día 20 - Abril:
Dios, Nuestro Juez Justo

Citas bíblicas a leer: Salmos 48-50

Reflexión:

El Salmo 50:6 proclama: "Y los cielos declararán Su justicia, porque Dios es el juez." Dios es justo y fiel, y Su juicio siempre es perfecto. Él no solo juzga las acciones, sino las intenciones del corazón.

El Espíritu Santo nos convence de la justicia de Dios y nos guía a caminar en rectitud. Él nos ayuda a vivir una vida que honra a Dios y a proclamar Su justicia en un mundo necesitado de verdad.

Soplo de Dios:

El Espíritu Santo nos capacita para vivir con integridad y para confiar en el juicio perfecto de Dios, aun cuando no entendemos todo lo que sucede.

Compromiso práctico:

Reflexiona en tu vida: ¿hay algo que necesite ser puesto en orden delante de Dios? Pídele al Espíritu Santo que te ayude a caminar en justicia.

Puntos de oración:

Agradece porque Dios es justo y Su juicio es perfecto.

Ora para vivir con integridad y rectitud en cada área de tu vida.

Intercede por quienes necesitan experimentar la justicia y la verdad de Dios.

Día 21 - Abril:

Respondiendo al Llamado de Dios

Citas bíblicas a leer: 1 Samuel 26-28

Reflexión:

En 1 Samuel 26, David tiene la oportunidad de tomar la vida de Saúl, pero escoge confiar en el tiempo y la justicia de Dios. Dice: "Jehová me guarde de extender mi mano contra el ungido de Jehová" (v. 11). David actúa con integridad porque sabe que el llamado de Dios sobre su vida no debe cumplirse por medios humanos, sino por la mano soberana de Dios.

Soplo de Dios:

El Espíritu Santo nos equipa para actuar conforme al corazón de Dios y no al impulso de nuestras emociones. Él obra en lo más profundo de nuestro ser, transformando nuestras reacciones y guiándonos a actuar con paciencia, sabiduría y reverencia. Es el Espíritu quien nos enseña a no tomar las circunstancias en nuestras manos, sino a rendirlas ante Dios. El Espíritu Santo es como el viento suave y poderoso que fortalece nuestra fe cuando enfrentamos decisiones difíciles.

Al igual que David, necesitamos aprender a confiar en que Dios cumple Su llamado en Su tiempo. No estamos solos; el Espíritu nos recuerda que el poder y el resultado final pertenecen a Dios.

Compromiso práctico:

¿Hay alguna decisión que has querido manejar con tus propias fuerzas? Pídele al Espíritu Santo que te dé paz y confianza para esperar el tiempo de Dios y no actuar por impulso.

Puntos de oración:

Agradece porque el Espíritu Santo te guía en las decisiones difíciles.

Ora para rendir cada situación a la voluntad y el tiempo de Dios.

Intercede por quienes están enfrentando dilemas y necesitan la guía del Espíritu Santo.

Día 22 - Abril:
Fortalecido en Medio de la Prueba

***Citas bíblicas a leer:* 1 Samuel 29-31**

Reflexión:

En 1 Samuel 30, David enfrenta la devastación en Siclag: su ciudad es destruida y su gente es llevada cautiva. En este momento crítico, David "se fortaleció en Jehová su Dios" (v. 6). Este acto no solo muestra su confianza en Dios, sino también su dependencia total en el Espíritu para recuperar fuerzas en medio del dolor.

Soplo de Dios:

El Espíritu Santo es nuestra fuente de fortaleza y renovación en los momentos más oscuros de la vida. Cuando todo a nuestro alrededor parece perdido, Su presencia es la que nos sostiene, nos consuela y nos capacita para levantarnos nuevamente. El Espíritu sopla vida sobre nuestros huesos secos, restaurando nuestra visión y dándonos poder para actuar.

Él nos infunde aliento cuando nuestras fuerzas se agotan, recordándonos que la victoria viene del Señor. Como un viento fresco, Su soplo nos levanta cuando el peso del mundo parece demasiado grande.

Compromiso práctico:

Medita en un momento difícil que estés atravesando. Permanece en oración, pidiendo al Espíritu Santo que te renueve y te fortalezca. Escribe una oración declarando que Dios es tu refugio.

Puntos de oración:

Agradece porque el Espíritu Santo es tu fuerza y consolador en la prueba.

Ora para recibir la fortaleza que viene solo de Dios.

Intercede por aquellos que están cansados y abatidos espiritualmente.

Día 23 - Abril:

El Poder del Perdón y la Restauración

Citas bíblicas a leer: 2 Samuel 1-3

Reflexión:

David lamenta la muerte de Saúl y Jonatán en 2 Samuel 1, a pesar del daño que Saúl le causó. Esto revela su corazón perdonador y su disposición a dejar el juicio en manos de Dios. David no permitió que el odio o la amargura ocuparan su corazón.

Soplo de Dios:

El Espíritu Santo es el agente de perdón y reconciliación en nuestras vidas. Él nos da la capacidad de soltar el resentimiento, aun cuando el dolor es profundo. El perdón es imposible sin Su intervención; es Él quien quiebra las cadenas de amargura y llena nuestro corazón de la gracia de Dios.

El Espíritu sopla vida en relaciones rotas, nos enseña a orar por quienes nos han herido y a reflejar el amor incondicional de Cristo. Su obra nos libera de cargas innecesarias y nos da paz genuina.

Compromiso práctico:

Ora y entrega al Espíritu Santo cualquier resentimiento que puedas tener. Permite que Él te sane y te guíe hacia el perdón.

Puntos de oración:

Agradece porque el Espíritu Santo te capacita para perdonar.

Ora para que la gracia de Dios sane tus heridas emocionales.

Intercede por quienes necesitan liberarse del resentimiento.

Día 24 - Abril:

La Presencia de Dios en Nuestro Hogar

Citas bíblicas a leer: 2 Samuel 4-6

Reflexión:

David lleva el arca del pacto a Jerusalén con gran gozo en 2 Samuel 6, demostrando su anhelo por la presencia de Dios. Esto nos recuerda que cuando Dios está en el centro de nuestro hogar, hay bendición y dirección.

Soplo de Dios:

El Espíritu Santo es quien llena nuestro hogar con la presencia de Dios. Cuando le damos lugar, Él trae paz donde hay discordia, unidad donde hay división y gozo donde hay desesperanza. El Espíritu Santo no solo desea habitar en iglesias, sino en nuestras vidas y familias, transformando el ambiente a Su alrededor.

Su soplo es el que establece orden, protección y propósito en nuestra casa. Vivir en la presencia del Espíritu Santo cambia radicalmente la atmósfera de nuestro hogar.

Compromiso práctico:

Reúne a tu familia para orar e invitar al Espíritu Santo a tu hogar. Declara que Su presencia será el centro de tu casa.

Puntos de oración:

Agradece porque Su presencia transforma y restaura tu hogar.

Ora para que el Espíritu Santo llene cada rincón de tu vida y tu familia.

Intercede por hogares que necesitan la paz y el orden de Dios.

Día 25 – Abril:
El Pacto que Transforma Vidas

Citas bíblicas a leer: 2 Samuel 7-9

Reflexión:

En 2 Samuel 7, Dios promete a David que establecerá un pacto eterno con él. Esta promesa es una muestra del amor y fidelidad de Dios, que se cumplen finalmente en Jesucristo, nuestro Salvador.

Soplo de Dios:

El Espíritu Santo sella en nuestro corazón el pacto eterno de Dios. Él nos recuerda que somos amados, perdonados y llamados a una vida con propósito. Este pacto transforma nuestras vidas y nos da una identidad nueva: no somos esclavos del pecado, sino hijos de Dios.

El Espíritu Santo nos permite caminar con seguridad, confiando en las promesas eternas de Dios. Él es el que nos guía, nos consuela y nos asegura que nada puede separarnos del amor del Padre.

Compromiso práctico:

Medita en tu identidad como hijo de Dios. Agradece por el pacto eterno en Cristo y vive con la confianza de que eres amado y redimido.

Puntos de oración:

Agradece porque Dios ha hecho un pacto eterno contigo.

Ora para caminar en la identidad y seguridad que el Espíritu Santo te da.

Intercede por quienes aún no conocen su identidad en Cristo.

Día 26 - Abril:

Arrepentimiento que Restaura

Citas bíblicas a leer: 2 Samuel 10-12

Reflexión:

En 2 Samuel 12, Natán confronta a David por su pecado con Betsabé. David reconoce su falta y declara: "He pecado contra Jehová" (v. 13). Su arrepentimiento es sincero, y aunque enfrenta consecuencias, su relación con Dios es restaurada. Esto nos enseña que el arrepentimiento no solo consiste en confesar el pecado, sino en permitir que Dios transforme nuestro corazón.

Soplo de Dios:

El Espíritu Santo es el agente de restauración en nuestra vida. Es Él quien trae convicción, no condenación. La convicción del Espíritu nos muestra con amor nuestras fallas y nos guía a un arrepentimiento genuino que produce cambio. Cuando el Espíritu Santo obra en nosotros, no solo limpia nuestras acciones, sino que también renueva nuestra mente y nuestro espíritu.

El soplo del Espíritu es como un viento fresco que atraviesa el alma, sacudiendo las áreas más escondidas de nuestra vida. Nos muestra lo que necesita ser limpiado, pero lo hace con la ternura de un Padre amoroso que no quiere destruirnos, sino rescatarnos. Él nos llama a levantarnos y nos equipa para caminar en una nueva dirección.

Compromiso práctico:

Dedica tiempo hoy para examinar tu corazón en oración. Pídele al Espíritu Santo que te muestre áreas donde necesitas arrepentirte y experimentar restauración. Escribe una oración de entrega y compromiso con Dios.

Puntos de oración:

Agradece porque el Espíritu Santo te guía al arrepentimiento con amor y gracia, ora para experimentar la restauración profunda que solo Dios puede dar e intercede por quienes necesitan confesar sus pecados y reconciliarse con Dios.

Día 27 - Abril:

La Misericordia que Renueva

Citas bíblicas a leer: Salmos 51-53

Reflexión:

El Salmo 51 es la oración de David después de su arrepentimiento. En el versículo 10, clama: "Crea en mí, oh Dios, un corazón limpio, y renueva un espíritu recto dentro de mí." Este salmo refleja el poder de la misericordia de Dios, quien no rechaza un corazón quebrantado y arrepentido.

Soplo de Dios:

El Espíritu Santo no solo nos limpia del pecado, sino que también crea en nosotros un corazón nuevo. La palabra "crear" en este salmo proviene del hebreo "bara", que significa "crear de la nada". Solo el Espíritu puede hacer esto: donde hay oscuridad, Él trae luz; donde hay muerte espiritual, Él sopla vida nueva.

El soplo del Espíritu Santo es el aliento que renueva nuestra comunión con Dios y nuestra visión de la vida. Cuando permitimos que Él actúe, no quedamos iguales. Nuestro carácter, nuestras palabras y nuestras acciones comienzan a reflejar la obra poderosa del Espíritu.

Compromiso práctico:

Ora hoy con el Salmo 51 como guía. Pídele al Espíritu Santo que te renueve por completo y que Su misericordia transforme cada área de tu vida.

Puntos de oración:

Agradece porque la misericordia de Dios es inagotable y renueva tu espíritu.

Ora para que el Espíritu Santo cree en ti un corazón nuevo.

Intercede por quienes sienten que no hay esperanza, para que experimenten la misericordia de Dios.

Día 28 - Abril:

Restaurando las Heridas del Pasado

Citas bíblicas a leer: 2 Samuel 13-15

Reflexión:

Estos capítulos nos muestran el dolor y las consecuencias del pecado en la familia de David. La historia de Amnón, Tamar y Absalón revela las heridas profundas que surgen cuando las relaciones son quebrantadas. Sin embargo, Dios no nos deja en nuestro dolor; Él anhela restaurar lo que está roto.

Soplo de Dios:

El Espíritu Santo obra como un sanador divino. Cuando las heridas del pasado nos paralizan, Él viene como un bálsamo que penetra lo más profundo del alma y comienza a sanar. El soplo del Espíritu restaura nuestra identidad, reemplaza el dolor con propósito y nos guía a perdonar, soltar y avanzar.

El Espíritu Santo nos ayuda a enfrentar el dolor, no a huir de él. Nos muestra que, aunque las circunstancias hayan sido difíciles, Dios aún puede obrar bien en medio de ellas. Cuando permitimos que el Espíritu intervenga, nuestras cicatrices se convierten en testimonio de Su sanidad.

Compromiso práctico:

Reflexiona sobre una herida del pasado que aún necesita ser sanada. Ora pidiendo al Espíritu Santo que traiga restauración y libertad. Si es necesario, busca reconciliación con alguien.

Puntos de oración:

Agradece porque el Espíritu Santo es tu sanador y restaurador.

Ora para ser libre de las cadenas del pasado y experimentar Su paz.

Intercede por quienes viven con heridas emocionales y espirituales.

Día 29 - Abril:
Caminando en Integridad

***Citas bíblicas a leer:* 2 Samuel 16-18**

Reflexión:

En estos capítulos, David enfrenta traiciones y conflictos familiares. A pesar de las circunstancias, él busca mantenerse fiel y confiado en Dios. La integridad de David no dependía de sus circunstancias, sino de su relación con Dios.

Soplo de Dios:

El Espíritu Santo es quien produce integridad en nosotros. La integridad no es solo actuar bien cuando todo está a nuestro favor, sino mantenernos firmes en lo correcto cuando nadie está mirando o cuando las pruebas nos rodean. El soplo del Espíritu es un fuego que purifica nuestro carácter y nos capacita para reflejar la santidad de Dios en cada acción.

Cuando caminamos en integridad, nos convertimos en ejemplos vivos de lo que significa depender del Espíritu Santo. Él nos da fuerza para resistir la tentación, honestidad para reconocer nuestros errores y convicción para actuar según la voluntad de Dios.

Compromiso práctico:

Pide al Espíritu Santo que examine tu vida y te muestre si hay áreas donde necesitas crecer en integridad. Comprométete a ser fiel a Dios en todo lo que hagas.

Puntos de oración:

Agradece porque el Espíritu Santo te ayuda a caminar en integridad.

Ora para ser un reflejo fiel del carácter santo de Dios.

Intercede por líderes y creyentes para que vivan en honestidad y verdad.

Día 30 - Abril:

Restauración y Nuevo Comienzo

Citas bíblicas a leer: 2 Samuel 19-21

Reflexión:

Después de la rebelión de Absalón, David regresa a Jerusalén para restaurar el orden y la unidad del pueblo. A pesar de los conflictos, vemos cómo Dios obra para traer un nuevo comienzo.

Soplo de Dios:

El Espíritu Santo es el agente de nuevos comienzos. Donde hay caos, Él trae orden; donde hay división, Él sopla reconciliación. El Espíritu Santo nos recuerda que, aunque hayamos fallado o enfrentado dificultades, Dios no ha terminado Su obra en nosotros.

Su soplo nos capacita para levantarnos de las ruinas y ver cómo Dios puede traer algo hermoso de lo que parecía perdido. El Espíritu Santo no solo restaura lo que fue destruido, sino que también nos equipa para caminar hacia adelante con esperanza y propósito.

Compromiso práctico:

Reflexiona en una situación de tu vida que necesita un nuevo comienzo. Ora y entrégasela al Espíritu Santo, confiando en que Él soplará vida y restauración.

Puntos de oración:

Agradece porque el Espíritu Santo trae restauración y esperanza.

Ora para recibir un nuevo comienzo y avanzar en el propósito de Dios.

Intercede por quienes necesitan levantarse y experimentar el soplo renovador del Espíritu Santo.

MAYO

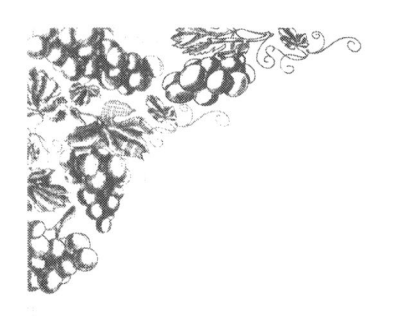

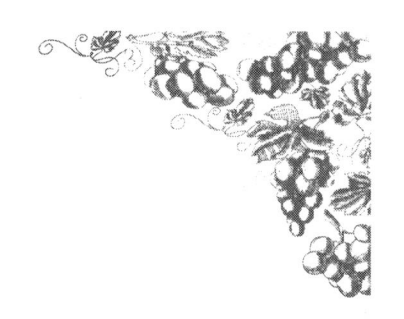

"Fructificar es el resultado de vivir conectados a Cristo. Que cada día tu vida sea un reflejo de Su gloria y un testimonio de Su amor."

"En esto es glorificado mi Padre, en que llevéis mucho fruto, y seáis así mis discípulos." (Juan 15:8)

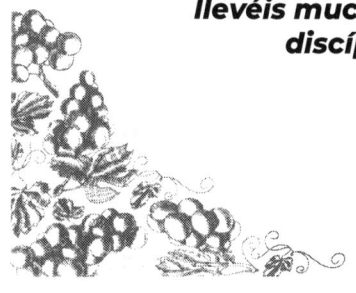

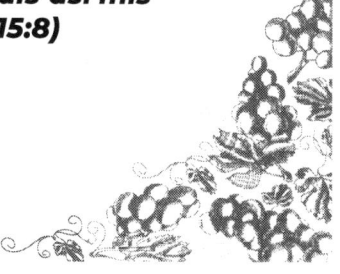

Día 1 - Mayo

Dios, Mi Roca y Mi Confianza

Citas bíblicas a leer: 2 Samuel 22-24

Reflexión:

En 2 Samuel 22, David alaba a Dios por ser su roca, fortaleza y libertador, recordando Su fidelidad durante cada batalla. Sin embargo, en el capítulo 24, su decisión de realizar un censo refleja una falta de confianza en Dios. Este contraste nos enseña que, aunque experimentemos momentos de alabanza, nuestra confianza en Dios debe mantenerse firme, incluso en decisiones cotidianas. La fructificación espiritual exige un corazón que reconozca a Dios como el único fundamento de nuestra seguridad.

Reflexiona: ¿Estás dependiendo más de tus propios recursos que de la fortaleza de Dios? ¿Cómo puedes recordar Su fidelidad en cada aspecto de tu vida?

Disciplina espiritual:

Alabanza consciente: Dedica tiempo cada día para agradecer a Dios por Su fidelidad. Piensa en tres formas en las que Él ha sido tu roca recientemente.

Confianza activa: Haz una lista de las áreas donde estás luchando por confiar en Dios. Entrégalas a Él en oración diaria.

Arrepentimiento regular: Practica el arrepentimiento genuino al identificar decisiones que has tomado sin consultarle a Dios.

Consejo para tu vida espiritual:

Inicia un diario de gratitud. Cada día escribe algo específico por lo que estás agradecido. Esto te ayudará a recordar la fidelidad de Dios en medio de tus desafíos.

Motivos de oración personal:

Ora para que Dios fortalezca tu confianza en Él y no en tus recursos., pide perdón por las veces que has actuado sin buscar Su dirección y Agradece porque Dios es tu roca en todo momento.

Día 2 - Mayo

Sabiduría que Agradó a Dios

Citas bíblicas a leer: 1 Reyes 1-4

Reflexión:

Salomón comienza su reinado con una oración de sabiduría. No pide riquezas ni poder, sino discernimiento para gobernar con justicia. Su elección agrada a Dios, quien le concede sabiduría y abundancia. Este relato nos enseña que la verdadera fructificación espiritual ocurre cuando priorizamos lo que tiene valor eterno: sabiduría, justicia y humildad.

Reflexiona: ¿Qué estás buscando en tus oraciones? ¿Son tus peticiones más materiales que espirituales?

Disciplina espiritual:

Oración centrada: Dedica un tiempo diario a pedir a Dios sabiduría antes de tomar decisiones importantes.

Estudio profundo: Lee Proverbios para profundizar en cómo aplicar la sabiduría divina en tus relaciones, finanzas y vida espiritual.

Humildad intencional: Practica reconocer a Dios como la fuente de todo conocimiento y éxito en tu vida.

Consejo para tu vida espiritual:

Haz una pausa antes de tomar decisiones importantes. Pregúntate: "¿Esto glorifica a Dios? ¿Estoy considerando Su perspectiva?"

Motivos de oración personal:

Ora para buscar primero las cosas que agradan a Dios en tus oraciones.

Pide discernimiento para tomar decisiones que glorifiquen a Dios.

Agradece porque Dios responde con abundancia a quienes buscan Su sabiduría.

Día 3 - Mayo

Confía y Rinde Tu Camino a Dios

Citas bíblicas a leer: Proverbios 1-3

Reflexión:

Proverbios comienza con un llamado a buscar la sabiduría como el mayor tesoro. Proverbios 3:5-6 destaca que confiar en Dios y no en nuestra propia prudencia nos llevará por caminos rectos. La fructificación espiritual se profundiza cuando dejamos de depender de nuestra lógica y nos rendimos completamente a la dirección de Dios.

Reflexiona: ¿Qué áreas de tu vida necesitas rendir completamente a Dios? ¿Estás dejando que Su Palabra guíe tus decisiones?

Disciplina espiritual:

Rendición diaria: Comienza tu día entregando a Dios tus planes y decisiones en oración.

Memorización bíblica: Memoriza Proverbios 3:5-6 y repítelo cada vez que enfrentes dudas o incertidumbres.

Dependencia constante: Practica buscar la dirección de Dios antes de actuar, especialmente en situaciones difíciles.

Consejo para tu vida espiritual:

Cuando enfrentes una decisión difícil, consulta primero la Palabra de Dios y busca Su dirección antes de actuar.

Motivos de oración personal:

Ora para aprender a depender completamente de la dirección de Dios.

Pide sabiduría y discernimiento en las áreas donde necesitas guía.

Agradece porque Dios endereza tus caminos cuando confías plenamente en Él.

Día 4 - Mayo

Dios, Mi Refugio en la Tormenta

Citas bíblicas a leer: Salmos 54-56

Reflexión:

En estos salmos, David clama a Dios en medio de la persecución, declarando que en Dios confía y no teme. Estos cánticos reflejan la importancia de volcar nuestras ansiedades en oración, confiando en que Dios es nuestro refugio y defensor. La fructificación espiritual no elimina los desafíos, pero nos equipa para enfrentarlos con fe y esperanza en Dios.

Reflexiona: ¿Estás llevando tus temores a Dios en oración, o estás tratando de manejarlos solo?

Disciplina espiritual:

Oración en la ansiedad: Cada vez que sientas temor o preocupación, detente y ora, entregando tus cargas a Dios.

Confianza reforzada: Lee y repite Salmo 56:3-4 cada vez que te sientas inseguro o temeroso.

Fortaleza en la Palabra: Dedica tiempo a memorizar versículos que hablen de la fidelidad de Dios, para recordarlos en momentos de dificultad.

Consejo para tu vida espiritual:

Mantén un listado de versículos que te recuerden la fidelidad de Dios. Léelos en voz alta cuando enfrentes temor o ansiedad.

Motivos de oración personal:

Ora para confiar completamente en Dios cuando enfrentes miedo o incertidumbre.

Pide por un espíritu de valentía y paz que te permita avanzar con fe.

Agradece porque Dios nunca abandona a los que confían en Él.

Día 5 – Mayo

Guarda Tu Corazón, Fuente de Vida

Citas bíblicas a leer: Proverbios 4-6

Reflexión:

Proverbios 4:23 dice: "Sobre toda cosa guardada, guarda tu corazón, porque de él mana la vida". Estos capítulos enfatizan la importancia de proteger nuestro corazón de las influencias negativas y de caminar en integridad. También advierten contra las trampas de la pereza y el pecado. La fructificación espiritual ocurre cuando vigilamos nuestro corazón y permitimos que Dios lo moldee diariamente.

Reflexiona: ¿Qué influencias están afectando tu corazón? ¿Estás dedicando tiempo para permitir que la Palabra de Dios lo llene y lo transforme?

Disciplina espiritual:

Protección activa: Identifica qué cosas (programas, conversaciones, redes sociales) están afectando negativamente tu corazón. Limítalas o elimínalas.

Tiempo en la Palabra: Dedica 15 minutos al día para leer y reflexionar en pasajes que fortalezcan tu corazón espiritualmente.

Oración de integridad: Ora específicamente para que Dios guarde y moldee tu corazón según Su voluntad.

Consejo para tu vida espiritual:

Haz una revisión semanal de tu vida espiritual. Pregúntate: ¿Qué áreas necesito entregar más a Dios para proteger mi corazón?

Motivos de oración personal:

Ora para que Dios guarde tu corazón de las influencias negativas.

Pide fortaleza para mantener tu enfoque en lo que glorifica a Dios.

Agradece porque Su Palabra purifica y renueva tu corazón diariamente.

Día 6 - Mayo

El Temor de Dios: Inicio de Sabiduría

Citas bíblicas a leer: Proverbios 7-9

Reflexión:

La sabiduría y la insensatez se presentan como dos caminos opuestos en estos capítulos. Mientras que la sabiduría conduce a la vida, la insensatez lleva a la destrucción. Proverbios 9:10 declara: "El temor del Señor es el principio de la sabiduría". La fructificación espiritual comienza con un temor reverente hacia Dios que dirige nuestras elecciones y prioridades.

Reflexiona: ¿Estás eligiendo el camino de la sabiduría en tus decisiones diarias? ¿Cómo puedes cultivar un mayor temor reverente hacia Dios?

Disciplina espiritual:

Decisiones conscientes: Antes de tomar decisiones, ora para que Dios te guíe a actuar con sabiduría y no por impulso.

Lectura intencional: Lee un capítulo de Proverbios cada día y escribe cómo aplicarlo a tu vida.

Cultiva el temor de Dios: Reflexiona en Su grandeza y Su santidad para desarrollar una relación más profunda y reverente.

Consejo para tu vida espiritual:

Cada mañana, haz una lista de las decisiones que podrías enfrentar y preséntalas a Dios en oración. Esto alineará tus elecciones con Su voluntad.

Motivos de oración personal:

Ora para que Dios te ayude a caminar en el camino de la sabiduría.

Pide discernimiento para identificar las trampas de la insensatez.

Agradece porque el temor de Dios te guía hacia la vida y la paz.

Día 7 - Mayo

Un Árbol de Vida en Palabras y Obras

Citas bíblicas a leer: Proverbios 10-12

Reflexión:

Estos capítulos destacan cómo las palabras y las acciones de una persona justa producen frutos que edifican. Proverbios 11:30 dice: "El fruto del justo es árbol de vida". Esto nos enseña que la fructificación espiritual no es solo personal, sino que también impacta positivamente a quienes nos rodean.

Reflexiona: ¿Tus palabras y acciones están edificando a los demás? ¿Qué ajustes necesitas hacer para ser un verdadero "árbol de vida"?

Disciplina espiritual:

Control de palabras: Antes de hablar, pregúntate: ¿Esto edifica o destruye? Practica la pausa y la reflexión.

Servicio activo: Busca intencionalmente maneras de servir y bendecir a otros cada día.

Confesión diaria: Si tus palabras o acciones han causado daño, confiesa y pide a Dios que te ayude a rectificar.

Consejo para tu vida espiritual:

Dedica tiempo cada día a hablar palabras de ánimo a alguien cercano. Esto fortalecerá tus relaciones y reflejará el carácter de Cristo.

Motivos de oración personal:

Ora para que Dios te ayude a ser un canal de vida y bendición en tus palabras y acciones.

Pide fortaleza para superar patrones negativos en tu carácter.

Agradece porque Dios te capacita para ser una bendición para otros.

Día 8 - Mayo

Creciendo en Humildad y Corrección

Citas bíblicas a leer: Proverbios 13-15

Reflexión:

Estos capítulos subrayan el valor de la corrección y la disciplina en la vida del justo. Proverbios 13:18 declara: "Pobreza y vergüenza tendrá el que menosprecia la corrección, pero el que acepta la reprensión será honrado". La fructificación espiritual ocurre cuando aceptamos la corrección con humildad, permitiendo que Dios refine nuestro carácter.

Reflexiona: ¿Cómo respondes a la corrección? ¿La ves como una oportunidad para crecer o como una crítica negativa?

Disciplina espiritual:

Aceptación de la corrección: Sé intencional al escuchar a quienes te ofrecen consejos o críticas constructivas.

Evaluación personal: Reflexiona diariamente en cómo podrías haber actuado mejor durante el día.

Oración de transformación: Pide a Dios que te ayude a recibir la corrección como una oportunidad para ser más como Cristo.

Consejo para tu vida espiritual:

Rodea tu vida de personas piadosas que puedan corregirte en amor y ayudarte a crecer espiritualmente.

Motivos de oración personal:

Ora para tener un corazón humilde y receptivo a la corrección.

Pide por sabiduría para aprender de tus errores y mejorar.

Agradece porque Dios usa la corrección para moldearte conforme a Su carácter.

Día 9 - Mayo

Dios Endereza Nuestros Pasos

Citas bíblicas a leer: Proverbios 16-18

Reflexión:

Proverbios 16:9 dice: "El corazón del hombre piensa su camino, pero Jehová endereza sus pasos". Este pasaje nos recuerda que, aunque planeemos nuestras vidas, es Dios quien guía nuestros pasos. La fructificación espiritual implica rendir nuestros planes a Dios y confiar en que Él sabe lo que es mejor para nosotros.

Reflexiona: ¿Estás dejando que Dios enderece tus pasos o estás insistiendo en seguir tus propios caminos?

Disciplina espiritual:

Entrega diaria: Cada mañana, ora entregando tus planes y pidiendo que Dios guíe tus decisiones.

Flexibilidad espiritual: Aprende a aceptar los cambios de dirección que Dios pueda traer a tu vida.

Revisión semanal: Evalúa cómo has respondido a la guía de Dios durante la semana y ajusta tus actitudes.

Consejo para tu vida espiritual:

Haz un plan, pero siempre con la disposición de adaptarlo a la guía de Dios. Escribe en un diario cómo has visto Su dirección en tu vida.

Motivos de oración personal:

Ora para que Dios enderece tus pasos y te ayude a rendir tus planes.

Pide un corazón dispuesto a seguir Su dirección, incluso cuando no entiendas Sus caminos.

Agradece porque Dios tiene un plan perfecto para ti y siempre está trabajando a tu favor.

Tiempo de Fructificación

Día 10 - Mayo

El Consejo de Dios Prevalece

Citas bíblicas a leer: Proverbios 19-21

Reflexión:

Proverbios 19:21 declara: "Muchos son los planes en el corazón del hombre, pero el consejo del Señor permanecerá". Estos capítulos destacan la soberanía de Dios sobre nuestras vidas y la importancia de actuar con justicia y rectitud. La fructificación espiritual ocurre cuando alineamos nuestros planes con el consejo de Dios, confiando en que Su voluntad es siempre mejor.

Reflexiona: ¿Estás permitiendo que los planes de Dios moldeen tus decisiones, o estás luchando por seguir tus propios deseos?

Disciplina espiritual:

Revisión de prioridades: Analiza si tus metas están alineadas con el propósito de Dios. Haz los ajustes necesarios.

Escucha activa: Dedica tiempo en silencio durante tus oraciones para escuchar lo que Dios quiere decirte.

Entrega constante: Haz un hábito de entregar tus planes a Dios todos los días, pidiendo Su guía.

Consejo para tu vida espiritual:

Antes de tomar decisiones importantes, busca consejo piadoso y confirma tus pasos con la oración. Esto evitará desvíos y asegurará que sigas la dirección de Dios.

Motivos de oración personal:

Ora para que tus planes estén alineados con la voluntad de Dios.

Pide sabiduría para discernir el consejo divino en medio de tus decisiones.

Agradece porque el plan de Dios siempre prevalece y conduce a la vida.

Día 11 - Mayo

Clamando al Dios Que Favorece

Citas bíblicas a leer: Salmos 57-59

Reflexión:

En estos salmos, David clama a Dios en medio de la adversidad, declarando en el Salmo 57:2: "Clamaré al Dios Altísimo, al Dios que me favorece". A pesar de sus enemigos, David encuentra refugio en Dios, confiando en Su protección. La fructificación espiritual ocurre cuando aprendemos a depender de Dios como nuestro refugio en medio de las tormentas.

Reflexiona: ¿Estás buscando refugio en Dios cuando enfrentas adversidades, o estás confiando en tus propias fuerzas?

Disciplina espiritual:

Dependencia en oración: Cada vez que enfrentes un desafío, ora primero antes de buscar otras soluciones.

Fortaleza en la Palabra: Memoriza versículos que te recuerden el cuidado y la protección de Dios.

Adoración en la adversidad: Alaba a Dios incluso en medio de las dificultades, reconociendo Su fidelidad.

Consejo para tu vida espiritual:

Crea una lista de agradecimientos específicos durante tus tiempos difíciles. Esto fortalecerá tu confianza en que Dios siempre está contigo.

Motivos de oración personal:

Ora para depender completamente de Dios en medio de las pruebas.

Pide por un corazón agradecido que encuentre paz en Su refugio.

Agradece porque Dios siempre escucha y actúa a favor de Sus hijos.

Día 12 - Mayo

Legado de Sabiduría y Justicia

Citas bíblicas a leer: Proverbios 22-24

Reflexión:

Estos capítulos destacan principios clave para una vida recta, como entrenar a los niños en el camino correcto (Proverbios 22:6) y no envidiar a los malvados (Proverbios 24:1). La fructificación espiritual se manifiesta en una vida disciplinada que se esfuerza por construir un legado espiritual para las próximas generaciones.

Reflexiona: ¿Cómo estás invirtiendo en tu propia disciplina espiritual y en la vida de los que te rodean, especialmente en tu familia?

Disciplina espiritual:

Entrenamiento constante: Dedica tiempo a enseñar y modelar la fe en tu hogar y a los más cercanos a ti.

Evitar comparaciones: Practica contentamiento, enfocándote en tus bendiciones y no en lo que tienen otros.

Obediencia diaria: Trabaja en pequeños actos de obediencia para reflejar a Dios en tu vida cotidiana.

Consejo para tu vida espiritual:

Organiza un tiempo semanal para discipular o enseñar principios bíblicos a alguien en tu entorno. Esto fortalecerá tu fe y la de ellos.

Motivos de oración personal:

Ora para construir un legado espiritual que glorifique a Dios.

Pide sabiduría para influir positivamente en las vidas de los demás.

Agradece porque Dios te capacita para ser un ejemplo de justicia y fe.

Día 13 - Mayo

Amistades que Refinan y Fortalecen

Citas bíblicas a leer: Proverbios 25-27

Reflexión:

Proverbios 27:17 dice: "Hierro con hierro se aguza; y así el hombre aguza el rostro de su amigo". Estos capítulos subrayan la importancia de las relaciones saludables que nos desafían y nos edifican. La fructificación espiritual requiere rodearnos de personas piadosas que nos animen y nos corrijan en amor.

Reflexiona: ¿Estás cultivando relaciones que te acercan más a Dios? ¿Cómo puedes ser un mejor amigo o mentor espiritual para otros?

Disciplina espiritual:

Relaciones intencionales: Busca amistades que te desafíen a crecer espiritualmente y te apoyen en oración.

Mentoría activa: Sé un mentor o busca uno para tu vida espiritual.

Corrección amorosa: Practica corregir y ser corregido con humildad y amor.

Consejo para tu vida espiritual:

Establece una reunión regular con un amigo o grupo de oración para reflexionar juntos en la Palabra y apoyarse mutuamente.

Motivos de oración personal:

Ora para ser un instrumento de edificación en las vidas de los demás.

Pide por sabiduría para rodearte de personas que te acerquen más a Dios.

Agradece porque Dios usa las relaciones para fortalecerte y guiarte.

Día 14 - Mayo

Reflejando el Carácter de Cristo

Citas bíblicas a leer: Proverbios 28-31

Reflexión:

Proverbios 31 describe a una mujer virtuosa cuya vida refleja sabiduría, trabajo diligente y temor de Dios. Este pasaje no solo aplica a las mujeres, sino a todos los creyentes que buscan honrar a Dios en su vida cotidiana. La fructificación espiritual ocurre cuando nuestras acciones diarias reflejan el carácter de Cristo.

Reflexiona: ¿Están tus acciones diarias mostrando el carácter de Cristo a quienes te rodean?

Disciplina espiritual:

Trabaja con propósito: Dedica cada tarea diaria como una forma de honrar a Dios.

Refleja a Cristo: Enfócate en ser un testimonio viviente para quienes te rodean.

Temor del Señor: Haz del temor a Dios tu prioridad, buscando Su aprobación por encima de la de los demás.

Consejo para tu vida espiritual:

Escribe tres maneras específicas en las que puedes reflejar a Cristo en tus tareas diarias. Enfócate en aplicarlas cada día.

Motivos de oración personal:

Ora para que tus acciones reflejen el carácter de Cristo en todas las áreas de tu vida.

Pide por diligencia y un espíritu humilde para cumplir con tus responsabilidades.

Agradece porque Dios te da fuerza para glorificarle a través de tu trabajo y testimonio.

Día 15 - Mayo

Amor Puro y Desinteresado

Citas bíblicas a leer: Cantares 1-4

Reflexión:

Cantares 1-4 celebra el amor en el contexto de una relación comprometida, reflejando la belleza del amor entre Cristo y Su iglesia. Este amor es puro, desinteresado y lleno de gozo. La fructificación espiritual ocurre cuando permitimos que el amor de Dios transforme nuestras relaciones, mostrándonos cómo amar con pureza y propósito.

Reflexiona: ¿Cómo estás reflejando el amor de Cristo en tus relaciones? ¿Qué ajustes necesitas hacer para que tus interacciones glorifiquen a Dios?

Disciplina espiritual:

Amor transformador: Permite que el amor de Dios moldee cómo tratas a los demás, especialmente en tus relaciones más cercanas.

Comunicación piadosa: Dedica tiempo a orar antes de enfrentar conversaciones importantes.

Perdón continuo: Practica el perdón como una forma de mostrar el amor de Cristo.

Consejo para tu vida espiritual:

Escribe una carta o mensaje de agradecimiento a alguien importante en tu vida, destacando cómo Dios les usa para bendecirte.

Motivos de oración personal:

Ora para que el amor de Dios sea evidente en todas tus relaciones.

Pide por un corazón que busque reconciliación y paz.

Agradece porque Dios te ama incondicionalmente y te enseña a amar como Él.

Día 16 - Mayo

Un Amor que Nunca Se Apaga

Citas bíblicas a leer: Cantares 5-8

Reflexión:

Estos capítulos celebran la intimidad y la unidad en el amor, reflejando el gozo y la conexión que Dios desea tener con Su pueblo. En Cantares 8:7 leemos: "Las muchas aguas no podrán apagar el amor". Este amor nos recuerda el compromiso inquebrantable de Dios hacia nosotros y nos desafía a responder con devoción y fidelidad.

Reflexiona: ¿Estás cultivando una relación íntima con Dios que refleje este amor comprometido? ¿Cómo puedes demostrar un amor más profundo en tus relaciones?

Disciplina espiritual:

Tiempo de intimidad: Dedica momentos exclusivos para estar en la presencia de Dios cada día.

Expresión del amor: Practica acciones concretas que muestren tu amor hacia Dios y hacia los demás.

Reconocimiento continuo: Reconoce las formas en que Dios te muestra Su amor diariamente.

Consejo para tu vida espiritual:

Escribe un agradecimiento diario a Dios, expresando cómo Su amor te sostiene. Esto profundizará tu conciencia de Su presencia en tu vida.

Motivos de oración personal:

Ora para que tu amor por Dios crezca en intimidad y profundidad.

Pide por relaciones que reflejen la fidelidad y pureza del amor de Cristo.

Agradece porque el amor de Dios nunca falla ni se apaga.

Día 17 - Mayo

Construyendo para la Gloria de Dios

Citas bíblicas a leer: 1 Reyes 5-7

Reflexión:

Salomón construye el templo para el Señor, un lugar de encuentro y adoración. Este proyecto no solo refleja su sabiduría y organización, sino también su compromiso de honrar a Dios. La fructificación espiritual ocurre cuando nuestras obras apuntan a glorificar a Dios, no a nosotros mismos.

Reflexiona: ¿Estás construyendo "templos" en tu vida que glorifiquen a Dios? ¿Cómo puedes usar tus talentos y recursos para Su gloria?

Disciplina espiritual:

Dedicación a Dios: Antes de comenzar cualquier proyecto o tarea, dedícalo a Dios en oración.

Excelencia intencional: Trabaja con excelencia, recordando que cada acción puede glorificar a Dios.

Servicio consciente: Usa tus habilidades y recursos para edificar a otros y apuntarles hacia Dios.

Consejo para tu vida espiritual:

Haz una lista de tus talentos y recursos. Reflexiona en cómo puedes usarlos más efectivamente para glorificar a Dios.

Motivos de oración personal:

Ora para que todo lo que hagas apunte a la gloria de Dios.

Pide por sabiduría para administrar tus recursos y talentos conforme a Su voluntad.

Agradece porque Dios te ha equipado con habilidades únicas para Su propósito.

Día 18 - Mayo

Él Es Mi Roca y Mi Salvación

Citas bíblicas a leer: Salmos 60-62

Reflexión:

En el Salmo 62:6, David declara: "Él solamente es mi roca y mi salvación; es mi refugio, no resbalaré". Estos salmos reflejan una fe inquebrantable en Dios como el único refugio en tiempos de angustia. La fructificación espiritual se fortalece cuando encontramos seguridad y descanso en Dios, aun en medio de las pruebas.

Reflexiona: ¿Estás buscando refugio en Dios en tus momentos de debilidad? ¿Cómo puedes confiar más profundamente en Su fidelidad?

Disciplina espiritual:

Oración de refugio: Dedica un tiempo cada día para entregar tus cargas y preocupaciones a Dios.

Fortaleza en la fe: Memoriza versículos que hablen de la fidelidad de Dios para reforzar tu confianza en Él.

Descanso espiritual: Practica descansar en Dios, dejando de lado la ansiedad y confiando en Su control.

Consejo para tu vida espiritual:

Crea un espacio físico o mental donde puedas acudir en oración durante los momentos de angustia, recordando que Dios es tu roca y refugio.

Motivos de oración personal:

Ora para que tu confianza en Dios crezca, especialmente en tiempos de dificultad.

Pide por paz y fortaleza al descansar en Su fidelidad.

Agradece porque Dios es un refugio seguro en todas las circunstancias.

Día 19 - Mayo

Vigilando Nuestras Decisiones

Citas bíblicas a leer: 1 Reyes 8-11

Reflexión:

Salomón dedica el templo al Señor con una oración poderosa, reconociendo la grandeza de Dios y Su fidelidad hacia Israel. Sin embargo, más adelante, Salomón se desvía por sus decisiones personales. Este pasaje nos enseña que la fructificación espiritual requiere un compromiso constante y una vigilancia sobre nuestras prioridades.

Reflexiona: ¿Estás vigilando tus decisiones para asegurarte de que permanecen alineadas con la voluntad de Dios?

Disciplina espiritual:

Revisión continua: Evalúa regularmente tus prioridades y asegúrate de que Dios ocupa el primer lugar.

Oración de dedicación: Dedica a Dios todas las áreas de tu vida, pidiendo que Él guíe tus pasos.

Resistencia a las distracciones: Identifica y elimina aquello que pueda alejarte de tu relación con Dios.

Consejo para tu vida espiritual:

Haz un inventario de tus actividades y compromisos. Evalúa si están contribuyendo a tu crecimiento espiritual o distrayéndote de tu propósito en Dios.

Motivos de oración personal:

Ora para que Dios te mantenga firme en Su camino y Su propósito.

Pide discernimiento para evitar decisiones que puedan alejarte de Su voluntad.

Agradece porque Su fidelidad permanece incluso cuando fallamos.

Día 20 - Mayo

Perspectiva Eterna para la Vida

Citas bíblicas a leer: Eclesiastés 1-4

Reflexión:

Salomón reflexiona sobre la vanidad de la vida sin Dios, concluyendo que todo esfuerzo humano es vano si no está conectado al propósito eterno. Eclesiastés 3:11 dice: "Todo lo hizo hermoso en su tiempo; y ha puesto eternidad en el corazón de ellos". La fructificación espiritual ocurre cuando vivimos con una perspectiva eterna, valorando lo que tiene significado duradero.

Reflexiona: ¿Estás invirtiendo tu tiempo y esfuerzos en cosas que tienen valor eterno?

Disciplina espiritual:

Perspectiva eterna: Antes de comprometerte con algo, pregúntate: ¿Esto glorifica a Dios y tiene un impacto eterno?

Enfoque en la misión: Dedica tiempo semanal para servir en actividades que impacten espiritualmente a otros.

Contentamiento en Su tiempo: Aprende a confiar en el tiempo perfecto de Dios en cada aspecto de tu vida.

Consejo para tu vida espiritual:

Haz una lista de las cosas que consideras "vanas" en tu vida. Busca maneras de redirigir tu energía hacia actividades con un propósito eterno.

Motivos de oración personal:

Ora para desarrollar una perspectiva eterna en todas tus decisiones.

Pide contentamiento mientras confías en el tiempo perfecto de Dios.

Agradece porque todo lo que haces en Su nombre tiene un impacto eterno.

Día 21 - Mayo

Reverencia y Satisfacción en Dios

Citas bíblicas a leer: Eclesiastés 5-8

Reflexión:

Salomón nos recuerda que debemos acercarnos a Dios con reverencia y no apresurarnos en nuestras palabras (Eclesiastés 5:2). Estos capítulos subrayan que la verdadera satisfacción no proviene de las riquezas, sino de una vida centrada en Dios. La fructificación espiritual requiere humildad y una búsqueda constante de Su presencia.

Disciplina espiritual:

Reverencia en oración: Antes de orar, toma un momento para reflexionar en la grandeza de Dios.

Desprendimiento material: Haz un ejercicio para liberar tu corazón de ataduras hacia lo material.

Satisfacción espiritual: Practica contentarte en lo que Dios te ha dado, buscando Su plenitud.

Consejo para tu vida espiritual:

Dedica un día a agradecer únicamente por lo que ya tienes, sin pedir nada. Esto fomentará una actitud de gratitud y reverencia.

Motivos de oración personal:

Ora para acercarte a Dios con humildad y reverencia.

Pide que Él sea tu satisfacción en todas las áreas de tu vida.

Agradece porque Dios es suficiente y digno de tu adoración.

Día 22 - Mayo

Viviendo para Agradar a Dios

Citas bíblicas a leer: Eclesiastés 9-12

Reflexión:

Salomón concluye que el deber del hombre es temer a Dios y guardar Sus mandamientos, porque esto lo es todo (Eclesiastés 12:13). Este pasaje nos recuerda que, al final, nuestra vida será evaluada por nuestra obediencia y devoción a Dios. La fructificación espiritual ocurre cuando vivimos con el propósito de agradar a Dios en todo lo que hacemos.

Disciplina espiritual:

Reflexión diaria: Evalúa al final de cada día si tus palabras y acciones reflejaron tu temor y amor por Dios.

Enfoque en lo eterno: Invierte tiempo en actividades que glorifiquen a Dios y tengan un impacto espiritual.

Obediencia práctica: Identifica un área donde puedas obedecer mejor a Dios y trabaja intencionalmente en ella.

Consejo para tu vida espiritual:

Escribe en un lugar visible: "Teme a Dios y guarda Sus mandamientos", como un recordatorio diario de tu propósito.

Motivos de oración personal:

Ora para que tu vida refleje reverencia y obediencia hacia Dios.

Pide sabiduría para distinguir lo que es importante a la luz de la eternidad.

Agradece porque Dios te da la oportunidad de vivir con propósito cada día.

Día 23 - Mayo

Decisiones Guiadas por Dios

Citas bíblicas a leer: 1 Reyes 12-14

Reflexión:

La división del reino de Israel bajo Jeroboam y Roboam es el resultado de decisiones que no buscaron el consejo de Dios. Este pasaje nos enseña que la desobediencia y la falta de dependencia en Dios traen consecuencias graves. La fructificación espiritual requiere una búsqueda constante de Su guía y sabiduría en cada decisión.

Disciplina espiritual:

Consejo piadoso: Busca a líderes espirituales o amigos maduros en la fe para que te ayuden a discernir la voluntad de Dios en tus decisiones.

Oración específica: Ora antes de tomar decisiones importantes, pidiendo dirección divina.

Aprendizaje continuo: Estudia historias bíblicas de obediencia y desobediencia para aplicarlas a tu vida.

Consejo para tu vida espiritual:

Antes de decidir algo importante, tómate un día completo para orar y buscar confirmación en la Palabra.

Motivos de oración personal:

Ora para que tus decisiones estén siempre alineadas con la voluntad de Dios.

Pide discernimiento para evitar los errores de desobediencia.

Agradece porque Dios siempre está dispuesto a guiarte si lo buscas sinceramente.

Día 24 - Mayo

Rectitud en Medio de la Oscuridad

Citas bíblicas a leer: 1 Reyes 15-17

Reflexión:

En medio de reyes malvados, Asa se destaca como un líder que hizo lo recto ante los ojos de Dios. Su reinado es un recordatorio de que la fructificación espiritual no depende de nuestro entorno, sino de nuestra decisión de obedecer a Dios. También vemos a Elías, quien confía en Dios para proveer en tiempos de sequía, enseñándonos a depender de Él en todo.

Disciplina espiritual:

Obediencia constante: Elige obedecer a Dios incluso cuando tu entorno no favorezca la rectitud.

Confianza en la provisión: Ora diariamente para depender de Dios en todas tus necesidades.

Fortaleza en la adversidad: Reflexiona en historias como la de Elías para fortalecer tu fe en tiempos difíciles.

Consejo para tu vida espiritual:

Piensa en una situación donde has dependido de tus propias fuerzas en lugar de confiar en Dios. Entrégasela a Él en oración y descansa en Su provisión.

Motivos de oración personal:

Ora para que tu vida refleje rectitud y obediencia como Asa.

Pide fortaleza para confiar en la provisión de Dios, incluso en tiempos difíciles.

Agradece porque Dios nunca deja de cuidar de Sus hijos.

Día 25 - Mayo

Buscando a Dios de Madrugada

Citas bíblicas a leer: Salmos 63-65

Reflexión:

David expresa en el Salmo 63:1: "Dios, Dios mío eres tú; de madrugada te buscaré". Estos salmos son un canto de devoción y confianza en la fidelidad de Dios. Nos enseñan que la fructificación espiritual comienza cuando anhelamos a Dios por encima de todo y buscamos Su rostro con constancia.

Disciplina espiritual:

Devoción matutina: Dedica las primeras horas del día a buscar a Dios en oración y meditación en Su Palabra.

Adoración en gratitud: Agradece por cada bendición que recibes, grande o pequeña.

Confianza renovada: Declara la fidelidad de Dios sobre tu vida, especialmente en momentos de incertidumbre.

Consejo para tu vida espiritual:

Comienza cada día con una oración de entrega, declarando tu dependencia de Dios para todo lo que enfrentes.

Motivos de oración personal:

Ora para que Dios sea el primer pensamiento en tu mente cada día.

Pide por un corazón que anhele Su presencia más que cualquier otra cosa.

Agradece porque Su fidelidad y amor son inmutables.

Día 26 - Mayo

El Poder de la Fe Audaz

Citas bíblicas a leer: 1 Reyes 18-20

Reflexión:

Elías desafía a los profetas de Baal, mostrando que el único Dios verdadero es Jehová. Su victoria es un recordatorio del poder de la oración ferviente y la confianza total en Dios. Sin embargo, después de esta gran victoria, Elías enfrenta temor y desesperación, enseñándonos que incluso los más fuertes espiritualmente necesitan renovarse en Dios.

Disciplina espiritual:

Oración ferviente: Dedica un tiempo específico cada día para orar con pasión y fe.

Renovación espiritual: Tómate momentos de descanso para estar en la presencia de Dios y renovarte.

Valentía en la fe: Confía en que Dios está contigo incluso en tus momentos de debilidad.

Consejo para tu vida espiritual:

Escribe tus oraciones y registra las respuestas de Dios. Esto fortalecerá tu fe al recordar Su fidelidad.

Motivos de oración personal:

Ora para tener una fe audaz como la de Elías.

Pide fortaleza y renovación cuando enfrentes cansancio espiritual.

Agradece porque Dios nunca te abandona en tus momentos de debilidad.

Día 27 - Mayo

Caminando en Justicia y Verdad

Citas bíblicas a leer: 1 Reyes 21-22 y 2 Reyes 1

Reflexión:

Acab y Jezabel muestran cómo la codicia y la injusticia traen destrucción. Pero también vemos cómo Dios levanta profetas para hablar la verdad, recordándonos que la fructificación espiritual requiere caminar en justicia y ser valientes para defenderla.

Disciplina espiritual:

Justicia práctica: Sé intencional en actuar con honestidad y equidad en todas tus relaciones.

Verdad en amor: Aprende a defender lo que es correcto con sabiduría y humildad.

Conexión profética: Busca escuchar la voz de Dios en Su Palabra para saber cómo vivir en integridad.

Consejo para tu vida espiritual:

Haz un inventario de tus decisiones recientes. Pregunta: ¿He actuado con justicia y rectitud? Haz ajustes donde sea necesario.

Motivos de oración personal:

Ora para vivir con integridad y justicia en todas tus relaciones.

Pide por valentía para defender la verdad en amor.

Agradece porque Dios es un ejemplo perfecto de justicia y rectitud.

Día 28 - Mayo

Un Espíritu Llena de Su Poder

Citas bíblicas a leer: 2 Reyes 2-4

Reflexión:

Elías es llevado al cielo en un torbellino, y Eliseo toma su lugar como profeta con una doble porción de su espíritu. Los milagros que Eliseo realiza, como multiplicar el aceite y resucitar al hijo de la sunamita, muestran que la fructificación espiritual ocurre cuando caminamos en la plenitud del Espíritu y confiamos en el poder de Dios para obrar a través de nosotros.

Reflexiona: ¿Estás buscando vivir en la plenitud del Espíritu Santo? ¿Cómo puedes permitir que Su poder fluya más en tu vida?

Disciplina espiritual:

Oración por poder espiritual: Ora específicamente para recibir una mayor llenura del Espíritu Santo.

Disponibilidad para Dios: Disponte a ser un instrumento de Su obra, diciendo "sí" a lo que Él te pida.

Meditación en Su poder: Reflexiona en las maneras en que Dios ha obrado milagros en tu vida o en las de otros.

Consejo para tu vida espiritual:

Dedica tiempo cada día a orar por la llenura del Espíritu Santo. Usa pasajes como Hechos 1:8 para inspirarte en Su poder transformador.

Motivos de oración personal:

Ora para ser lleno del Espíritu Santo y para que Su poder se manifieste en tu vida.

Pide valentía para caminar en fe y obediencia a Su llamado.

Agradece porque el mismo Dios que obró a través de Eliseo quiere obrar en ti.

Día 29 - Mayo

La Obediencia que Trae Milagros

Citas bíblicas a leer: 2 Reyes 5-7

Reflexión:

La sanación de Naamán muestra que la obediencia simple a la palabra de Dios trae milagros, mientras que la incredulidad de Guehazi lo lleva al castigo. Este pasaje nos enseña que la fructificación espiritual requiere fe obediente y una actitud de servicio humilde, sin buscar ganancia personal.

Reflexiona: ¿Estás obedeciendo a Dios con fe, incluso cuando Su dirección parece sencilla o poco convencional?

Disciplina espiritual:

Obediencia inmediata: Practica actuar de inmediato cuando sientas que Dios te está guiando a hacer algo, grande o pequeño.

Examina tus motivos: Pregunta: ¿Estoy sirviendo a Dios para Su gloria o buscando algo para mí? Ajusta tus intenciones.

Humildad activa: Busca maneras de servir a otros sin esperar reconocimiento.

Consejo para tu vida espiritual:

Haz una lista de áreas donde necesitas obedecer a Dios más plenamente. Ora y actúa en consecuencia.

Motivos de oración personal:

Ora por una fe obediente que confíe plenamente en la palabra de Dios.

Pide humildad para servir a Dios sin buscar reconocimiento personal.

Agradece porque Dios recompensa la fe sencilla y la obediencia genuina.

Día 30 - Mayo

Siendo Luz en Tiempos Oscuros

Citas bíblicas a leer: 2 Reyes 8-10

Reflexión:

Eliseo sigue siendo un instrumento de Dios en medio de la decadencia espiritual de Israel, mostrando que la fructificación espiritual puede ocurrir incluso en tiempos oscuros. Por otro lado, vemos cómo Jehú ejecuta juicio contra la casa de Acab, recordándonos que Dios no tolera la maldad indefinidamente.

Reflexiona: ¿Estás siendo una luz en medio de la oscuridad que te rodea? ¿Cómo puedes ser un agente de cambio espiritual en tu entorno?

Disciplina espiritual:

Impacto en tu entorno: Ora y busca maneras específicas de ser una influencia positiva y piadosa donde estés.

Confianza en la justicia de Dios: Descansa en que Dios, en Su tiempo, traerá justicia a todas las situaciones.

Consistencia espiritual: Comprométete a caminar en fidelidad, incluso cuando otros a tu alrededor no lo hagan.

Consejo para tu vida espiritual:

Cada semana, identifica una persona o situación donde puedas reflejar la luz de Cristo. Hazlo con intencionalidad.

Motivos de oración personal:

Ora para ser una luz en medio de la oscuridad y traer esperanza a otros.

Pide paciencia para confiar en la justicia perfecta de Dios.

Agradece porque Su fidelidad permanece incluso en los tiempos más difíciles.

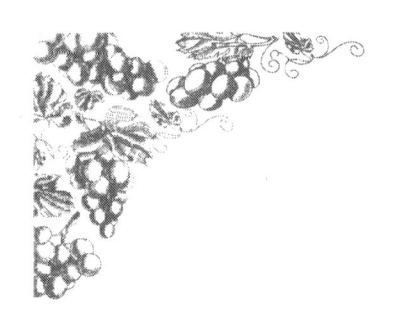

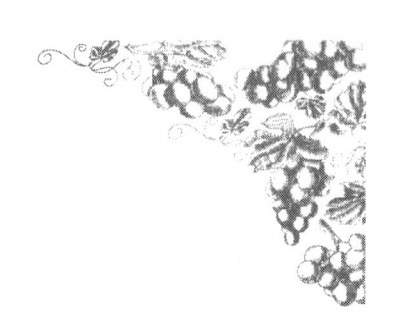

JUNIO

"Permite que la paz y el gozo de Jesús llenen tu corazón mientras permaneces en Su amor. Su alegría te fortalecerá para seguir adelante."

"Estas cosas os he hablado, para que mi gozo esté en vosotros, y vuestro gozo sea completo. Este es mi mandamiento: Que os améis unos a otros, como yo os he amado."
(Juan 15:11- 12)

Día 1 - Junio

Dios, Obrador de Maravillas

Citas bíblicas a leer: Salmos 66-68

Reflexión:

En el Salmo 66, el salmista exalta a Dios por Sus obras maravillosas y Su fidelidad en medio de la prueba. El Salmo 67 es una oración para que las naciones alaben a Dios, mientras que el Salmo 68 celebra Su poder como defensor de los oprimidos. Estos salmos nos invitan a alabar a Dios por Su justicia y cuidado, recordándonos que nuestra alabanza no solo honra a Dios, sino que también es un testimonio para los demás.

Mejorando mi intimidad con Dios:

Dedica un tiempo de alabanza intencional cada día. Reflexiona en las maneras específicas en que Dios ha mostrado Su fidelidad en tu vida.

Usa los Salmos como guía para estructurar tus momentos de oración, declarando las grandezas de Dios en tus palabras.

Recuerda que la gratitud es una forma poderosa de acercarte a Dios. Haz una lista diaria de tres cosas por las que estás agradecido.

Consejo para tu vida espiritual:

Permite que tu alabanza sea una expresión diaria, no solo en tus palabras, sino en tus acciones. Haz de tu vida un testimonio vivo que inspire a otros a buscar a Dios.

Puntos de oración:

Ora para tener un corazón lleno de alabanza y gratitud hacia Dios.

Pide que tu alabanza sea un testimonio que inspire a otros a conocer a Dios.

Agradece porque Dios es fiel en todas las circunstancias y digno de alabanza.

Día 2 - Junio

Rindiendo Mi Voluntad a Su Llamado

Citas bíblicas a leer: Jonás

Reflexión:

El libro de Jonás nos muestra a un profeta que inicialmente desobedece a Dios, pero finalmente cumple Su misión de predicar a Nínive. La misericordia de Dios hacia una ciudad que se arrepiente demuestra Su deseo de salvar, no condenar. También revela que Dios trabaja tanto en los corazones de los "pecadores" como en los de Sus siervos, llamándonos a alinearnos con Su compasión.

Mejorando mi intimidad con Dios:

Reflexiona en cómo respondes al llamado de Dios. ¿Estás dispuesto a obedecer incluso cuando es incómodo?

Pide a Dios un corazón compasivo que refleje Su amor por todos, incluso por quienes consideras difíciles de amar.

Dedica tiempo a escuchar activamente la voz de Dios, pidiéndole que te muestre las áreas donde necesitas obedecerle más plenamente.

Consejo para tu vida espiritual:

La obediencia a Dios puede ser un desafío, pero es a través de ella que Su obra redentora se cumple. Sé intencional al buscar Su dirección y camina con confianza, sabiendo que Su plan siempre es bueno.

Puntos de oración:

Ora por un corazón obediente y dispuesto a cumplir el llamado de Dios, pide por compasión para amar a quienes necesitan conocer a Dios y agradece porque su misericordia es grande y Él desea que todos se arrepientan y vivan.

Día 3 - Junio

Caminando en Comunión con Dios

Citas bíblicas a leer: Amós 1-3

Reflexión:

Amós denuncia la injusticia social y espiritual en Israel, destacando que Dios exige justicia y rectitud, no solo actos religiosos vacíos. Amós 3:3 pregunta: "¿Andarán dos juntos, si no estuvieren de acuerdo?". Este llamado nos recuerda que la verdadera comunión con Dios requiere caminar en Su voluntad.

Mejorando mi intimidad con Dios:

Reflexiona en tu caminar con Dios. ¿Hay áreas de tu vida que no están en acuerdo con Su Palabra? Dedica tiempo a confesar y realinear tu corazón con Su voluntad.

Practica la justicia en tus relaciones y decisiones diarias. Busca ser un reflejo de la integridad de Dios.

Medita en cómo puedes ser un agente de cambio para combatir la injusticia en tu entorno.

Consejo para tu vida espiritual:

La justicia y la rectitud no son opcionales en nuestra relación con Dios. Haz un esfuerzo consciente para vivir de manera coherente con Su carácter en todas las áreas de tu vida.

Puntos de oración:

Ora para caminar en acuerdo con Dios, reflejando Su carácter en todo lo que haces.

Pide por sensibilidad hacia las injusticias y el valor para actuar con justicia.

Agradece porque Dios es justo y llama a Su pueblo a vivir en rectitud.

Día 4 - Junio

Justicia y Rectitud, No Rituales Vacíos

Citas bíblicas a leer: Amós 4-6

Reflexión:

Dios, a través de Amós, lamenta que Israel no haya regresado a Él a pesar de las advertencias. En Amós 5:24 leemos: "Pero corra el juicio como las aguas, y la justicia como arroyo impetuoso". Este llamado nos desafía a buscar la justicia como una evidencia de nuestra relación con Dios.

Mejorando mi intimidad con Dios:

Haz un inventario de tu vida espiritual y pregúntate: ¿Estoy buscando primero el Reino de Dios y Su justicia?

Dedica un día a orar por aquellos que sufren injusticias, pidiéndole a Dios que te use para ser una solución en sus vidas.

Lee Proverbios u otros pasajes sobre justicia para fortalecer tu entendimiento de cómo aplicarla en tu vida.

Consejo para tu vida espiritual:

Dios desea que Su pueblo sea un reflejo de Su corazón justo. Busca oportunidades diarias para actuar con integridad y bondad, mostrando a otros quién es Dios.

Puntos de oración:

Ora por un corazón que anhele la justicia y el juicio recto en todas las áreas.

Pide sabiduría para ser un instrumento de justicia en tu comunidad.

Agradece porque Dios es paciente, llamándote constantemente a Su justicia.

Tiempo de Fructificación

Día 5 - Junio

Promesas de Restauración y Esperanza

Citas bíblicas a leer: Salmos 66-68

Reflexión:

El Salmo 66 nos lleva a alabar a Dios por Sus obras poderosas, no solo en el pasado, sino en nuestras vidas presentes. Habla de pasar por el fuego y el agua, pero Dios siempre trae liberación (Salmo 66:12). El Salmo 67 destaca que la bendición de Dios no es solo para nosotros, sino para que todas las naciones conozcan Su camino. Finalmente, el Salmo 68 nos recuerda que Dios es un defensor de los huérfanos, proveedor de los necesitados y el Rey que derrota a Sus enemigos.

Estos salmos juntos pintan un cuadro de un Dios cercano y poderoso. Reflexiona: ¿Estás reconociendo las obras de Dios en tu vida diaria? ¿Cómo puedes usar tus bendiciones para que otros vean el camino de Dios?

Mejorando mi intimidad con Dios:

Dedica un tiempo de adoración personal en el que no pidas nada, solo agradece y exalta a Dios por quién es Él y lo que ha hecho, recuerda cómo Dios te ha sacado de "fuegos y aguas" en el pasado. Haz memoria de Su fidelidad y compártelo con alguien.

Consejo para tu vida espiritual:

Haz de la alabanza una práctica diaria, especialmente en los momentos difíciles. Esto transformará tu perspectiva y fortalecerá tu fe.

Puntos de oración:

Ora para que tus alabanzas a Dios sean sinceras y constantes, incluso en tiempos de prueba, pide por una visión más clara de cómo tus bendiciones pueden ser una herramienta para compartir su amor.

Agradece porque Dios siempre cumple Su propósito, incluso en los tiempos difíciles.

Día 6 - Junio

Aprendiendo de las Advertencias de Dios

Citas bíblicas a leer: Jonás

Reflexión:

Jonás es una historia de lucha entre la voluntad de Dios y la terquedad humana. Vemos cómo Jonás huye de su llamado, pero también cómo Dios lo persigue con gracia, dándole otra oportunidad. En el capítulo 3, la respuesta de Nínive al arrepentirse demuestra que nadie está fuera del alcance de la misericordia de Dios. Sin embargo, el capítulo 4 revela el corazón de Jonás, lleno de enojo porque Dios mostró compasión a los que él consideraba indignos.

Dios nos llama a someternos a Su voluntad, pero también a compartir Su compasión con los demás. Reflexiona: ¿Hay áreas en tu vida donde estás resistiendo el llamado de Dios? ¿Cómo puedes reflejar mejor Su compasión hacia los demás?

Mejorando mi intimidad con Dios:

Identifica si hay un área en la que sabes que Dios te está llamando a actuar, pero estás resistiendo. Dedica tiempo a orar y someter esa área a Él, reflexiona en cómo puedes mostrar compasión y gracia a alguien que consideras difícil de amar.

Pide a Dios que te ayude a ver a las personas a través de Sus ojos, no los tuyos.

Consejo para tu vida espiritual:

La obediencia a Dios no solo transforma tu vida, sino que también tiene el poder de cambiar las vidas de los demás. Rinde tus resistencias y confía en que Su plan es siempre mejor.

Puntos de oración:

Ora para que tu corazón esté dispuesto a obedecer el llamado de Dios, sin importar las dificultades, pide un corazón lleno de compasión por los que están lejos de Dios y agradece porque Su gracia siempre está disponible, incluso cuando fallamos.

Día 7 - Junio

Liderazgo que Honra a Dios

Citas bíblicas a leer: Amós 1-3

Reflexión:

Amós comienza con advertencias a las naciones vecinas por su pecado, pero rápidamente señala al pueblo de Israel, destacando su injusticia social y espiritual. Amós 3:2 es contundente: "A vosotros solamente he conocido de todas las familias de la tierra; por tanto, os castigaré por todas vuestras maldades". Dios espera más de Su pueblo porque ellos han recibido más. Este pasaje nos recuerda que nuestras vidas deben reflejar Su justicia, y nuestras acciones deben estar en línea con Su carácter.

La pregunta de Amós 3:3, "¿Andarán dos juntos, si no estuvieren de acuerdo?", nos invita a examinar si estamos caminando en armonía con Dios en nuestra vida diaria. Reflexiona: ¿Tus decisiones reflejan una comunión genuina con Dios?

Mejorando mi intimidad con Dios:

Dedica tiempo a examinar tu vida. Pregúntate: ¿Estoy viviendo con integridad y reflejando la justicia de Dios en mis acciones? Busca una manera práctica de actuar con justicia, como ayudar a alguien necesitado o defender lo correcto.

Ora pidiendo que Dios revele áreas donde necesitas alinearte más con Su voluntad.

Consejo para tu vida espiritual:

Caminar con Dios significa estar en constante acuerdo con Él. Tómate tiempo cada día para evaluar si tus pensamientos y acciones están alineados con Su Palabra.

Puntos de oración:

Ora para caminar en comunión con Dios, reflejando Su carácter en tus acciones, pide por un corazón sensible a la justicia y dispuesto a actuar en consecuencia y agradece porque Dios te guía hacia Su voluntad, incluso cuando te desvías.

Día 8 - Junio

Perseverando en la Confianza en Dios

Citas bíblicas a leer: Amós 4-6

Reflexión:

En estos capítulos, Dios confronta a Israel por su idolatría y complacencia. A pesar de enviar advertencias y calamidades, el pueblo no regresa a Él. Amós 5:24 se convierte en un grito profético: "Pero corra el juicio como las aguas, y la justicia como arroyo impetuoso". Este llamado nos invita a buscar una vida que fluya con justicia y rectitud, no con rituales vacíos.

Dios no busca actos religiosos superficiales, sino una vida transformada que refleje Su corazón. Reflexiona: ¿Tu relación con Dios es solo externa o está transformando cada aspecto de tu vida?

Mejorando mi intimidad con Dios:

Pide a Dios que examine tu corazón y te muestre si estás cayendo en rituales vacíos en lugar de una relación auténtica con Él.

Busca maneras de practicar la justicia, como abogar por alguien que necesita apoyo o defender a los indefensos.

Dedica tiempo a escuchar a Dios en silencio, pidiéndole que te alinee con Su voluntad.

Consejo para tu vida espiritual:

La verdadera adoración fluye de un corazón justo. Asegúrate de que tus actos externos reflejen una transformación interna auténtica.

Puntos de oración:

Ora para que tu adoración sea genuina y fluya desde un corazón alineado con Dios, pide sabiduría para actuar con justicia en todas tus relaciones y decisiones y agradece porque Dios, en Su gracia, siempre te llama a regresar a Él.

Día 9 - Junio

Avivamiento Personal y Transformación

Citas bíblicas a leer: Amós 7-9

Reflexión:

En estos capítulos, Dios muestra a Amós visiones de juicio contra Israel, pero también Su disposición a relenting cuando hay intercesión. Amós 9 concluye con una promesa de restauración: "Levantaré el tabernáculo caído de David... y los plantaré en su tierra" (Amós 9:11-15). Este mensaje combina la justicia de Dios con Su fidelidad a restaurar a los que regresan a Él.

La fructificación espiritual implica reconocer el llamado al arrepentimiento y la confianza en que Dios siempre tiene planes de restauración para quienes buscan Su rostro. Reflexiona: ¿Qué áreas de tu vida necesitan la restauración de Dios?

Mejorando mi intimidad con Dios:

Dedica un tiempo en oración para interceder no solo por tus necesidades, sino también por las de otros, como hizo Amós.

Reflexiona en las promesas de restauración de Dios y escribe cómo puedes confiar más en Su fidelidad.

Practica el arrepentimiento genuino. Reconoce áreas en las que necesitas cambiar y pídele a Dios Su ayuda para caminar en obediencia.

Consejo para tu vida espiritual:

Dios es justo, pero también es fiel para restaurar. No te enfoques solo en tus fallas; confía en Su promesa de renovación y mantente firme en la fe.

Puntos de oración:

Ora para que tu corazón sea sensible a las áreas donde necesitas arrepentirte, pide valentía para interceder por otros y buscar justicia en tu entorno y agradece porque Dios es fiel para restaurar lo que está quebrantado.

Día 10 - Junio

Un Legado Espiritual de Fe

Citas bíblicas a leer: 2 Reyes 15-17

Reflexión:

Estos capítulos narran la decadencia espiritual de Israel, que finalmente lleva a la caída del reino del norte y su exilio. La idolatría persistente y el rechazo de las advertencias de los profetas muestran cómo la desobediencia continua tiene consecuencias devastadoras. Sin embargo, la paciencia de Dios a lo largo de generaciones demuestra Su deseo de que todos regresen a Él.

Reflexiona: ¿Hay áreas de tu vida donde estás ignorando las advertencias de Dios? ¿Cómo puedes volver a una obediencia plena?

Mejorando mi intimidad con Dios:

Examina si hay patrones de desobediencia en tu vida que puedan estar alejándote de Dios.

Dedica tiempo a leer pasajes sobre arrepentimiento y restauración para animarte a regresar a Su voluntad.

Refuerza tu comunión con Dios mediante tiempos regulares de oración y confesión.

Consejo para tu vida espiritual:

La obediencia a Dios trae bendición, mientras que la desobediencia destruye. No esperes para cambiar; da pasos hoy mismo hacia una relación más cercana con Él.

Puntos de oración:

Ora para que Dios te revele cualquier área de desobediencia en tu vida, pide fortaleza para romper con patrones de pecado y caminar en santidad y agradece porque Dios es paciente y siempre está dispuesto a recibirte de vuelta.

Día 11 - Junio

Oraciones de Fe que Transforman

Citas bíblicas a leer: 2 Reyes 18-21

Reflexión:

Ezequías es un ejemplo de fidelidad, liderando una reforma espiritual y confiando en Dios durante el asedio de Asiria. Por otro lado, Manasés y Amón son ejemplos de líderes que se alejaron completamente de Dios, trayendo destrucción a su pueblo. Este contraste nos enseña que la fructificación espiritual comienza con una relación personal con Dios y un liderazgo que lo honra.

Reflexiona: ¿Estás liderando en tu entorno con fidelidad a Dios, ya sea en tu hogar, trabajo o comunidad?

Mejorando mi intimidad con Dios:

Reflexiona en cómo puedes liderar con el ejemplo, mostrando fidelidad y confianza en Dios.

Dedica tiempo a estudiar cómo los líderes bíblicos como Ezequías dependieron de Dios en momentos de crisis.

Ora por sabiduría para tomar decisiones que glorifiquen a Dios y beneficien a quienes te rodean.

Consejo para tu vida espiritual:

El liderazgo fiel comienza con una relación sólida con Dios. Dedica tiempo a fortalecer tu comunión con Él para que tu vida inspire a otros a seguirle.

Puntos de oración:

Ora para liderar con fidelidad y confianza en Dios, como lo hizo Ezequías.

Pide discernimiento para evitar los errores de quienes se alejaron de Dios.

Agradece porque Dios te llama a ser una luz en tu entorno.

Día 12 - Junio

Dios, el Restaurador de Vidas

Citas bíblicas a leer: Salmos 69-71

Reflexión:

El Salmo 69 refleja la angustia de alguien que enfrenta persecución, pero también una fe inquebrantable en el rescate de Dios. En el Salmo 70, el salmista clama: "Apresúrate, oh Dios, a librarme", mostrando confianza en Su ayuda. El Salmo 71 es una declaración de confianza en Dios desde la juventud hasta la vejez, recordándonos que la fructificación espiritual requiere perseverancia en la fe a lo largo de toda la vida.

Reflexiona: ¿Estás perseverando en tu confianza en Dios, incluso en los momentos más difíciles?

Mejorando mi intimidad con Dios:

Dedica tiempo a escribir una oración o cántico personal, expresando tus luchas y confianza en Dios.

Memoriza un versículo de estos salmos que te recuerde la fidelidad de Dios en medio de las pruebas.

Fortalece tu fe reflexionando en cómo Dios te ha sostenido a lo largo de tu vida.

Consejo para tu vida espiritual:

La fe perseverante no solo glorifica a Dios, sino que también fortalece a quienes observan tu testimonio. Mantén tu confianza en Él, sabiendo que siempre es fiel.

Puntos de oración:

Ora para tener una fe perseverante que confíe en Dios en todo momento, pide fortaleza para enfrentar los desafíos con esperanza en su ayuda y agradece porque Dios nunca te abandona, desde tu juventud hasta tu vejez.

Día 13 - Junio

Un Corazón que Busca a Dios

Citas bíblicas a leer: 2 Reyes 22-25

Reflexión:

Josías lidera un avivamiento espiritual al encontrar el libro de la ley y restaurar la adoración a Dios. Sin embargo, el juicio sobre Judá es inevitable debido a los pecados acumulados de generaciones anteriores. Este pasaje nos enseña que, aunque nuestras acciones no siempre cambien el curso de los eventos, la obediencia y el arrepentimiento glorifican a Dios y nos acercan a Su corazón.

Reflexiona: ¿Estás buscando un avivamiento personal, comprometiéndote con la Palabra de Dios?

Mejorando mi intimidad con Dios:

Dedica tiempo a leer y estudiar la Palabra de Dios con profundidad, buscando formas de aplicarla a tu vida.

Reflexiona en cómo puedes ser un instrumento de avivamiento espiritual en tu entorno.

Ora pidiendo que Dios renueve tu pasión por Su Palabra y Su voluntad.

Consejo para tu vida espiritual:

El avivamiento comienza en el corazón. Busca a Dios con todo tu ser y permite que Su Palabra transforme tu vida desde adentro hacia afuera.

Puntos de oración:

Ora por un avivamiento personal que transforme tu relación con Dios.

Pide sabiduría para aplicar Su Palabra a tu vida diaria.

Agradece porque Su Palabra tiene el poder de renovar y restaurar.

Día 14 - Junio

La Presencia de Dios en el Centro

Citas bíblicas a leer: 1 Crónicas 1-3

Reflexión:

Los capítulos iniciales de 1 Crónicas presentan genealogías que trazan la historia de Israel desde Adán hasta el linaje de David. Aunque estos pasajes pueden parecer solo listas de nombres, nos recuerdan que Dios es soberano sobre la historia y cumple Sus promesas a través de generaciones. Cada nombre representa un propósito divino y una pieza en el plan redentor de Dios.

Reflexiona: ¿Cómo estás contribuyendo al legado espiritual en tu familia o comunidad? ¿Estás viviendo de una manera que glorifique a Dios para que las generaciones futuras también sean bendecidas?

Mejorando mi intimidad con Dios:

Reflexiona en cómo tu vida puede ser un testimonio para futuras generaciones. Escribe un compromiso de fe para compartir con tus hijos o comunidad.

Dedica tiempo a orar por tu linaje espiritual, pidiendo que cada generación camine en la luz de Cristo.

Lee pasajes que hablen de la fidelidad de Dios a través de las generaciones, como Salmos 100:5.

Consejo para tu vida espiritual:

Tu vida es parte del gran plan de Dios. Vive con propósito, sabiendo que tus acciones hoy pueden impactar espiritualmente a quienes vendrán después de ti.

Puntos de oración:

Ora por sabiduría para vivir de manera que glorifique a Dios y bendiga a las futuras generaciones, pide que tu familia o comunidad sea un reflejo de su fidelidad y agradece porque Dios es fiel en todas las generaciones.

Día 15 - Junio

Dios, Mi Refugio en las Dudas

Citas bíblicas a leer: 1 Crónicas 4-6

Reflexión:

En medio de genealogías, encontramos la oración de Jabes: "¡Oh, si me bendijeras y ensancharas mi territorio, y si tu mano estuviera conmigo!" (1 Crónicas 4:10). Esta oración refleja un corazón que depende de Dios para recibir Su favor y protección. La inclusión de esta oración nos recuerda que Dios está atento a las peticiones de un corazón sincero y dependiente.

Reflexiona: ¿Estás orando con confianza y expectativa de que Dios escucha tus clamores?

Mejorando mi intimidad con Dios:

Dedica tiempo a escribir tus oraciones de manera específica, presentando tus sueños, miedos y necesidades a Dios.

Practica depender de Dios en tus planes y decisiones, pidiéndole que guíe cada paso.

Reflexiona en cómo puedes ampliar tu "territorio" espiritual, influenciando a más personas para Cristo.

Consejo para tu vida espiritual:

Dios se deleita en responder oraciones de fe. No temas pedir con confianza, sabiendo que Él siempre responde conforme a Su voluntad perfecta.

Puntos de oración:

Ora con fe, pidiendo que Dios te guíe y amplíe tu impacto espiritual.

Pide que Su mano esté contigo en cada paso que des.

Agradece porque Dios escucha y responde las oraciones sinceras.

Día 16 - Junio

Planes Mayores que Mis Expectativas

Citas bíblicas a leer: 1 Crónicas 7-9

Reflexión:

Estas genealogías muestran la reconstrucción de las tribus de Israel después del exilio. Este registro subraya la fidelidad de Dios para restaurar a Su pueblo, incluso después de períodos de disciplina y desobediencia. Nos recuerda que Dios siempre cumple Sus promesas y nunca olvida a los Suyos.

Reflexiona: ¿Hay áreas en tu vida que necesitan la restauración de Dios? ¿Cómo puedes confiar más plenamente en Su fidelidad para renovar lo que está roto?

Mejorando mi intimidad con Dios:

Dedica tiempo a identificar áreas de tu vida que necesitan restauración y preséntalas en oración a Dios.

Reflexiona en las maneras en que Dios ya te ha restaurado en el pasado, agradeciéndole por Su fidelidad.

Medita en pasajes como Joel 2:25-26, que hablan de la restauración que Dios promete a Su pueblo.

Consejo para tu vida espiritual:

Confía en el proceso de restauración de Dios. Él es fiel para reconstruir lo que está roto y hacer algo nuevo en tu vida.

Puntos de oración:

Ora por restauración en áreas específicas de tu vida o relaciones.

Pide paciencia y fe para confiar en el tiempo perfecto de Dios.

Agradece porque Su fidelidad nunca falla, incluso en tiempos de disciplina.

Tiempo de Fructificación

Día 17 - Junio

Arrepentimiento y Preparación para el Futuro

Citas bíblicas a leer: 1 Crónicas 10-12

Reflexión:

Estos capítulos narran la muerte de Saúl y el ascenso de David como líder de Israel. Mientras que Saúl pierde su reinado por desobediencia, David es ungido por Dios debido a su corazón dispuesto. Este contraste nos enseña que la fructificación espiritual no depende de nuestras habilidades, sino de un corazón alineado con la voluntad de Dios.

Reflexiona: ¿Estás permitiendo que Dios sea el centro de tus decisiones, o estás confiando más en tus propias capacidades?

Mejorando mi intimidad con Dios:

Ora por un corazón sensible al Espíritu Santo que te guíe en cada decisión.

Dedica tiempo a estudiar la vida de David, aprendiendo de su obediencia y dependencia de Dios.

Haz una lista de áreas en las que necesitas rendir más control a Dios y entrégaselas en oración.

Consejo para tu vida espiritual:

Un corazón alineado con Dios es más valioso que cualquier talento o recurso. Busca agradarle en cada aspecto de tu vida.

Puntos de oración:

Ora por un corazón dispuesto a obedecer la voluntad de Dios.

Pide sabiduría para tomar decisiones que glorifiquen a Dios.

Agradece porque Dios no mira las apariencias, sino el corazón.

Día 18 - Junio

Sirviendo con los Dones que Dios Me Dio

Citas bíblicas a leer: 1 Crónicas 13-16

Reflexión:

David trae el arca del pacto a Jerusalén, mostrando su deseo de colocar la presencia de Dios en el centro de la vida de Israel. En 1 Crónicas 16, David ofrece un cántico de alabanza que destaca la grandeza y fidelidad de Dios. Este pasaje nos recuerda la importancia de poner a Dios en el centro de nuestras vidas y alabarlo continuamente.

Reflexiona: ¿Estás priorizando la presencia de Dios en tu vida diaria?

Mejorando mi intimidad con Dios:

Dedica un tiempo diario a buscar la presencia de Dios en adoración y oración.

Reflexiona en las maneras en que puedes poner a Dios en el centro de tus decisiones y prioridades.

Usa un salmo o cántico como guía en tu tiempo devocional para enfocarte en Su grandeza.

Consejo para tu vida espiritual:

La alabanza y la adoración son esenciales para mantener a Dios en el centro. Haz de estos actos una prioridad en tu vida diaria.

Puntos de oración:

Ora para que la presencia de Dios sea el centro de tu vida.

Pide un corazón lleno de gratitud y alabanza.

Agradece porque Su presencia trae gozo, paz y propósito.

Día 19 - Junio

Gratitud y Generosidad en Todo

Citas bíblicas a leer: Salmos 72-74

Reflexión:

El Salmo 72 refleja el anhelo por un rey justo y piadoso que refleje el carácter de Dios. Los Salmos 73 y 74 expresan luchas internas y preguntas sobre la justicia divina, pero también confirman que Dios es nuestra fortaleza y refugio. Estos salmos nos enseñan a traer nuestras preguntas y problemas a Dios, confiando en Su soberanía.

Reflexiona: ¿Estás llevando tus dudas y cargas a Dios, confiando en que Él tiene el control?

Mejorando mi intimidad con Dios:

Dedica tiempo a ser honesto con Dios en oración sobre tus dudas y luchas.

Medita en los atributos de Dios como justo, fiel y soberano, fortaleciéndote en Su carácter.

Usa un diario para registrar cómo Dios responde a tus preguntas o situaciones difíciles.

Consejo para tu vida espiritual:

Dios no se intimida por tus dudas. Llévalas a Él con confianza, sabiendo que Él es tu refugio y guía.

Puntos de oración:

Ora para confiar en la justicia y fidelidad de Dios, incluso en momentos de incertidumbre.

Pide fortaleza para permanecer firme en tu fe.

Agradece porque Dios siempre escucha y responde nuestras oraciones.

Día 20 - Junio

Buscando Sabiduría y el Reino de Dios

Citas bíblicas a leer: 1 Crónicas 17-19

Reflexión:

En 1 Crónicas 17, David expresa su deseo de construir un templo para Dios, pero el Señor responde que en lugar de que David le construya una casa, Él establecerá la casa de David para siempre. Este pacto mesiánico muestra que Dios siempre supera nuestras expectativas, y que Su propósito eterno no se basa en nuestras obras, sino en Su gracia. Los capítulos 18 y 19 narran las victorias de David, demostrando que Dios es fiel en cumplir Su palabra.

Reflexiona: ¿Estás confiando en los planes de Dios, incluso cuando difieren de tus expectativas?

Mejorando mi intimidad con Dios:

Dedica tiempo a reflexionar en cómo Dios ha superado tus expectativas en el pasado.

Agradece a Dios por Su fidelidad y por los planes mayores que tiene para tu vida.

Medita en Su pacto eterno y en cómo esto te da esperanza y seguridad.

Consejo para tu vida espiritual:

Confía en que los planes de Dios siempre son mejores que los tuyos. Su gracia y fidelidad garantizan que Su propósito se cumplirá en tu vida.

Puntos de oración:

Ora para confiar en los planes y tiempos de Dios, aunque no siempre los entiendas.

Pide un corazón dispuesto a someter tus deseos a Su voluntad.

Agradece porque Dios cumple Su propósito eterno en tu vida.

Día 21 - Junio

Un Templo Vivo para Su Gloria

Citas bíblicas a leer: 1 Crónicas 20-22

Reflexión:

En estos capítulos, David experimenta victorias militares, pero también enfrenta las consecuencias de su pecado al realizar un censo. Sin embargo, vemos su arrepentimiento genuino y la misericordia de Dios al detener el juicio. En 1 Crónicas 22, David prepara los materiales para la construcción del templo, mostrando su deseo de que el próximo rey continúe honrando a Dios.

Reflexiona: ¿Estás preparando un legado espiritual que honre a Dios en tu familia o comunidad?

Mejorando mi intimidad con Dios:

Reflexiona en cómo puedes preparar a otros para que sigan caminando en la fe.

Dedica tiempo a orar por las generaciones futuras, pidiendo que permanezcan firmes en Dios.

Medita en las maneras en que puedes contribuir al "templo espiritual" en tu entorno, construyendo vidas sólidas en Cristo.

Consejo para tu vida espiritual:

El arrepentimiento sincero y la preparación para el futuro son actos de fe. Permite que tus acciones hoy reflejen tu compromiso con Dios y con quienes te rodean.

Puntos de oración:

Ora para construir un legado que glorifique a Dios en tu familia o comunidad.

Pide perdón por los errores del pasado y confía en Su gracia para restaurarte.

Agradece porque Dios usa incluso nuestras fallas para cumplir Su propósito.

Día 22 - Junio

Recordando las Maravillas de Dios

Citas bíblicas a leer: 1 Crónicas 23-25

Reflexión:

David organiza a los levitas, músicos y porteros para el servicio en el templo, mostrando que cada función tiene un propósito en la adoración a Dios. Este pasaje nos recuerda que cada uno de nosotros tiene un papel único en el cuerpo de Cristo, y que nuestros dones deben usarse para glorificar a Dios.

Reflexiona: ¿Estás utilizando tus dones y talentos para honrar a Dios y edificar a otros?

Mejorando mi intimidad con Dios:

Dedica tiempo a identificar tus dones espirituales y reflexiona en cómo puedes usarlos en el servicio a Dios.

Ora pidiendo dirección sobre cómo puedes contribuir al cuerpo de Cristo en tu iglesia o comunidad.

Sé intencional en buscar oportunidades para servir, recordando que todo servicio honra a Dios.

Consejo para tu vida espiritual:

Dios te ha equipado con dones específicos para Su gloria. Usa lo que tienes en tus manos para servir con excelencia y alegría.

Puntos de oración:

Ora para que Dios te muestre cómo usar tus dones para Su gloria.

Pide por un corazón dispuesto a servir, sin buscar reconocimiento.

Agradece porque cada don y talento proviene de Dios y puede ser usado para Su Reino.

Día 23 - Junio

Humildad que Sana y Restaura

Citas bíblicas a leer: 1 Crónicas 26-29

Reflexión:

David entrega los planes del templo a Salomón y anima a los líderes de Israel a seguir a Dios con todo el corazón. En 1 Crónicas 29:11-13, David eleva una oración de alabanza, reconociendo que todo lo que poseemos proviene de Dios. Su humildad y generosidad reflejan un corazón que comprende que Dios es el dueño de todo.

Reflexiona: ¿Estás viviendo con gratitud y generosidad, reconociendo que todo lo que tienes proviene de Dios?

Mejorando mi intimidad con Dios:

Practica la gratitud, reflexionando en cómo Dios te ha bendecido en diferentes áreas de tu vida.

Dedica tiempo a orar por un corazón generoso que refleje la gracia de Dios hacia los demás.

Sé intencional en compartir tus recursos, tiempo o habilidades para bendecir a otros.

Consejo para tu vida espiritual:

Vivir con gratitud y generosidad transforma no solo tu relación con Dios, sino también tus relaciones con los demás. Haz de estas prácticas un estilo de vida.

Puntos de oración:

Ora para tener un corazón agradecido y consciente de las bendiciones de Dios.

Pide por sabiduría para administrar tus recursos de manera que honre a Dios.

Agradece porque todo lo que tienes proviene de Su mano.

Día 24 - Junio

El Valor del Consejo Sabio

Citas bíblicas a leer: 2 Crónicas 1-3

Reflexión:

Salomón pide sabiduría a Dios en lugar de riquezas, demostrando un corazón que busca primero agradar a Dios. Como respuesta, Dios no solo le concede sabiduría, sino también prosperidad y honor. Este pasaje nos enseña que la verdadera fructificación espiritual ocurre cuando priorizamos el Reino de Dios sobre nuestros propios deseos.

Reflexiona: ¿Estás priorizando a Dios en tus oraciones y decisiones?

Mejorando mi intimidad con Dios:

Dedica un tiempo a evaluar si tus oraciones reflejan un corazón que busca primero el Reino de Dios.

Reflexiona en cómo puedes aplicar la sabiduría divina en tus decisiones diarias.

Ora pidiendo que Dios te dé un corazón que valore Su voluntad por encima de todo.

Consejo para tu vida espiritual:

La sabiduría divina comienza con el temor del Señor. Dedica tiempo a estudiar Su Palabra y buscar Su dirección antes de tomar decisiones importantes.

Puntos de oración:

Ora para priorizar la voluntad de Dios en todas tus decisiones.

Pide sabiduría para vivir conforme a Sus principios.

Agradece porque Dios da abundantemente a quienes buscan primero Su Reino.

Día 25 - Junio

Esforzándome en Buscar a Dios

Citas bíblicas a leer: 2 Crónicas 4-6

Reflexión:

Salomón dedica el templo construido para el Señor, uniendo al pueblo en adoración y alabanza. En 2 Crónicas 6, Salomón eleva una oración pidiendo que el templo sea un lugar donde el pueblo pueda buscar a Dios en arrepentimiento y adoración. Este pasaje nos recuerda que Dios habita con Su pueblo cuando buscan Su rostro con sinceridad.

Reflexiona: ¿Estás haciendo de tu vida un "templo" donde la presencia de Dios pueda habitar y ser exaltada?

Mejorando mi intimidad con Dios:

Dedica tiempo a evaluar las áreas de tu vida donde necesitas ser más intencional en buscar a Dios.

Reflexiona en cómo puedes crear momentos de adoración sincera, tanto personal como en comunidad.

Haz de tu hogar un espacio donde Dios sea exaltado, orando y adorando en familia o individualmente.

Consejo para tu vida espiritual:

La adoración no está limitada a un lugar físico. Permite que cada aspecto de tu vida refleje la gloria y el honor de Dios, como un templo vivo.

Puntos de oración:

Ora para que tu vida sea un lugar donde Dios habite y sea glorificado.

Pide por un corazón dispuesto a buscar a Dios en adoración sincera.

Agradece porque Dios se deleita en habitar con Su pueblo.

Día 26 - Junio

Renovando Mi Confianza en Dios

Citas bíblicas a leer: Salmos 75-77

Reflexión:

El Salmo 75 celebra la justicia de Dios, quien derriba al orgulloso y exalta al justo. El Salmo 76 habla del poder de Dios, que merece reverencia y temor. Finalmente, el Salmo 77 nos recuerda que incluso en tiempos de angustia, debemos recordar las obras maravillosas de Dios en el pasado para encontrar fortaleza y esperanza.

Reflexiona: ¿Estás recordando y proclamando las maravillas de Dios, incluso en momentos de incertidumbre?

Mejorando mi intimidad con Dios:

Dedica tiempo a escribir un testimonio de cómo Dios ha obrado en tu vida. Usa esto como recordatorio en momentos difíciles.

Reflexiona en los atributos de Dios, como Su justicia y poder, y adóralo por quién es Él.

Ora con los Salmos 75-77, usando sus palabras para expresar tu confianza en Dios.

Consejo para tu vida espiritual:

Recordar las obras pasadas de Dios fortalece tu fe para enfrentar los desafíos presentes. Haz memoria de Su fidelidad continuamente.

Puntos de oración:

Ora para recordar las maravillas de Dios en los tiempos de dificultad.

Pide por un corazón lleno de reverencia hacia Su poder y justicia.

Agradece porque Dios es fiel y digno de confianza en todo tiempo.

Día 27 - Junio

Integridad en Decisiones y Relaciones

Citas bíblicas a leer: 2 Crónicas 19-22

Reflexión:

Josafat establece jueces en Judá con la instrucción: "Mirad lo que hacéis, porque no juzgáis en lugar de hombre, sino en lugar de Jehová" (2 Crónicas 19:6). Más adelante, vemos cómo la alianza de Josafat con el malvado rey Ocozías trae consecuencias negativas. Esto nos recuerda que nuestra obediencia y fidelidad a Dios deben reflejarse en todas nuestras decisiones y relaciones.

Reflexiona: ¿Estás tomando decisiones que honran a Dios y reflejan Su carácter?

Mejorando mi intimidad con Dios:

Reflexiona en cómo tus decisiones y relaciones reflejan tu fe en Dios. Ajusta donde sea necesario para honrarlo más plenamente.

Ora por sabiduría para tomar decisiones que glorifiquen a Dios en todos los aspectos de tu vida.

Dedica tiempo a estudiar pasajes que hablen de la importancia de la integridad, como Salmos 15.

Consejo para tu vida espiritual:

Tu vida es un reflejo de tu relación con Dios. Asegúrate de que tus decisiones, palabras y acciones apunten a Su gloria.

Puntos de oración:

Ora por integridad en todas tus decisiones y relaciones.

Pide sabiduría para identificar alianzas o influencias que puedan alejarte de Dios.

Agradece porque Dios te guía cuando buscas Su voluntad sinceramente.

Día 28 - Junio

Arrepentimiento que Trae Restauración

Citas bíblicas a leer: Joel y Abdías

Reflexión:

El profeta Joel llama a un arrepentimiento genuino, proclamando: "Rasgad vuestro corazón, y no vuestros vestidos, y convertíos a Jehová vuestro Dios" (Joel 2:13). Abdías advierte a Edom sobre las consecuencias del orgullo y el maltrato a Israel. Ambos libros resaltan que el arrepentimiento y la humildad son esenciales para experimentar la misericordia y la restauración de Dios.

Reflexiona: ¿Tu arrepentimiento es genuino y viene del corazón, o es solo externo? ¿Cómo puedes vivir con mayor humildad ante Dios?

Mejorando mi intimidad con Dios:

Dedica tiempo a un arrepentimiento sincero, identificando áreas específicas de tu vida donde necesitas cambiar, reflexiona en cómo puedes vivir con humildad, reconociendo a Dios como la fuente de tu fortaleza y bendiciones.

Ora pidiendo que el Espíritu Santo te ayude a caminar en santidad y humildad.

Consejo para tu vida espiritual:

El arrepentimiento genuino abre la puerta a la restauración divina. No temas admitir tus fallas y confiar en la misericordia de Dios para renovarte.

Puntos de oración:

Ora por un arrepentimiento genuino y un corazón transformado por Dios.

Pide humildad para vivir una vida que refleje Su gracia.

Agradece porque Dios es misericordioso y fiel para perdonar y restaurar.

Día 29 - Junio

Proclamando Su Fidelidad

Citas bíblicas a leer: Salmos 78-80

Reflexión:

El Salmo 78 relata las obras poderosas de Dios y la infidelidad de Israel, enseñándonos a no olvidar Sus maravillas. El Salmo 79 es un clamor por misericordia en tiempos de crisis, mientras que el Salmo 80 pide restauración: "Haz resplandecer tu rostro, y seremos salvos" (Salmo 80:3). Estos salmos nos desafían a recordar la fidelidad de Dios y clamar por Su restauración en nuestras vidas.

Reflexiona: ¿Estás recordando y proclamando las obras de Dios en tu vida? ¿Cómo puedes clamar por Su restauración con fe?

Mejorando mi intimidad con Dios:

Dedica tiempo a reflexionar en cómo Dios te ha sostenido en el pasado y compártelo con alguien.

Ora pidiendo restauración en las áreas donde necesites renovación espiritual o emocional.

Usa los Salmos como guía para expresar tus oraciones y peticiones a Dios.

Consejo para tu vida espiritual:

Recordar las obras de Dios fortalece tu fe para enfrentar los desafíos presentes. Haz de la gratitud y la proclamación de Su fidelidad una práctica diaria.

Puntos de oración:

Ora para recordar y proclamar la fidelidad de Dios en todo momento.

Pide restauración en áreas específicas de tu vida o comunidad.

Agradece porque Dios es fiel y Su rostro resplandece sobre los que le buscan.

Día 30 - Junio

Perseverando Hasta el Final

Citas bíblicas a leer: 2 Crónicas 23-26

Reflexión:

Joás comienza bien, restaurando el templo y liderando un avivamiento espiritual bajo la guía de Joiada. Sin embargo, después de la muerte del sacerdote, Joás se aparta de Dios, demostrando la importancia de perseverar en la fe. Estos capítulos subrayan que la fructificación espiritual no depende solo de un buen comienzo, sino de un compromiso continuo con Dios.

Reflexiona: ¿Estás perseverando en tu relación con Dios, o te has apartado en alguna área?

Mejorando mi intimidad con Dios:

Evalúa tu caminar espiritual y busca áreas donde necesites renovar tu compromiso con Dios.

Dedica tiempo a fortalecer tu fe a través de la oración, la Palabra y el servicio en tu comunidad.

Reflexiona en cómo puedes mantenerte firme en la fe, especialmente en tiempos de prueba.

Consejo para tu vida espiritual:

Un buen comienzo no garantiza un final firme. Persevera en tu caminar con Dios, confiando en Su gracia para sostenerte hasta el final.

Puntos de oración:

Ora para renovar tu compromiso con Dios en todas las áreas de tu vida.

Pide fortaleza para perseverar en la fe, incluso en momentos difíciles.

Agradece porque Dios es fiel para sostenerte y guiarte hasta el final.

Tiempo de Fructificación

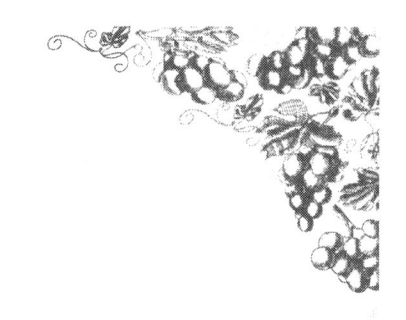

JULIO

"Tu fe en Dios es la clave para dar frutos en los momentos de mayor dificultad. Confía en que Su poder te llevará a la victoria."

"El justo florecerá como la palmera; crecerá como cedro en el Líbano." (Salmos 92:12)

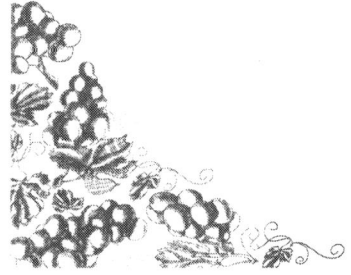

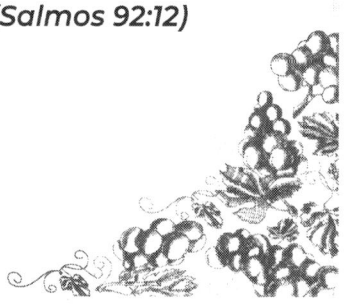

Día 1 - Julio

Limpios por la Misericordia de Dios

Citas bíblicas a leer: Isaías 1-3

Reflexión:

Isaías inicia con un llamado urgente al arrepentimiento. Israel ha caído en la idolatría y el pecado, pero Dios, en Su misericordia, ofrece una invitación: "Venid luego, dice Jehová, y estemos a cuenta; si vuestros pecados fueren como la grana, como la nieve serán emblanquecidos" (Isaías 1:18). Este pasaje muestra que la verdadera fructificación espiritual empieza con un corazón humilde y dispuesto a ser limpiado por Dios.

Reflexiona: ¿Estás permitiendo que Dios limpie las áreas de tu vida que necesitan restauración?

Cuidando mi lengua:

Evita palabras de juicio: Isaías habla de un pueblo que ha caído en el pecado, pero Dios responde con gracia y misericordia. Antes de juzgar o criticar a otros, reflexiona si tus palabras reflejan el carácter misericordioso de Dios.

Habla con propósito redentor: Si tienes que corregir a alguien, hazlo con un tono amoroso, buscando restaurar y no destruir. Por ejemplo, en lugar de decir "Siempre haces las cosas mal", podrías decir: "Creo que esto se puede mejorar. ¿Cómo puedo ayudarte?".

Consejo para tu vida espiritual:

La lengua refleja el estado del corazón. Permite que Dios transforme tu interior para que tus palabras sean un reflejo de Su amor y misericordia.

Puntos de oración:

Ora por un corazón limpio que permita que tus palabras glorifiquen a Dios, pide fortaleza para hablar con gracia y evitar la crítica destructiva y agradece porque Dios te ofrece limpieza y renovación en Su presencia.

Día 2 - Julio

Transformados por Su Santidad

Citas bíblicas a leer: Isaías 4-6

Reflexión:

En Isaías 6, el profeta tiene una visión de la santidad y la gloria de Dios. Los serafines claman: "Santo, santo, santo es Jehová de los ejércitos; toda la tierra está llena de su gloria" (Isaías 6:3). Ante esta visión, Isaías se reconoce pecador y dice: "¡Ay de mí!" Pero Dios, en Su gracia, purifica sus labios con un carbón encendido. Esto nos recuerda que la santidad de Dios no solo revela nuestras fallas, sino que también nos purifica y restaura.

Reflexiona: ¿Qué áreas de tu vida necesitan ser purificadas por la santidad de Dios?

Cuidando mi lengua:

Habla con reverencia: La santidad de Dios debe reflejarse en palabras que honren Su nombre y no lo deshonren.

Usa tu lengua para confesar: Reconoce con sinceridad tus fallas delante de Dios. Deja que Él purifique tus palabras y tu corazón.

Compromiso práctico: Dedica tiempo a alabar a Dios por Su santidad. Puedes hacerlo en tus oraciones o cantando himnos.

Consejo para tu vida espiritual:

Contemplar la santidad de Dios transforma nuestra perspectiva y nos impulsa a vivir con mayor integridad. Busca Su presencia y deja que Él refine cada área de tu vida.

Puntos de oración:

Agradece a Dios por Su santidad y poder purificador.

Pide al Espíritu Santo que revele áreas donde necesitas arrepentimiento.

Ora por una vida que refleje Su santidad en palabras y acciones.

Día 3 - Julio

Preparando Nuestros Caminos en Dios

Citas bíblicas a leer: 2 Crónicas 27-29

Reflexión:

Jotam se destacó como un rey que obedeció a Dios: "Jotam se hizo fuerte, porque preparó sus caminos delante de Jehová su Dios" (2 Crónicas 27:6). Su éxito no radicó en su posición, sino en su decisión de caminar en rectitud delante de Dios. Este pasaje nos enseña que la verdadera fortaleza y fructificación vienen al someter nuestros caminos a Dios.

Reflexiona: ¿Estás preparando tus caminos delante de Dios?

Cuidando mi lengua:

Habla con integridad: Que tus palabras sean coherentes con tu fe y reflejen honestidad.

Edifica a otros: Usa tu lengua para animar y fortalecer a quienes están a tu alrededor.

Compromiso práctico: Elige una situación específica en la que normalmente te cuesta hablar con integridad y actúa con honestidad hoy.

Consejo para tu vida espiritual:

Somete tus planes y decisiones a Dios. Cuando tu vida está alineada con Su voluntad, experimentas paz y propósito en todo lo que haces.

Puntos de oración:

Ora por un corazón obediente que busque agradar a Dios.

Pide dirección en las áreas donde necesitas someter tus caminos a Él.

Agradece por la fortaleza que Dios te da para caminar en integridad.

Día 4 - Julio

Avivamiento y Renovación Espiritual

Citas bíblicas a leer: 2 Crónicas 30-32

Reflexión:

Ezequías trajo un avivamiento a Judá al restaurar la adoración y celebrar la Pascua. Esta renovación espiritual recordó al pueblo que Dios desea una relación cercana con ellos. Al igual que Judá, a veces nuestras vidas necesitan ser restauradas para que podamos experimentar un nuevo comienzo en nuestra relación con Dios.

Reflexiona: ¿Qué aspectos de tu vida necesitan un avivamiento espiritual?

Cuidando mi lengua:

Proclama restauración: Habla vida y esperanza a aquellos que necesitan un nuevo comienzo.

Evita palabras de desaliento: Si alguien está luchando, sé un canal de ánimo y no de condenación.

Compromiso práctico: Busca a una persona que necesite ánimo espiritual y háblale palabras de vida hoy.

Consejo para tu vida espiritual:

Haz de la oración y la adoración una parte fundamental de tu día. Dios usa estos momentos para restaurar tu vida y renovar tu relación con Él.

Puntos de oración:

Pide a Dios que renueve las áreas de tu vida que están estancadas.

Ora por un avivamiento personal y familiar.

Agradece por el poder restaurador de Dios en tu vida.

Día 5 - Julio

Jesús, el Príncipe de Paz

Citas bíblicas a leer: Isaías 7-9

Reflexión:

Isaías anuncia la llegada del Mesías con estas palabras: "Porque un niño nos es nacido, hijo nos es dado, y el principado sobre su hombro" (Isaías 9:6). Jesús es el Príncipe de Paz que trae consuelo y seguridad a nuestras vidas. Este pasaje nos invita a depositar nuestra confianza en Él, aun en medio de las tormentas.

Reflexiona: ¿Qué áreas de tu vida necesitan la paz que solo Cristo puede dar?

Cuidando mi lengua:

Habla palabras de paz: Usa tu lengua para calmar tensiones y construir unidad.

Declara promesas: Proclama la paz de Cristo sobre situaciones difíciles.

Compromiso práctico: Piensa en una persona con la que hayas tenido un conflicto y busca reconciliación.

Consejo para tu vida espiritual:

La verdadera paz se encuentra al rendir tu vida al Príncipe de Paz. Descansa en Su cuidado y deja que Su paz gobierne tu corazón.

Puntos de oración:

Agradece por la paz que Jesús trae a tu vida.

Ora por reconciliación en relaciones rotas.

Clama por aquellos que están pasando por momentos de angustia.

Día 6 - Julio

Dios, Nuestra Fuente Inagotable

Citas bíblicas a leer: Salmos 81-83

Reflexión:

El Salmo 81 es un llamado de Dios a Su pueblo para volver a Él, recordando Su fidelidad y Su deseo de bendecirnos abundantemente. Dios dice: "Abre tu boca, y yo la llenaré" (Salmo 81:10), mostrándonos Su disposición para proveer, pero también Su tristeza cuando nos alejamos de Su voluntad. Muchas veces, nuestra falta de confianza en Dios nos lleva a buscar soluciones humanas que solo agravan nuestras dificultades. Este pasaje nos invita a rendirnos completamente a Él, reconociéndolo como nuestra fuente de fortaleza y provisión.

Reflexiona: ¿Has estado buscando llenar tu vida con cosas que no son de Dios? ¿Qué te impide abrir tu corazón completamente para que Él lo llene con Su abundancia?

Cuidando mi lengua:

Usa palabras de agradecimiento: Reflexiona sobre las bendiciones que Dios te ha dado y exprésalas con gratitud. Evita quejas: Confía en que Dios está obrando en tu vida, incluso cuando no veas el resultado inmediato.

Consejo para tu vida espiritual:

La gratitud abre la puerta a la fructificación. Llena tu corazón de alabanza y confía en la fidelidad de Dios, quien nunca te dejará vacío.

Puntos de oración:

Ora para que Dios sea siempre tu fuente de fortaleza y provisión.

Pide al Espíritu Santo que te ayude a confiar en Dios en cada situación.

Agradece por las bendiciones que has recibido, incluso las que aún no has notado.

Día 7 - Julio

Cantando con Gratitud por Su Salvación

***Citas bíblicas a leer:* Isaías 10-12**

Reflexión:

Isaías 12 es un canto de alabanza que brota de un corazón lleno de gratitud por la salvación de Dios. El profeta declara: "He aquí Dios es salvación mía; confiaré y no temeré, porque mi fortaleza y mi canción es Jehová" (Isaías 12:2). Este capítulo nos enseña que la alabanza no es solo un acto externo, sino una respuesta interna a la fidelidad de Dios. En medio de los desafíos, podemos elegir confiar y adorar, porque sabemos que Él es nuestra fortaleza y salvación.

Reflexiona: ¿Es Dios tu primera fuente de confianza cuando enfrentas incertidumbre, o buscas soluciones humanas primero?

Cuidando mi lengua:

Alienta a otros: Usa tu lengua para fortalecer a quienes necesitan escuchar que Dios está con ellos.

Compromiso práctico: Memoriza Isaías 12:2 y recítalo cada vez que sientas temor o inseguridad.

Consejo para tu vida espiritual:

Haz de la alabanza tu refugio diario. Cuando enfocas tu corazón en Dios y no en tus circunstancias, encuentras fortaleza para avanzar.

Puntos de oración:

Agradece a Dios por ser tu salvación y fortaleza en todo momento.

Ora para que tu confianza en Dios sea inquebrantable, sin importar las dificultades.

Clama por aquellos que necesitan conocer a Dios como su refugio.

Día 8 - Julio

Rindiendo Todo al Señorío de Dios

Citas bíblicas a leer: Isaías 13-15

Reflexión:

Isaías 13-15 contiene fuertes advertencias sobre el juicio de Dios contra Babilonia y otras naciones. Estos capítulos nos recuerdan que, aunque Dios es amoroso y misericordioso, también es justo y no tolera el pecado. En Isaías 14:27, se nos dice: "Porque Jehová de los ejércitos lo ha determinado; ¿y quién lo impedirá?" Este pasaje nos invita a reflexionar sobre nuestra postura ante Dios. ¿Estamos viviendo en obediencia a Su Palabra o siguiendo nuestras propias voluntades?

Reflexiona: ¿Hay áreas en tu vida donde estás resistiendo la voluntad de Dios? ¿Cómo puedes someterte más plenamente a Él?

Cuidando mi lengua:

Habla con humildad: Reconoce que Dios tiene la última palabra en todas las cosas.

Corrige en amor: Si necesitas señalar errores, hazlo con un espíritu que busca restaurar y no condenar.

Compromiso práctico: Examina tus palabras hoy y asegúrate de que no promuevan orgullo o rebeldía.

Consejo para tu vida espiritual:

Reconocer el señorío de Dios nos libera del peso de querer controlar todo. Ríndete a Su voluntad y confía en que Su plan es perfecto.

Puntos de oración:

Ora para que Dios te ayude a vivir en obediencia y humildad.

Pide al Espíritu Santo que examine las áreas de tu vida que necesitan someterse a Dios.

Agradece porque Dios es justo, pero también misericordioso.

Día 9 - Julio

Justicia y Misericordia en el Trono de Cristo

Citas bíblicas a leer: Isaías 16-18

Reflexión:

En Isaías 16:5 leemos: "Y se dispondrá en misericordia el trono, y sobre él se sentará firmemente, en verdad, en el tabernáculo de David, quien juzgue, busque el juicio y apresure la justicia." Este versículo apunta proféticamente a Cristo, quien reinará con justicia y misericordia. Nos recuerda que Su gobierno es perfecto, y que nuestras vidas solo encuentran estabilidad bajo Su señorío.

Reflexiona: ¿Estás permitiendo que Cristo reine completamente en todas las áreas de tu vida?

Cuidando mi lengua:

Proclama justicia: Usa tus palabras para promover la verdad y la equidad en tus relaciones y decisiones.

Habla misericordia: Refleja el carácter de Cristo siendo paciente y compasivo en tu comunicación.

Compromiso práctico: Elige una situación donde puedas mostrar justicia y misericordia hoy, tanto en palabras como en acciones.

Consejo para tu vida espiritual:

Cuando permites que Cristo reine en tu vida, Él transforma tu corazón y tus palabras, llenándolos de justicia y misericordia.

Puntos de oración:

Ora para que Cristo sea el centro de cada área de tu vida.

Pide por un corazón sensible a la justicia y la misericordia.

Agradece por el gobierno perfecto de Cristo en tu vida.

Día 10 - Julio

Dios, Nuestro Salvador y Defensor

Citas bíblicas a leer: Isaías 19-21

Reflexión:

En Isaías 19:20, se describe a Dios como un "Salvador y Defensor" que libera a Su pueblo en tiempos de angustia. Este pasaje nos muestra que, incluso cuando enfrentamos adversidades, Dios permanece fiel para salvarnos y defendernos. Su amor y poder son inquebrantables.

Reflexiona: ¿Estás confiando en Dios como tu Salvador en medio de tus desafíos actuales?

Cuidando mi lengua:

Declara esperanza: Habla palabras que inspiren fe en medio de la dificultad.

Evita palabras de derrota: Confía en que Dios siempre tiene la última palabra en cualquier situación.

Compromiso práctico: Enfrenta un desafío específico hoy declarando una promesa de Dios sobre esa situación.

Consejo para tu vida espiritual:

Dios es tu defensor y salvador. Confía en Su poder para guiarte y sostenerte en cada momento, sin importar lo difícil que parezca.

Puntos de oración:

Ora para que Dios sea tu refugio en los momentos de angustia.

Agradece porque Él nunca te deja ni te abandona.

Clama por aquellos que necesitan conocer a Dios como su Salvador.

Día 11 - Julio

Puertas que Dios Abre y Cierra

Citas bíblicas a leer: Isaías 22-24

Reflexión:

Isaías 22:22 dice: "Y pondré la llave de la casa de David sobre su hombro; y abrirá, y nadie cerrará; cerrará, y nadie abrirá." Este versículo nos habla del poder soberano de Dios, quien tiene el control absoluto sobre nuestras vidas y circunstancias. Él abre puertas que nadie puede cerrar y cierra puertas que no necesitamos cruzar.

Reflexiona: ¿Estás confiando en el control soberano de Dios sobre las puertas abiertas y cerradas en tu vida?

Cuidando mi lengua:

Habla con confianza: Proclama que Dios está en control, incluso en los momentos inciertos.

Evita la queja: En lugar de quejarte por puertas cerradas, agradece porque Dios tiene un plan mejor.

Compromiso práctico: Identifica una situación donde sientes frustración y entrégala a Dios, declarando Su soberanía.

Consejo para tu vida espiritual:

Dios no se equivoca. Confía en Su sabiduría y descansa en el hecho de que Él tiene el control de cada puerta en tu vida.

Puntos de oración:

Ora por sabiduría para discernir las puertas que Dios abre y cierra.

Agradece porque Dios guía tus pasos según Su propósito.

Pide al Espíritu Santo que te dé paz en tiempos de incertidumbre.

Día 12 - Julio

Paz Perfecta al Confiar en Dios

Citas bíblicas a leer: Isaías 25-27

Reflexión:

En Isaías 26:3 leemos: "Tú guardarás en completa paz a aquel cuyo pensamiento en ti persevera, porque en ti ha confiado." Este pasaje es una promesa poderosa para quienes deciden confiar en Dios en todo momento. Su paz no depende de las circunstancias, sino de Su presencia constante en nuestras vidas.

Reflexiona: ¿Estás fijando tus pensamientos en Dios, o estás dejando que las preocupaciones te roben la paz?

Cuidando mi lengua:

Habla paz: Usa tus palabras para calmar y alentar a quienes están angustiados.

Rechaza la ansiedad: En lugar de verbalizar temores, proclama la fidelidad de Dios.

Compromiso práctico: Dedica tiempo a memorizar Isaías 26:3 y recítalo cuando te sientas inquieto.

Consejo para tu vida espiritual:

La paz de Dios es un fruto de confiar completamente en Él. Persevera en la oración y en la meditación de Su Palabra para experimentar esa paz plena.

Puntos de oración:

Agradece a Dios por la paz que viene de confiar en Él.

Ora para que tus pensamientos estén siempre alineados con Su verdad.

Pide fortaleza para mantener tu confianza en medio de cualquier circunstancia.

Día 13 - Julio

Anhelando Su Presencia Sobre Todo

Citas bíblicas a leer: Isaías 25-27

Reflexión:

En Isaías 26:3 leemos: "Tú guardarás en completa paz a aquel cuyo pensamiento en ti persevera, porque en ti ha confiado." Este versículo es una promesa poderosa para quienes fijan sus ojos en Dios en medio de las tormentas de la vida. La paz que Dios da no depende de las circunstancias, sino de una confianza profunda en Su carácter inmutable. Cuando nuestros pensamientos están anclados en Él, encontramos descanso y seguridad, sin importar lo que enfrentemos.

Reflexiona: ¿Tus pensamientos están enfocados en las dificultades o en la fidelidad de Dios? ¿Qué pasos puedes tomar para perseverar en confiar en Él cada día?

Cuidando mi lengua:

Habla palabras de fe: Usa tu lengua para proclamar las promesas de Dios, aun en tiempos de incertidumbre.

Evita el pesimismo: Reemplaza las quejas y comentarios negativos con declaraciones de confianza en Dios.

Compromiso práctico: Dedica un momento del día a compartir una promesa de la Biblia con alguien que lo necesite.

Consejo para tu vida espiritual:

La paz verdadera proviene de una relación constante con Dios. Dedica tiempo diario a la oración y a la meditación de Su Palabra, permitiendo que su verdad transforme tus pensamientos.

Puntos de oración:

Agradece a Dios por la paz que ofrece en medio de las tormentas, ora para que tus pensamientos se mantengan enfocados en Su fidelidad y pide al Espíritu Santo que te ayude a confiar en Dios plenamente.

Día 14 - Julio

Fortaleza en la Quietud y la Confianza

Citas bíblicas a leer: Salmos 84-86

Reflexión:

El Salmo 84:10 declara: "Porque mejor es un día en tus atrios que mil fuera de ellos." Este pasaje refleja el deseo profundo de estar en la presencia de Dios, donde se encuentra la verdadera satisfacción y gozo. En un mundo lleno de distracciones, este versículo nos invita a valorar más nuestra comunión con Dios que cualquier otra cosa. Estar cerca de Él nos da la fuerza y la perspectiva necesarias para enfrentar cada día.

Reflexiona: ¿Estás dedicando tiempo suficiente a estar en la presencia de Dios? ¿Qué cosas podrías ajustar en tu rutina para priorizarlo más?

Cuidando mi lengua:

Usa palabras que bendigan: Habla con gratitud sobre la bondad de Dios en tu vida.

Evita conversaciones superficiales: Busca que tus palabras reflejen tu deseo de estar más cerca de Dios.

Compromiso práctico: Hoy, comparte un testimonio de cómo estar en la presencia de Dios ha impactado tu vida.

Consejo para tu vida espiritual:

Haz de la comunión con Dios tu mayor prioridad. Dedica tiempo a orar, leer Su Palabra y meditar en Su presencia para fortalecer tu relación con Él.

Puntos de oración:

Ora para que tu corazón desee más de la presencia de Dios cada día, agradece porque en Su presencia encuentras paz, fortaleza y gozo y pide al Espíritu Santo que renueve tu pasión por buscar a Dios.

Día 15 - Julio

Nuestro Juez, Legislador y Rey Fiel

Citas bíblicas a leer: Isaías 28-30

Reflexión:

En Isaías 30:15, Dios dice: "En descanso y en reposo seréis salvos; en quietud y en confianza será vuestra fortaleza." Este versículo revela que nuestra salvación y fortaleza no vienen de nuestras propias fuerzas, sino de confiar y descansar en Dios. A menudo, corremos detrás de soluciones humanas cuando lo único que necesitamos es detenernos y buscar a Dios. Él promete darnos descanso para nuestras almas si simplemente confiamos en Él.

Reflexiona: ¿Estás tratando de solucionar tus problemas por tu cuenta, o estás confiando en que Dios es tu fortaleza?

Cuidando mi lengua:

Habla calma: En momentos de tensión, usa palabras que promuevan la paz y no la ansiedad.

Evita apresurarte a dar opiniones: Tómate tiempo para reflexionar y buscar sabiduría antes de hablar.

Compromiso práctico: Antes de responder a una situación difícil hoy, ora en silencio y pide guía al Espíritu Santo.

Consejo para tu vida espiritual:

El descanso en Dios es esencial para una vida fructífera. Dedica tiempo para estar en Su presencia y confiar en que Él tiene el control de todo.

Puntos de oración:

Agradece por el descanso y la fortaleza que Dios da.

Ora para que puedas soltar el control y confiar en Su plan.

Pide al Espíritu Santo que te ayude a encontrar calma en Su presencia.

Día 16 - Julio

Viviendo en el Gozo Eterno del Señor

Citas bíblicas a leer: Isaías 31-33

Reflexión:

Isaías 33:22 dice: "Porque Jehová es nuestro juez, Jehová es nuestro legislador, Jehová es nuestro Rey; Él mismo nos salvará." Este versículo reafirma la soberanía total de Dios sobre nuestras vidas. Él es nuestro juez, quien hace justicia; nuestro legislador, quien nos guía; y nuestro Rey, quien gobierna con amor y poder. Al confiar en Su liderazgo, podemos vivir con la seguridad de que Su plan siempre es para nuestro bien.

Reflexiona: ¿Estás permitiendo que Dios sea el Rey absoluto en todas las áreas de tu vida?

Cuidando mi lengua:

Proclama Su soberanía: Usa tus palabras para declarar que Dios tiene el control de todo.

Evita palabras de desesperanza: Habla con fe, sabiendo que Dios está obrando incluso en lo que no puedes ver.

Compromiso práctico: Dedica un momento del día a orar y rendirle a Dios cualquier área donde luchas por tener control.

Consejo para tu vida espiritual:

Somete cada área de tu vida al Señorío de Cristo. Permite que Su sabiduría guíe tus decisiones y Su justicia transforme tu corazón.

Puntos de oración:

Ora para que Dios gobierne completamente en tu vida.

Agradece porque Él es un juez justo y un Rey amoroso.

Pide al Espíritu Santo que te dé confianza en Su liderazgo.

Día 17 - Julio

Entregando Nuestras Batallas a Dios

Citas bíblicas a leer: Isaías 34-36

Reflexión:

En Isaías 35:10 encontramos esta promesa: "Y los redimidos de Jehová volverán, y vendrán a Sion con alegría; y habrá gozo perpetuo sobre sus cabezas." Este versículo nos recuerda que, en Cristo, somos redimidos y llamados a vivir en gozo, aun en medio de las pruebas. La verdadera alegría no depende de las circunstancias, sino de nuestra relación con Dios, quien nunca cambia y siempre cumple Sus promesas.

Reflexiona: ¿Estás permitiendo que las circunstancias apaguen el gozo que Dios quiere darte?

Cuidando mi lengua:

Habla con gozo: Usa tus palabras para alegrar el día de otros, mostrando el gozo del Señor en tu vida.

Evita la queja: Aun en momentos difíciles, elige palabras que reflejen gratitud.

Compromiso práctico: Haz una lista de razones para estar alegre en Dios y compártelas con alguien.

Consejo para tu vida espiritual:

El gozo del Señor es tu fortaleza. Dedica tiempo a meditar en Sus promesas y deja que Su gozo inunde tu vida.

Puntos de oración:

Agradece por el gozo eterno que tienes en Cristo.

Ora para que puedas reflejar el gozo del Señor en tus palabras y acciones.

Clama por aquellos que necesitan experimentar el gozo de la salvación.

Día 18 - Julio

Renovados en la Fortaleza del Señor

Citas bíblicas a leer: Isaías 37-39

Reflexión:

En Isaías 37, el rey Ezequías enfrenta una amenaza masiva de Asiria, pero en lugar de sucumbir al miedo, lleva su carga delante de Dios en oración. En respuesta, Dios le dice: "No temas por las palabras que has oído" (Isaías 37:6). Esta historia nos recuerda que nuestras batallas más grandes no se ganan con nuestras fuerzas, sino con una fe firme en Dios, quien pelea por nosotros.

Reflexiona: ¿Estás llevando tus cargas al Señor o estás intentando resolverlas por tu cuenta?

Cuidando mi lengua:

Habla palabras de confianza en Dios, aun en medio de las adversidades.

Evita alimentar el temor con comentarios negativos o dudas.

Compromiso práctico: Escribe una oración entregando a Dios una batalla específica que estés enfrentando.

Consejo para tu vida espiritual:

Entrega cada batalla al Señor en oración. Confía en que Él tiene el poder para darte la victoria en Su tiempo perfecto.

Puntos de oración:

Ora para que Dios fortalezca tu fe en medio de los desafíos.

Agradece porque Él pelea tus batallas y nunca te abandona.

Pide al Espíritu Santo que te ayude a descansar en Su poder.

Día 19 – Julio

Redimidos y Llamados por Su Nombre

Citas bíblicas a leer: Isaías 40-42

Reflexión:

En Isaías 40:31 leemos: "Pero los que esperan a Jehová tendrán nuevas fuerzas; levantarán alas como las águilas; correrán, y no se cansarán; caminarán, y no se fatigarán." Este versículo nos anima a confiar en Dios como la fuente de nuestra fortaleza. A menudo enfrentamos temporadas de desgaste físico, emocional o espiritual, pero este pasaje nos recuerda que, al esperar en Él, somos renovados y capacitados para seguir adelante. Esperar en Dios no es pasividad, sino una fe activa que confía en Su tiempo y propósito.

Reflexiona: ¿Estás descansando en la fortaleza de Dios, o estás confiando en tus propias fuerzas para superar tus desafíos?

Cuidando mi lengua:

Habla con esperanza: Declara palabras que inspiren a otros a confiar en Dios en medio de sus luchas.

Evita hablar desde la ansiedad: Confía en el tiempo perfecto de Dios y no te apresures a expresar temor o desesperación.

Compromiso práctico: Encuentra a alguien que esté desanimado y comparte con él Isaías 40:31 como una palabra de ánimo.

Consejo para tu vida espiritual:

Dedica tiempo a renovar tu fortaleza en la presencia de Dios. La oración y la adoración te ayudan a levantar alas como las águilas y avanzar con confianza.

Puntos de oración:

Ora para que Dios renueve tus fuerzas y te dé paz en Su tiempo, agradece porque Él nunca se cansa y siempre está dispuesto a fortalecerte y pide al Espíritu Santo que te ayude a esperar en Dios con paciencia y fe.

Tiempo de Fructificación

Día 20 - Julio

Viviendo con Sabiduría y Propósito Eterno

Citas bíblicas a leer: Isaías 43-45

Reflexión:

Isaías 43:1 declara: "No temas, porque yo te redimí; te puse nombre, mío eres tú." Este versículo nos recuerda que Dios nos conoce íntimamente, nos ha llamado por nuestro nombre y nos ha redimido a través de Cristo. Este conocimiento debe llenar nuestros corazones de seguridad y confianza. En un mundo donde a menudo enfrentamos rechazo, saber que pertenecemos a Dios nos da una identidad firme y un propósito eterno.

Reflexiona: ¿Estás viviendo con la seguridad de que le perteneces a Dios, o estás dejando que el temor y la duda definan tu identidad?

Cuidando mi lengua:

Habla identidad: Usa tus palabras para recordarte a ti mismo y a otros que somos hijos redimidos de Dios.

Evita palabras que menosprecien: No permitas que tus palabras siembren inseguridad o rechazo en otros.

Compromiso práctico: Dedica tiempo a afirmar a alguien hoy, recordándole que es valioso y amado por Dios.

Consejo para tu vida espiritual:

Vive cada día como alguien que le pertenece a Dios. Medita en Su amor y permite que eso transforme cómo te ves a ti mismo y a los demás.

Puntos de oración:

Agradece porque Dios te ha redimido y llamado por tu nombre.

Ora para que vivas con la seguridad de que eres Su hijo amado.

Clama por aquellos que aún no conocen su identidad en Cristo.

Día 21 - Julio

Sostenidos por Su Fidelidad Constante

Citas bíblicas a leer: Salmos 87-90

Reflexión:

El Salmo 90:12 nos dice: "Enséñanos de tal modo a contar nuestros días, que traigamos al corazón sabiduría." Este versículo nos invita a reflexionar sobre cómo usamos el tiempo que Dios nos ha dado. La vida es breve, pero cuando vivimos cada día con sabiduría y propósito, honramos a Dios y dejamos un impacto eterno. Este pasaje nos llama a priorizar lo eterno sobre lo temporal, recordando que nuestras vidas son para glorificar a Dios.

Reflexiona: ¿Estás usando tu tiempo para las cosas que verdaderamente tienen valor eterno?

Cuidando mi lengua:

Habla con propósito: Asegúrate de que tus palabras reflejen lo que es realmente importante y eterno.

Evita la trivialidad: No malgastes tus palabras en cosas sin valor; úsalas para edificar.

Compromiso práctico: Hoy, dedica un momento a hablar con alguien sobre cómo pueden juntos buscar el propósito eterno de Dios.

Consejo para tu vida espiritual:

Haz de cada día una oportunidad para glorificar a Dios. Vive con intencionalidad y permite que Su sabiduría guíe tus decisiones y prioridades.

Puntos de oración:

Ora para que Dios te enseñe a vivir con sabiduría y propósito.

Agradece por cada día que Él te da como un regalo.

Pide al Espíritu Santo que te ayude a discernir entre lo importante y lo superficial.

Día 22 - Julio

Esculpidos en las Manos de Dios

Citas bíblicas a leer: Isaías 46-48

Reflexión:

Isaías 46:4 dice: "Hasta vuestra vejez yo mismo, y hasta las canas os soportaré yo; yo os hice, y yo os llevaré; os soportaré y os guardaré." Este versículo nos muestra la fidelidad de Dios a lo largo de todas las etapas de nuestra vida. No importa cuán jóvenes o ancianos seamos, Su cuidado es constante. Él nos promete sostenernos y guardarnos, sin importar nuestras limitaciones. Este pasaje nos invita a descansar en Su fidelidad y gracia inmutable.

Reflexiona: ¿Estás confiando en que Dios seguirá siendo fiel en cada etapa de tu vida?

Cuidando mi lengua:

Habla fidelidad: Recuerda en tus palabras y conversaciones cómo Dios ha sido fiel en el pasado.

Evita palabras de temor: Confía en que Dios continuará sosteniéndote en los desafíos futuros.

Compromiso práctico: Comparte con alguien hoy un testimonio de cómo Dios ha sido fiel en tu vida.

Consejo para tu vida espiritual:

Confía plenamente en la fidelidad de Dios. Su cuidado no depende de tus fuerzas, sino de Su amor constante.

Puntos de oración:

Agradece a Dios porque Su fidelidad nunca cambia.

Ora para que puedas confiar en Él en todas las etapas de tu vida.

Pide al Espíritu Santo que te recuerde constantemente Su cuidado y amor.

Día 23 - Julio

Inquebrantable Amor y Paz Divina

Citas bíblicas a leer: Isaías 52-54

Reflexión:

En Isaías 54:10, Dios promete: "Porque los montes se moverán, y los collados temblarán, pero no se apartará de ti mi misericordia, ni el pacto de mi paz se quebrantará." Este pasaje nos muestra que el amor y la paz de Dios son inquebrantables, incluso cuando todo lo demás parece derrumbarse. Su misericordia permanece firme, asegurándonos que estamos seguros en Sus manos.

Reflexiona: ¿Estás confiando en la inquebrantable misericordia de Dios cuando todo lo demás parece tambalearse?

Cuidando mi lengua:

Habla paz: Usa tus palabras para traer calma y esperanza a quienes están enfrentando dificultades.

Evita palabras alarmistas: En lugar de sembrar temor, declara la fidelidad de Dios en medio de las pruebas.

Compromiso práctico: Habla con alguien que esté preocupado y recuérdale la promesa de Isaías 54:10.

Consejo para tu vida espiritual:

Confía en el pacto de paz de Dios. Su amor y misericordia son un ancla firme en medio de cualquier tormenta.

Puntos de oración:

Ora para que vivas con la seguridad de Su amor y paz.

Agradece porque Su misericordia nunca cambia.

Pide por aquellos que necesitan experimentar Su paz en sus vidas.

Día 24 - Julio

Confiando en los Altos Caminos de Dios

Citas bíblicas a leer: Isaías 55-57

Reflexión:

Isaías 55:8-9 nos recuerda: "Porque mis pensamientos no son vuestros pensamientos, ni vuestros caminos mis caminos, dice Jehová." Este pasaje nos invita a confiar en la soberanía de Dios, incluso cuando no entendemos Su plan. Sus caminos son más altos que los nuestros, y Su sabiduría trasciende nuestra comprensión. Este conocimiento debe llenarnos de paz y fe, sabiendo que Él siempre actúa para nuestro bien.

Reflexiona: ¿Estás confiando en los caminos de Dios, aun cuando no los entiendes completamente?

Cuidando mi lengua:

Habla fe: Usa tus palabras para afirmar que Dios tiene el control, incluso en lo desconocido.

Evita la duda: No verbalices temor o incertidumbre; declara que Dios sabe lo que hace.

Compromiso práctico: Memoriza Isaías 55:8-9 y recítalo cuando enfrentes situaciones confusas.

Consejo para tu vida espiritual:

Descansa en la soberanía de Dios. Permite que Su plan y propósito guíen cada decisión, incluso cuando no puedas verlo claramente.

Puntos de oración:

Agradece porque los pensamientos y caminos de Dios son perfectos, ora para que puedas rendirte a Su voluntad, incluso en tiempos de incertidumbre y clama por aquellos que luchan con dudas, para que encuentren paz en Su soberanía.

Día 25 - Julio

El Ayuno que Refleja el Corazón de Dios

Citas bíblicas a leer: Isaías 58-60

Reflexión:

En Isaías 58:6-7, Dios define el ayuno que le agrada: "¿No es más bien el ayuno que yo escogí, desatar las ligaduras de impiedad, soltar las cargas de opresión, y dejar ir libres a los quebrantados, y que rompáis todo yugo? ¿No es que partas tu pan con el hambriento, y a los pobres errantes metas en casa?" Este pasaje nos confronta con la verdadera espiritualidad, que no se trata solo de rituales externos, sino de acciones que reflejen justicia, compasión y amor hacia los demás. Nuestra relación con Dios debe traducirse en cómo tratamos a quienes nos rodean.

Reflexiona: ¿Tu relación con Dios está transformando la manera en que sirves y amas a los demás?

Cuidando mi lengua:

Habla justicia: Usa tus palabras para defender a quienes no pueden hacerlo por sí mismos.

Evita palabras de indiferencia: No minimices las necesidades de los demás; sé sensible y compasivo.

Consejo para tu vida espiritual:

Permite que tu fe se traduzca en acciones concretas de justicia y amor. Busca maneras de reflejar el corazón de Dios en tus palabras y tus hechos.

Puntos de oración:

Ora para que Dios transforme tu corazón y te dé un espíritu compasivo.

Pide al Espíritu Santo que te guíe para reflejar Su justicia y amor.

Clama por los necesitados, que puedan experimentar la misericordia de Dios a través de Su pueblo.

Día 26 - Julio

Participando en Su Misión Redentora

Citas bíblicas a leer: Isaías 61-63

Reflexión:

Isaías 61:1-3 profetiza sobre la misión del Mesías, quien vendría "a proclamar libertad a los cautivos y a los presos apertura de la cárcel". Jesús tomó estas palabras y las aplicó a sí mismo (Lucas 4:18-19), revelando que Su propósito es sanar, restaurar y liberar. Este pasaje nos recuerda que el Evangelio transforma vidas, llevando esperanza y gozo a los quebrantados. Como seguidores de Cristo, también somos llamados a participar en esta obra redentora.

Reflexiona: ¿Estás llevando el mensaje de esperanza y libertad de Cristo a quienes te rodean?

Cuidando mi lengua:

Habla restauración: Usa tus palabras para levantar y animar a quienes están heridos o desanimados.

Evita críticas destructivas: En lugar de señalar errores, busca cómo ser una voz de esperanza.

Compromiso práctico: Hoy, ora con alguien que esté enfrentando una dificultad y comparte una promesa de Dios con él.

Consejo para tu vida espiritual:

Permite que el Espíritu Santo te use como un instrumento de esperanza y sanidad. Vive intencionalmente para reflejar el amor redentor de Cristo en todo lo que haces.

Puntos de oración:

Agradece porque Jesús vino a traer libertad y sanidad a los quebrantados, ora para que puedas ser un portador del mensaje de esperanza a los demás y clama por aquellos que necesitan experimentar la restauración que solo Cristo puede ofrecer.

Día 27 - Julio

Habitando Bajo el Abrigo del Altísimo

Citas bíblicas a leer: Salmos 91-93

Reflexión:

El Salmo 91:1 declara: "El que habita al abrigo del Altísimo morará bajo la sombra del Omnipotente." Este versículo nos invita a encontrar refugio en Dios, quien nos protege y guarda en medio de los peligros. Habitar en Su presencia no es solo buscarlo en tiempos de necesidad, sino permanecer en comunión diaria con Él. Cuando hacemos de Dios nuestro refugio, podemos enfrentar cualquier desafío con confianza, sabiendo que Él está a nuestro lado.

Reflexiona: ¿Estás buscando refugio en Dios cada día, o solo acudes a Él cuando enfrentas problemas?

Cuidando mi lengua:

Habla protección: Usa tus palabras para afirmar que Dios es tu refugio y fortaleza.

Evita palabras de temor: En lugar de hablar desde la preocupación, declara la fidelidad de Dios.

Compromiso práctico: Comparte el Salmo 91 con alguien que necesite escuchar sobre la protección de Dios.

Consejo para tu vida espiritual:

Haz de Dios tu refugio diario. Busca Su presencia continuamente y permite que Su paz te guíe en cada circunstancia.

Puntos de oración:

Agradece porque Dios es tu refugio y protector en todo momento.

Ora para que puedas habitar en Su presencia cada día.

Clama por aquellos que necesitan experimentar el abrigo del Altísimo.

Día 28 - Julio

Moldeados por las Manos del Alfarero

Citas bíblicas a leer: Isaías 64-66

Reflexión:

En Isaías 64:8 encontramos una hermosa declaración: "Ahora pues, Jehová, tú eres nuestro padre; nosotros barro, y tú el que nos formaste; así que obra de tus manos somos todos nosotros." Este versículo nos recuerda que somos obras de las manos de Dios, moldeados por Su amor y propósito. A veces, queremos controlar nuestras vidas, pero la verdadera paz y fructificación vienen al permitir que Dios nos forme según Su plan perfecto.

Reflexiona: ¿Estás permitiendo que Dios moldee tu vida, o estás resistiéndote a Su obra?

Cuidando mi lengua:

Habla sumisión: Usa tus palabras para expresar confianza en el plan de Dios, incluso cuando no entiendas todo.

Evita la autocrítica excesiva: Recuerda que Dios está trabajando en ti, y Él no ha terminado Su obra.

Compromiso práctico: Escribe una oración entregándole a Dios el control de tus planes y decisiones.

Consejo para tu vida espiritual:

Rinde tu vida al alfarero divino. Confía en que Él sabe lo que está haciendo y que Su obra en ti siempre será buena.

Puntos de oración:

Agradece porque Dios te está moldeando según Su propósito.

Ora para que tengas un corazón sumiso a Su voluntad.

Pide por aquellos que están luchando por confiar en el plan de Dios para sus vidas.

Día 29 - Julio

Llamados a Regresar a Su Amor

Citas bíblicas a leer: Oseas 1-3

Reflexión:

El libro de Oseas comienza con una poderosa imagen del amor redentor de Dios. A pesar de la infidelidad de Israel, Dios declara: "Te desposaré conmigo en fidelidad, y conocerás a Jehová" (Oseas 2:20). Este versículo nos muestra que el amor de Dios no está condicionado a nuestra perfección, sino que es constante y transformador. Él nos llama a regresar a Él, no para condenarnos, sino para restaurarnos y renovar nuestra relación con Él.

Reflexiona: ¿Estás respondiendo al llamado de Dios a regresar a Su amor redentor?

Cuidando mi lengua:

Habla restauración: Usa tus palabras para animar a otros a regresar a Dios, recordándoles Su amor incondicional.

Evita palabras de condena: En lugar de criticar, sé un canal de gracia y restauración.

Compromiso práctico: Encuentra a alguien que se haya alejado de Dios y recuérdale que Su amor siempre está disponible.

Consejo para tu vida espiritual:

Permite que el amor redentor de Dios renueve tu relación con Él. No importa lo lejos que hayas estado, Su gracia siempre te está llamando de regreso.

Puntos de oración:

Agradece porque el amor de Dios es constante y transformador.

Ora para que tu corazón permanezca fiel y cerca de Dios.

Clama por aquellos que necesitan experimentar Su amor redentor.

Día 30 - Julio

Misericordia Sobre Sacrificio

Citas bíblicas a leer: Oseas 4-6

Reflexión:

En Oseas 6:6, Dios declara: "Porque misericordia quiero, y no sacrificio, y conocimiento de Dios más que holocaustos." Este pasaje nos recuerda que Dios no está interesado en rituales vacíos, sino en una relación genuina con Su pueblo. Más que actos externos, Él busca un corazón lleno de amor, misericordia y un deseo de conocerlo profundamente. Este llamado es una invitación a reflexionar si nuestras acciones reflejan una verdadera comunión con Dios o solo una apariencia externa de religiosidad.

Reflexiona: ¿Tu relación con Dios es auténtica y transformadora, o estás cayendo en rutinas religiosas sin vida?

Cuidando mi lengua:

Habla misericordia: Usa tus palabras para mostrar gracia y compasión hacia los demás.

Evita la superficialidad: Sé sincero en lo que dices y asegúrate de que tus palabras reflejen un corazón genuino.

Compromiso práctico: Evalúa tus conversaciones y asegúrate de que reflejen una relación auténtica con Dios.

Consejo para tu vida espiritual:

Busca a Dios de manera genuina, no por obligación, sino por amor. Dedica tiempo a conocer Su corazón y permite que tu vida sea un reflejo de Su misericordia.

Puntos de oración:

Ora para que tu relación con Dios sea auténtica y llena de vida.

Agradece porque Su misericordia es infinita y siempre disponible.

Clama por una iglesia que viva con un corazón lleno de amor y no solo de rituales vacíos.

AGOSTO

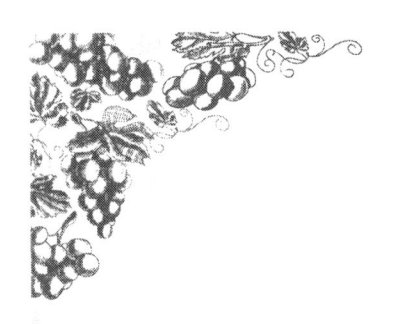

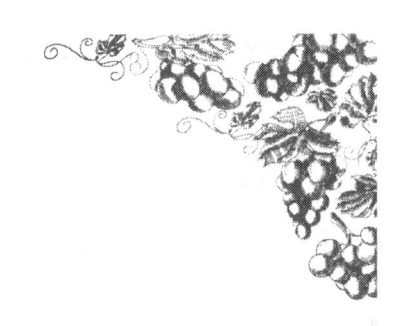

"El secreto de una vida fructífera está en permanecer profundamente conectado a la Vid Verdadera. No te sueltes de Cristo; Él es tu fuente."

"El que permanece en mí, y yo en él, éste lleva mucho fruto; porque separados de mí, nada podéis hacer." (Juan 15:5)

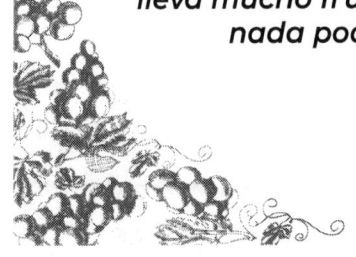

Día 1 - Agosto:
Fructificación en la Justicia Divina

Citas bíblicas a leer: Oseas 10-12

Reflexión:

En Oseas 10:12 leemos: "Sembrad para vosotros en justicia, segad para vosotros en misericordia; haced para vosotros barbecho; porque es tiempo de buscar a Jehová, hasta que venga y os enseñe justicia." Este llamado a la acción nos recuerda que nuestra fructificación espiritual requiere una preparación intencional. Así como un terreno necesita ser labrado antes de sembrar, nuestras vidas necesitan ser transformadas por la búsqueda ferviente de Dios. La justicia que brota de esta relación con Él no solo nos beneficia, sino que también derrama misericordia sobre los demás.

Reflexiona:

¿Estás permitiendo que Dios trabaje las áreas no cultivadas de tu vida? ¿Qué acciones concretas puedes tomar hoy para buscar a Jehová con todo tu corazón?

Forjando mi carácter:

Cultiva la justicia: Si eres colérico, busca equilibrar tu energía con sensibilidad hacia los demás. Si eres melancólico, enfócate en superar el perfeccionismo para vivir en gracia. Practica la misericordia: La justicia verdadera siempre se acompaña de misericordia. Evalúa cómo puedes ser más misericordioso con los demás, especialmente con aquellos que fallan.

Compromiso práctico:

Escribe un plan específico para "arar" un área descuidada en tu vida espiritual (por ejemplo, establecer un tiempo diario de oración). Comparte este compromiso con alguien que pueda motivarte a cumplirlo.

Puntos de oración: Agradece por la justicia de Dios que transforma tu vida, ora para que el Señor te enseñe a buscarlo en cada área de tu ser y clama para que su misericordia alcance a quienes no lo conocen.

Día 2 - Agosto:
Fructificación en el Amor de Dios

Citas bíblicas a leer: Oseas 13-14; Miqueas 1

Reflexión:

En Oseas 14:4, Dios promete: "Yo sanaré su rebelión, los amaré de pura gracia; porque mi ira se apartó de ellos."

Este versículo nos muestra la profundidad del amor incondicional de Dios, quien sana nuestras rebeliones y nos ama a pesar de nuestras fallas. Esta es la base de toda fructificación: el amor divino que restaura y nos capacita para amar a otros.

Reflexiona:

¿Estás aceptando el amor de Dios en su totalidad, o permites que la culpa y el temor te detengan? ¿Cómo puedes reflejar este amor sanador hacia quienes te rodean?

Forjando mi carácter:

Sana relaciones: Los sanguíneos pueden ser impulsivos y herir sin intención; aprende a pedir perdón y sanar relaciones dañadas.

Demuestra gracia: Si eres melancólico, busca enfocarte más en el amor que en las críticas hacia ti mismo o hacia los demás.

Compromiso práctico:

Escribe una carta de gratitud a Dios por Su amor incondicional y compártela con alguien cercano como testimonio.

Puntos de oración: Agradece a Dios por Su amor que restaura y perdona, ora por una transformación interna que te permita reflejar su amor e Intercede por aquellos que necesitan experimentar el amor sanador de Cristo.

Día 3 - Agosto:
Fructificación en la Fidelidad de Dios

Citas bíblicas a leer: Salmos 94-96

Reflexión:

El Salmo 94:19 declara: "En la multitud de mis pensamientos dentro de mí, tus consolaciones alegraban mi alma."

Aún en medio de la incertidumbre y el temor, la fidelidad de Dios nos consuela y da alegría a nuestras almas. Su fidelidad es una roca firme que sostiene nuestra fe, incluso cuando nuestras emociones nos juegan malas pasadas.

Reflexiona:

¿Qué pensamientos necesitas entregar hoy a Dios para que Él los transforme en consuelo? ¿Cómo puedes descansar en Su fidelidad en lugar de preocuparte?

Forjando mi carácter:

Fomenta la calma: Los coléricos pueden ser propensos a reaccionar rápidamente; aprende a pausar y confiar en la fidelidad de Dios.

Acepta Su consuelo: Los flemáticos, con su naturaleza calmada, pueden enseñar a otros a descansar en la fidelidad de Dios y a vivir confiados.

Compromiso práctico:

Dedica un momento hoy para escribir tres cosas en las que has visto la fidelidad de Dios en tu vida. Medita en ellas durante tu tiempo de oración.

Puntos de oración: Agradece por la fidelidad inquebrantable de Dios, ora para aprender a depender más en Sus promesas y menos en tus fuerzas y clama para que otros encuentren consuelo y alegría en Él.

Día 4 - Agosto:
Fructificación en la Esperanza

Citas bíblicas a leer: Miqueas 2-4

Reflexión:

Miqueas 4:4 nos asegura: "Y se sentará cada uno debajo de su vid y debajo de su higuera, y no habrá quien los amedrente; porque la boca de Jehová de los ejércitos lo ha hablado."

Este cuadro de paz y esperanza nos lleva a confiar en el futuro glorioso que Dios promete a Su pueblo. Aunque enfrentemos dificultades, Su palabra asegura un tiempo de descanso y seguridad bajo Su cuidado.

Reflexiona:

¿Estás confiando en la esperanza futura que Dios te promete? ¿Cómo puedes vivir esta esperanza hoy, sin importar las circunstancias?

Forjando mi carácter:

Fomenta la paz: Si eres melancólico, lucha contra la tendencia al pesimismo, enfocándote en las promesas de Dios.

Alienta a otros: Los sanguíneos pueden usar su entusiasmo natural para inspirar esperanza en quienes enfrentan tiempos difíciles.

Compromiso práctico:

Escribe una lista de promesas de esperanza de la Biblia. Mantén esta lista contigo y léela en momentos de desánimo.

Puntos de oración: Agradece por la esperanza segura en Cristo, ora para que Dios use tu vida para reflejar su paz y esperanza e intercede por quienes necesitan un recordatorio de las promesas de Dios.

Día 5 - Agosto:
Fructificación en la Unidad

Citas bíblicas a leer: Miqueas 5-7

Reflexión:

En Miqueas 6:8, Dios nos dice lo que Él requiere de nosotros: "Hacer justicia, amar misericordia, y humillarte ante tu Dios."

La unidad entre estas virtudes refleja una vida fructífera que honra a Dios. Vivir en justicia, misericordia y humildad nos permite ser agentes de unidad en un mundo dividido.

Reflexiona:

¿Cómo estás viviendo estas tres virtudes en tu día a día? ¿Qué cambios puedes hacer para reflejar mejor esta unidad que Dios demanda?

Forjando mi carácter:

Promueve la justicia: Los coléricos, con su sentido de liderazgo, pueden ser grandes defensores de la justicia cuando actúan con humildad.

Abraza la misericordia: Los flemáticos, con su disposición pacífica, pueden enseñar cómo amar con paciencia y compasión.

Compromiso práctico:

Identifica una situación donde puedas practicar justicia, misericordia y humildad. Comprométete a actuar en ella esta semana.

Puntos de oración: Agradece a Dios por ser un ejemplo perfecto de justicia, misericordia y humildad, ora por sabiduría para vivir estas virtudes en equilibrio y clama para que la unidad de su pueblo sea un testimonio en el mundo

Día 6 - Agosto:

Fructificación en la Confianza en Dios

Citas bíblicas a leer: Nahúm 1-3

Reflexión:

En Nahum 1:7 encontramos una declaración poderosa: "Jehová es bueno, fortaleza en el día de la angustia; y conoce a los que en él confían."

Este versículo destaca que la bondad de Dios es un refugio seguro en medio de las tormentas. Su conocimiento personal de quienes confían en Él nos invita a desarrollar una relación más profunda con nuestro Creador, asegurándonos de que no estamos solos, aun en los días más difíciles.

Reflexiona:

¿Estás permitiendo que las circunstancias difíciles fortalezcan tu confianza en Dios? ¿Cómo puedes recordarte diariamente que Él es tu refugio?

Forjando mi carácter:

Fortalece tu fe: Según Tim LaHaye, los melancólicos tienden a preocuparse por los problemas; aprende a descansar en Dios y confía en que Él tiene el control.

Sé paciente: Los flemáticos pueden ser un ejemplo de calma y perseverancia durante las crisis. Imita esta cualidad para afrontar desafíos con confianza.

Compromiso práctico:

Haz una lista de los "días de angustia" que has enfrentado y anota cómo Dios te ayudó a superarlos. Usa esta lista como recordatorio en momentos de incertidumbre.

Puntos de oración: Agradece por la bondad y fidelidad de Dios en tiempos difíciles, ora por una fe renovada que te permita confiar plenamente en Él y clama por aquellos que necesitan refugio y esperanza en medio de sus luchas.

Día 7 - Agosto:
Fructificación en el Arrepentimiento

Citas bíblicas a leer: 2 Crónicas 33-34; Sofonías 1

Reflexión:

En 2 Crónicas 34:27, Dios responde a Josías: "Por cuanto se enterneció tu corazón, y te humillaste delante de Dios al oír sus palabras... yo también te he oído, dice Jehová."

La actitud humilde y arrepentida de Josías muestra que un corazón contrito es agradable a Dios. El arrepentimiento genuino no solo restaura nuestra relación con Él, sino que también abre la puerta para una fructificación espiritual abundante.

Reflexiona:

¿Estás manteniendo un corazón sensible a la corrección de Dios? ¿Qué pasos puedes tomar para vivir en arrepentimiento continuo?

Forjando mi carácter:

Abraza la humildad: Los coléricos pueden luchar contra el orgullo; aprende a admitir tus errores y buscar la dirección de Dios.

Acepta la corrección: Si eres sanguíneo, evita la impulsividad que te lleva a justificarte y practica la autorreflexión.

Compromiso práctico:

Dedica tiempo hoy a examinar tu corazón. Anota áreas donde necesitas arrepentirte y ora pidiendo perdón. Haz un plan para evitar caer nuevamente.

Puntos de oración: Agradece a Dios por Su disposición a perdonar y restaurar, ora por un corazón tierno que esté dispuesto a cambiar e intercede por quienes necesitan experimentar el poder del arrepentimiento en sus vidas.

Día 8 - Agosto:
Fructificación en la Restauración

***Citas bíblicas a leer:** Sofonías 2-3; 2 Crónicas 35*

Reflexión:

Sofonías 3:17 nos da esta promesa: "Jehová está en medio de ti, poderoso; él salvará, se gozará sobre ti con alegría, callará de amor, se regocijará sobre ti con cánticos."

Dios no solo restaura a Su pueblo, sino que se regocija en ellos. Su amor transformador nos da seguridad y gozo, capacitándonos para vivir como reflejos de Su gloria en un mundo que necesita desesperadamente esperanza.

Reflexiona:

¿Reconoces que Dios se goza en ti? ¿Cómo puedes permitir que esta verdad transforme la manera en que ves tus circunstancias y tu valor?

Forjando mi carácter:

Encuentra tu identidad en Cristo: Los melancólicos, con su naturaleza introspectiva, deben recordar que su valor no depende de sus logros, sino del amor incondicional de Dios.

Comparte la esperanza: Los sanguíneos, con su habilidad para conectar, pueden llevar el mensaje del amor restaurador de Dios a quienes lo necesitan.

Compromiso práctico:

Comparte este versículo con alguien que esté enfrentando dificultades. Reflexiona en cómo puedes ser un instrumento de restauración para otros.

Puntos de oración: Agradece a Dios por Su amor que restaura y renueva, ora para que Su alegría sobre ti sea tu fuerza diaria y clama por aquellos que necesitan experimentar la restauración que solo Dios puede dar.

Día 9 - Agosto:
Fructificación en la Fe

Citas bíblicas a leer: Habacuc 1-3

Reflexión:

Habacuc 3:17-18 dice: "Aunque la higuera no florezca, ni en las vides haya frutos... con todo, yo me alegraré en Jehová, y me gozaré en el Dios de mi salvación."

Este pasaje ilustra una fe madura que confía en Dios, incluso cuando las circunstancias no son favorables. La fructificación espiritual ocurre cuando aprendemos a depender completamente de Su fidelidad y Su plan perfecto.

Reflexiona:

¿Estás dispuesto a confiar en Dios incluso cuando no ves resultados inmediatos? ¿Cómo puedes crecer en una fe que se regocija en el Señor, independientemente de las circunstancias?

Forjando mi carácter:

Practica la gratitud: Los coléricos, con su tendencia a enfocarse en los logros, deben aprender a agradecer a Dios incluso en la espera.

Abraza la perseverancia: Los flemáticos pueden ser un ejemplo de fe constante y tranquila, confiando en el plan de Dios sin apurarse.

Compromiso práctico:

Haz una lista de cinco razones para alegrarte en Dios hoy, incluso si estás enfrentando desafíos. Usa esta lista como recordatorio durante la semana.

Puntos de oración: Agradece a Dios por Su salvación y fidelidad constante, ora por una fe que confíe en Él en todo momento e intercede por quienes están luchando con dudas o desánimo.

Día 10 - Agosto:
Fructificación en la Alabanza

Citas bíblicas a leer: Salmos 97-99

Reflexión:

El Salmo 98:4 proclama: "Cantad alegres a Jehová, toda la tierra; levantad la voz, aplaudid y cantad salmos."

La alabanza es una expresión de una vida llena del fruto del Espíritu. Cuando adoramos a Dios con alegría y gratitud, reconocemos Su grandeza y permitimos que Su gozo inunde nuestras vidas.

Reflexiona:

¿Estás haciendo de la alabanza una práctica diaria? ¿Cómo puedes expresar más gratitud y alegría en tu relación con Dios?

Forjando mi carácter:

Sé intencional en la alabanza: Los sanguíneos pueden usar su entusiasmo natural para inspirar a otros a adorar a Dios.

Encuentra gozo en lo sencillo: Los melancólicos pueden aprender a alabar a Dios por las bendiciones pequeñas y cotidianas.

Compromiso práctico:

Dedica un tiempo especial hoy para alabar a Dios, ya sea cantando, escribiendo un poema o simplemente reflexionando en Sus maravillas.

Puntos de oración:

Agradece a Dios por Su grandeza y bondad, ora para que tu vida sea un reflejo de adoración continua y clama por un avivamiento de alabanza en tu comunidad y en el mundo.

Día 11 - Agosto:
Fructificación en la Palabra de Dios

Citas bíblicas a leer: Jeremías 1-3

Reflexión:

En Jeremías 1:5, Dios le dice al profeta: "Antes que te formase en el vientre te conocí, y antes que nacieses te santifiqué; te di por profeta a las naciones."

Este versículo destaca cómo Dios tiene un propósito único para cada uno de nosotros, incluso antes de nuestro nacimiento. Al caminar en la verdad de Su Palabra, descubrimos este propósito y vivimos en obediencia para dar fruto en nuestra generación.

Reflexiona:

¿Reconoces el llamado de Dios en tu vida? ¿Cómo puedes caminar más intencionalmente en el propósito que Él ha diseñado para ti?

Forjando mi carácter:

Abraza tu llamado: Los coléricos pueden usar su determinación para cumplir el propósito de Dios, pero deben equilibrarlo con humildad.

Confía en tu identidad en Cristo: Los melancólicos deben evitar la autocrítica excesiva y recordar que han sido apartados por Dios para Su gloria.

Compromiso práctico:

Escribe una declaración de propósito basada en lo que sabes que Dios ha puesto en tu corazón. Ora para que Él guíe tus pasos y abre puertas para cumplirlo.

Puntos de oración:

Agradece a Dios por conocerte y llamarte desde antes de nacer, Ora para que tengas claridad en el propósito de tu vida y clama por aquellos que aún no han descubierto su llamado en Cristo.

Día 12 - Agosto:
Fructificación en la Obediencia

Citas bíblicas a leer: Jeremías 4-6

Reflexión:

Jeremías 6:16 nos insta: "Paraos en los caminos, y mirad, y preguntad por las sendas antiguas cuál sea el buen camino, y andad por él, y hallaréis descanso para vuestra alma."

Dios nos llama a detenernos y reflexionar, buscando el camino que lleva a la vida y al descanso verdadero. La obediencia a Su dirección es esencial para una vida fructífera y llena de propósito.

Reflexiona:

¿Estás tomando tiempo para detenerte y escuchar la dirección de Dios? ¿Qué pasos concretos puedes dar para obedecerle hoy?

Forjando mi carácter:

Sigue el buen camino: Los sanguíneos deben aprender a enfocarse y resistir la tentación de distraerse en los caminos equivocados.

Mantén la constancia: Los flemáticos pueden usar su carácter calmado para persistir en la obediencia a Dios, incluso cuando no ven resultados inmediatos.

Compromiso práctico:

Dedica un momento para evaluar tus caminos. Haz una lista de las áreas donde necesitas redirigir tu vida hacia la voluntad de Dios y comprométete a hacerlo.

Puntos de oración:

Agradece por la guía de Dios en tu vida, ora por sabiduría para discernir el buen camino en cada decisión e Intercede por quienes están en caminos equivocados y necesitan regresar a Dios.

Día 13 - Agosto:
Fructificación en la Perseverancia

Citas bíblicas a leer: Jeremías 11-12; 26

Reflexión:

Jeremías 12:5 pregunta: "Si corriste con los de a pie, y te cansaron, ¿cómo contenderás con los caballos?"

Dios nos llama a perseverar y fortalecernos en las pruebas pequeñas para estar listos ante mayores desafíos. La fructificación espiritual requiere una fe que no se rinde, sino que crece y se fortalece en la adversidad.

Reflexiona:

¿Estás enfrentando tus pruebas actuales con fe y perseverancia? ¿Cómo puedes prepararte espiritualmente para retos mayores?

Forjando mi carácter:

Acepta el desafío: Los coléricos pueden canalizar su energía para enfrentar pruebas con valentía, evitando el orgullo o la impulsividad.

Confía en la fortaleza de Dios: Los melancólicos deben recordar que no enfrentan las pruebas solos, sino con el poder de Dios.

Compromiso práctico:

Identifica un área donde necesitas perseverar y ora pidiendo la fortaleza de Dios. Escribe un versículo de aliento y colócalo en un lugar visible para recordarlo diariamente.

Puntos de oración:

Agradece a Dios por las pruebas que fortalecen tu fe, ora para que desarrolles una actitud de perseverancia en toda circunstancia y clama por aquellos que están luchando y necesitan ánimo para no rendirse.

Día 14 - Agosto:
Fructificación en la Sinceridad

Citas bíblicas a leer: Jeremías 7-9

Reflexión:

Jeremías 7:23 nos dice: "Escuchad mi voz, y seré a vosotros por Dios, y vosotros me seréis por pueblo; y andad en todo camino que os mande, para que os vaya bien."

La sinceridad en nuestra relación con Dios se refleja en nuestra disposición a escuchar y obedecer Su voz. El verdadero fruto espiritual surge de una comunión genuina, no de rituales vacíos.

Reflexiona:

¿Estás buscando a Dios de todo corazón o solo cumpliendo rituales? ¿Cómo puedes profundizar en tu relación con Él?

Forjando mi carácter:

Busca autenticidad: Los sanguíneos, con su carisma natural, deben aprender a profundizar en su fe más allá de lo superficial.

Practica la integridad: Los melancólicos deben alinear su vida interna y externa para reflejar una fe auténtica.

Compromiso práctico:

Dedica un tiempo especial a escuchar la voz de Dios hoy. Apaga distracciones y pídele que te muestre áreas donde necesitas crecer en sinceridad.

Puntos de oración:

Agradece por la paciencia y fidelidad de Dios en tu vida, ora por un corazón sincero y dispuesto a obedecer, clama por aquellos que necesitan experimentar una fe genuina en Cristo.

Día 15 - Agosto:
Fructificación en la Alabanza

Citas bíblicas a leer: Jeremías 10; 14-15

Reflexión:

Jeremías 10:6 proclama: "No hay semejante a ti, oh Jehová; grande eres tú, y grande tu nombre en poderío."

La alabanza es una respuesta natural cuando reconocemos la grandeza y el poder de Dios. Una vida que da fruto espiritual se caracteriza por un corazón que continuamente exalta Su nombre, incluso en medio de pruebas.

Reflexiona:

¿Estás cultivando un corazón lleno de alabanza? ¿Cómo puedes integrar la adoración en cada aspecto de tu vida?

Forjando mi carácter:

Encuentra gozo en la alabanza: Los sanguíneos pueden usar su entusiasmo para liderar a otros en la adoración.

Reconoce la grandeza de Dios: Los melancólicos, con su sensibilidad, pueden profundizar en la adoración reflexiva y significativa.

Compromiso práctico:

Dedica un momento hoy para escribir una oración o poema de alabanza a Dios, exaltando Su grandeza. Comparte esto con alguien cercano.

Puntos de oración:

Agradece a Dios por Su poder y majestad, Ora para que tu vida sea un reflejo de adoración continua, Intercede por un espíritu de alabanza en tu comunidad.

Día 16 - Agosto:
Fructificación en la Esperanza

Citas bíblicas a leer: Jeremías 16-18

Reflexión:

Jeremías 17:7-8 declara: "Bendito el varón que confía en Jehová, y cuya confianza es Jehová... será como árbol plantado junto a las aguas."

La esperanza en Dios nos hace fuertes y fructíferos, incluso en tiempos difíciles. Este pasaje nos llama a depender de Él completamente, sabiendo que Su provisión es segura.

Reflexiona:

¿Estás confiando en Dios como tu fuente de esperanza y fortaleza? ¿Cómo puedes crecer en dependencia de Él?

Forjando mi carácter:

Desarrolla raíces profundas: Los coléricos deben aprender a frenar su autosuficiencia y depender más en Dios.

Permanece firme: Los flemáticos, con su constancia, pueden ser ejemplos de esperanza tranquila y estable.

Compromiso práctico:

Planta una semilla o cuida una planta como símbolo de tu confianza en Dios. Usa este acto como recordatorio de Su fidelidad.

Puntos de oración:

Agradece por ser un Dios confiable y fiel, Ora por una esperanza inquebrantable en medio de los desafíos, Intercede por quienes necesitan fortaleza y ánimo en el Señor.

Día 17 - Agosto:

Fructificación en el Gozo

Citas bíblicas a leer: Salmos 100-102

Reflexión:

El Salmo 100:2 dice: "Servid a Jehová con alegría; venid ante su presencia con regocijo."

El gozo es un fruto del Espíritu que nos permite servir a Dios con entusiasmo y gratitud. Al enfocarnos en Su bondad y fidelidad, nuestro corazón se llena de alegría que impacta a quienes nos rodean.

Reflexiona:

¿Estás sirviendo a Dios con gozo? ¿Cómo puedes expresar más alegría en tu vida diaria?

Forjando mi carácter:

Expresa gratitud: Los sanguíneos pueden usar su energía para contagiar alegría a otros.

Encuentra gozo en lo pequeño: Los melancólicos pueden aprender a disfrutar las bendiciones simples del día a día.

Compromiso práctico:

Escribe tres cosas por las que estés agradecido hoy. Dedica un tiempo a compartir esta gratitud con alguien cercano.

Puntos de oración:

Agradece por el gozo que solo Dios puede dar, Ora para que Su gozo sea evidente en todas tus acciones, Clama por quienes necesitan experimentar el gozo de la salvación.

Día 18 - Agosto:
Fructificación en la Obediencia Radical

Citas bíblicas a leer: Jeremías 19, 20, 35

Reflexión:

Jeremías 20:9 muestra la pasión del profeta: "No obstante, hubo en mi corazón como un fuego ardiente... no lo pude soportar."

El fuego de Dios nos lleva a una obediencia radical y apasionada. Cuando Su Palabra quema en nuestros corazones, no podemos quedarnos en silencio; debemos actuar en fe y proclamar Su verdad.

Reflexiona:

¿Estás permitiendo que el fuego de Dios consuma tu vida? ¿Cómo puedes obedecerlo con más pasión y entrega?

Forjando mi carácter:

Mantén la pasión: Los coléricos deben canalizar su energía hacia acciones impulsadas por el amor y no solo por el deber.

Sé constante: Los flemáticos pueden modelar cómo mantener una obediencia estable y fiel en todas las estaciones.

Compromiso práctico:

Identifica una acción concreta que puedas tomar hoy para obedecer a Dios con pasión. Hazlo sin demorar.

Puntos de oración:

Agradece por el fuego de Su Palabra en tu vida, Ora por un corazón dispuesto a obedecer con pasión, Intercede por un despertar espiritual en tu entorno.

Día 19 - Agosto:
Fructificación en la Humildad

Citas bíblicas a leer: Jeremías 25, 36, 45

Reflexión:

Jeremías 45:5 nos recuerda: "¿Y tú buscas para ti grandezas? No las busques."

La humildad nos permite reconocer que todo lo que somos y hacemos depende de Dios. Una vida fructífera fluye de una actitud que busca exaltar a Dios en lugar de engrandecernos a nosotros mismos.

Reflexiona:

¿Estás buscando grandezas para ti o para la gloria de Dios? ¿Cómo puedes crecer en humildad y servicio?

Forjando mi carácter:

Reconoce tus límites: Los melancólicos deben evitar la autoexigencia que los aleja de la dependencia en Dios.

Da gloria a Dios: Los coléricos deben recordar que todo logro es por gracia divina y no por esfuerzo propio.

Compromiso práctico:

Haz una lista de las bendiciones que has recibido y dedica tiempo para agradecer a Dios, reconociendo Su mano en cada una de ellas.

Puntos de oración:

Agradece por la gracia de Dios que te capacita para servir, Ora por un corazón humilde que busque glorificar a Dios, Clama para que otros encuentren la grandeza en servir a Cristo.

Día 20 - Agosto:

Fructificación en la Fortaleza

Citas bíblicas a leer: Jeremías 46-49

Reflexión:

En Jeremías 46:27, Dios promete a Su pueblo: "No temas, siervo mío Jacob, ni te atemorices, Israel; porque he aquí yo te salvaré de lejos."

Este pasaje nos anima a confiar en Dios como nuestra fuente de fortaleza y salvación, incluso en medio de la adversidad. Cuando dependemos de Su poder, somos capaces de enfrentar cualquier desafío con valentía y paz.

Reflexiona:

¿Estás buscando fortaleza en Dios o en tus propias fuerzas? ¿Cómo puedes depender más de Su poder en tus luchas diarias?

Forjando mi carácter:

Encuentra valor en Dios: Los melancólicos pueden superar sus temores enfocándose en la fidelidad de Dios y no en las circunstancias.

Actúa con decisión: Los flemáticos pueden aprender a tomar pasos valientes en fe, confiando en la fortaleza que Dios provee.

Compromiso práctico:

Identifica un área de tu vida donde necesites valentía. Ora y toma una acción concreta para enfrentarla confiando en el poder de Dios.

Puntos de oración:

Agradece por la fortaleza que Dios provee en los tiempos difíciles, Ora para que Su poder sea evidente en tus debilidades, Clama por quienes están luchando con el temor y necesitan la fortaleza de Dios.

Día 21 - Agosto:

Fructificación en la Justicia

Citas bíblicas a leer: Jeremías 13; 22-23

Reflexión:

Jeremías 22:3 declara: "Haced justicia y juicio, y librad al oprimido de mano del opresor."

Dios nos llama a ser agentes de justicia en un mundo quebrantado. Cuando vivimos según Sus principios, reflejamos Su corazón por la equidad y la compasión, trayendo esperanza y restauración a quienes nos rodean.

Reflexiona:

¿Estás promoviendo la justicia y el juicio en tus decisiones diarias? ¿Cómo puedes ser un defensor del oprimido en tu entorno?

Forjando mi carácter:

Practica la compasión: Los coléricos, con su energía, pueden ser grandes defensores de la justicia, pero deben actuar con empatía y no solo con celo.

Sé intencional en la ayuda: Los flemáticos pueden usar su paciencia y disposición para servir a quienes enfrentan injusticias.

Compromiso práctico:

Busca una manera de actuar en favor de alguien que esté enfrentando una situación injusta, ya sea ofreciendo ayuda directa o intercediendo en oración.

Puntos de oración:

Agradece a Dios por ser un juez justo y amoroso, Ora para que puedas reflejar Su justicia en todas tus acciones, Clama por los oprimidos, pidiendo que encuentren restauración en Cristo.

Día 22 - Agosto:
Fructificación en la Restauración

Citas bíblicas a leer: Jeremías 24; 27-28

Reflexión:

En Jeremías 24:7, Dios promete: "Les daré corazón para que me conozcan, que yo soy Jehová; y me serán por pueblo, y yo les seré por Dios."

Este versículo nos recuerda que Dios busca restaurar no solo nuestras circunstancias, sino también nuestra relación con Él. Cuando permitimos que transforme nuestro corazón, Su restauración nos lleva a una vida plena y fructífera.

Reflexiona:

¿Estás permitiendo que Dios trabaje en las áreas rotas de tu vida? ¿Cómo puedes buscar una relación más profunda con Él?

Forjando mi carácter:

Sé receptivo a la transformación: Los melancólicos deben dejar atrás la autocrítica y permitir que Dios restaure sus corazones.

Abre tu corazón: Los sanguíneos, con su tendencia a la conexión emocional, pueden usar esta cualidad para profundizar en su relación con Dios.

Compromiso práctico:

Escribe una oración sincera pidiéndole a Dios que restaure tu relación con Él. Dedica un tiempo a escuchar lo que Él quiere decirte.

Puntos de oración:

Agradece a Dios por Su deseo de restaurar tu vida, Ora para que tengas un corazón abierto y receptivo a Su obra, Intercede por quienes necesitan experimentar la restauración de Dios en sus vidas.

Día 23 - Agosto:
Fructificación en la Esperanza

Citas bíblicas a leer: Jeremías 29; 50-51

Reflexión:

Jeremías 29:11 es un recordatorio hermoso: "Porque yo sé los pensamientos que tengo acerca de vosotros, dice Jehová, pensamientos de paz y no de mal, para daros el fin que esperáis."

Este pasaje nos asegura que Dios tiene planes buenos y llenos de propósito para nosotros. Su esperanza nos sustenta en los tiempos de espera, animándonos a confiar en Su soberanía y amor.

Reflexiona:

¿Estás confiando en los planes de Dios, incluso cuando no entiendes los detalles? ¿Cómo puedes vivir con esperanza en medio de la incertidumbre?

Forjando mi carácter:

Confía en Su plan: Los coléricos deben aprender a rendir el control y confiar en que los planes de Dios son mejores.

Descansa en Su soberanía: Los flemáticos pueden modelar una confianza tranquila en el tiempo perfecto de Dios.

Compromiso práctico:

Escribe una carta a Dios agradeciéndole por los planes que tiene para tu vida, incluso aquellos que aún no comprendes. Lee esta carta en momentos de duda.

Puntos de oración:

Agradece por los planes de paz y propósito que Dios tiene para ti, Ora por paciencia y confianza en Su tiempo, Clama por quienes necesitan esperanza en medio de la incertidumbre.

Día 24 - Agosto:
Fructificación en la Alabanza

Citas bíblicas a leer: Salmos 103-105

Reflexión:

El Salmo 103:2 nos insta: "Bendice, alma mía, a Jehová, y no olvides ninguno de sus beneficios."

La alabanza es una respuesta natural cuando recordamos las bondades de Dios. Cultivar una actitud de gratitud y adoración fortalece nuestra relación con Él y nos ayuda a enfocarnos en Sus bendiciones en lugar de nuestras circunstancias.

Reflexiona:

¿Estás recordando las bendiciones de Dios diariamente? ¿Cómo puedes cultivar un corazón lleno de alabanza y gratitud?

Forjando mi carácter:

Recuerda Sus beneficios: Los sanguíneos pueden usar su entusiasmo para inspirar alabanza en quienes los rodean.

Profundiza en la adoración: Los melancólicos pueden encontrar gozo en alabar a Dios por Su fidelidad, incluso en los detalles más pequeños.

Compromiso práctico:

Haz una lista de las bendiciones que has recibido esta semana y dedica tiempo a agradecer a Dios por cada una de ellas.

Puntos de oración:

Agradece por las muchas bondades de Dios en tu vida, Ora para que tu corazón sea un reflejo constante de alabanza, Intercede por quienes necesitan ver la mano de Dios en sus vidas.

Día 25 - Agosto:
Fructificación en el Consuelo

Citas bíblicas a leer: Jeremías 30-33

Reflexión:

Jeremías 31:13 proclama: "Entonces la virgen se alegrará en la danza... porque convertiré su lloro en gozo, y los consolaré, y los alegraré de su dolor."

Dios es un consolador fiel que convierte nuestro dolor en gozo. Cuando confiamos en Su presencia y promesas, encontramos un consuelo que nos fortalece y nos da esperanza.

Reflexiona:

¿Estás entregando tu dolor a Dios para que Él lo transforme? ¿Cómo puedes ser un canal de consuelo para otros?

Forjando mi carácter:

Abraza Su consuelo: Los melancólicos pueden encontrar consuelo en Dios al enfocarse en Sus promesas en lugar de las circunstancias.

Sé un consolador: Los sanguíneos, con su naturaleza empática, pueden ser un gran apoyo para quienes están en dolor.

Compromiso práctico:

Identifica a alguien que esté enfrentando una dificultad y ofrécele palabras de aliento o un gesto de apoyo. Ora por esa persona.

Puntos de oración:

Agradece por el consuelo y la paz que Dios da en tiempos difíciles, Ora para que puedas experimentar Su gozo en medio del dolor, Clama por quienes necesitan consuelo en sus pruebas.

Día 26 - Agosto:
Fructificación en la Verdad

Citas bíblicas a leer: Jeremías 21; 34; 37

Reflexión:

En Jeremías 21:8 Dios dice: "He aquí pongo delante de vosotros camino de vida y camino de muerte."

Dios nos llama a elegir la verdad y la vida que provienen de caminar en obediencia a Su Palabra. Vivir en la verdad no solo nos bendice, sino que también nos permite ser luz para otros en un mundo lleno de engaño y oscuridad.

Reflexiona:

¿Estás eligiendo el camino de vida en tus decisiones diarias? ¿Cómo puedes caminar más intencionalmente en la verdad de Dios?

Forjando mi carácter:

Vive en la verdad: Los melancólicos, con su amor por el análisis, pueden profundizar en el estudio de la Palabra de Dios y aplicarla a sus vidas.

Sé una luz constante: Los flemáticos, con su naturaleza estable, pueden modelar una vida íntegra que inspire a otros a seguir el camino de la verdad.

Compromiso práctico:

Examina tus decisiones recientes y evalúa si reflejan la verdad de Dios. Si hay algo que necesitas ajustar, toma la decisión de corregirlo hoy.

Puntos de oración:

Agradece a Dios por ser la fuente de toda verdadOra para que puedas discernir el camino de vida en cada situación, tClama por aquellos que están caminando en el engaño y necesitan la luz de Cristo.

Día 27 - Agosto:

Fructificación en la Valentía

Citas bíblicas a leer: Jeremías 38-39; 52

Reflexión:

En Jeremías 39:18 Dios promete: "Porque ciertamente te libraré, y no caerás a espada; sino que tu vida te será por botín, porque confiaste en mí, dice Jehová."

La valentía nace de confiar plenamente en Dios, sabiendo que Él es fiel para librarnos y sostenernos. Cuando confiamos en Su poder, somos capaces de enfrentar las adversidades con firmeza y fe.

Reflexiona:

¿Estás enfrentando tus desafíos con la valentía que proviene de confiar en Dios? ¿Cómo puedes fortalecer tu fe para vivir con más confianza?

Forjando mi carácter:

Fortalece tu confianza: Los coléricos pueden usar su determinación natural para enfrentar retos con valentía, pero deben recordar depender de Dios y no solo de sí mismos.

Sé constante en la fe: Los melancólicos pueden superar sus miedos enfocándose en las promesas de Dios y Su fidelidad.

Compromiso práctico:

Enfrenta hoy una situación que hayas estado evitando por temor. Ora primero y da un paso de fe confiando en que Dios está contigo.

Puntos de oración:

Agradece a Dios por ser tu protector y tu fortaleza, Ora por un espíritu valiente que dependa de Su poder, Clama por quienes están enfrentando dificultades y necesitan valentía para seguir adelante.

Día 28 - Agosto:
Fructificación en la Fidelidad

Citas bíblicas a leer: Jeremías 40-42

Reflexión:

En Jeremías 42:6 el pueblo promete: "Sea bueno, sea malo, a la voz de Jehová nuestro Dios al cual te enviamos obedeceremos, para que, obedeciendo a la voz de Jehová nuestro Dios, nos vaya bien."

La fidelidad a Dios se demuestra en la obediencia, incluso cuando Sus caminos no parecen fáciles. Esta fidelidad produce fruto eterno y asegura que nuestras vidas estén alineadas con Su voluntad.

Reflexiona:

¿Estás dispuesto a obedecer a Dios incluso cuando Sus instrucciones no sean lo que esperabas? ¿Cómo puedes fortalecer tu compromiso de fidelidad hacia Él?

Forjando mi carácter:

Sé firme en tus promesas: Los sanguíneos, con su entusiasmo inicial, deben aprender a ser constantes en su obediencia a Dios.

Cultiva la paciencia: Los flemáticos pueden modelar una fidelidad tranquila y perseverante, siguiendo a Dios sin vacilaciones.

Compromiso práctico:

Escribe un compromiso concreto de obediencia a Dios en un área específica de tu vida. Pide a alguien de confianza que te ayude a rendir cuentas.

Puntos de oración:

Agradece por la fidelidad de Dios en tu vida, Ora para que tu corazón esté siempre dispuesto a obedecerle, Clama por aquellos que luchan con dudas y necesitan fortaleza para ser fieles.

Día 29 - Agosto:

Fructificación en la Humildad

Citas bíblicas a leer: Jeremías 43-44; Lamentaciones 1

Reflexión:

En Lamentaciones 1:18 se dice: "Jehová es justo; yo contra su palabra me rebelé."

Este reconocimiento de la justicia de Dios nos llama a vivir en humildad, aceptando Su corrección y volviendo a Sus caminos. Una vida fructífera surge de un corazón humilde y dispuesto a aprender de Él.

Reflexiona:

¿Estás permitiendo que la corrección de Dios te transforme? ¿Cómo puedes practicar más humildad en tu relación con Él y con los demás?

Forjando mi carácter:

Acepta la corrección con gracia: Los coléricos, con su tendencia al orgullo, deben aprender a recibir la corrección con humildad.

Practica la autocrítica sana: Los melancólicos pueden usar su introspección para crecer, enfocándose en el cambio positivo y no en la culpa excesiva.

Compromiso práctico:

Identifica una área donde Dios esté trayendo corrección a tu vida. Ora para aceptar Su guía y toma pasos prácticos para cambiar.

Puntos de oración:

Agradece a Dios por ser justo y paciente contigo, Ora para que tengas un corazón humilde y enseñable, Clama por quienes necesitan volver a los caminos de Dios.

Día 30 - Agosto:
Fructificación en la Compasión

Citas bíblicas a leer: Lamentaciones 2-5

Reflexión:

Lamentaciones 3:22-23 nos recuerda: "Por la misericordia de Jehová no hemos sido consumidos, porque nunca decayeron sus misericordias. Nuevas son cada mañana; grande es tu fidelidad."

Este pasaje resalta la infinita compasión de Dios hacia nosotros. Cuando experimentamos Su misericordia, somos llamados a reflejarla en nuestras interacciones con los demás, mostrando Su amor inagotable.

Reflexiona:

¿Estás reflejando la misericordia de Dios en tus relaciones? ¿Cómo puedes crecer en compasión hacia quienes te rodean?

Forjando mi carácter:

Sé intencional en tu misericordia: Los sanguíneos, con su empatía natural, pueden ser instrumentos de compasión, pero deben evitar la impulsividad que descuida las necesidades reales.

Actúa con propósito: Los coléricos pueden usar su determinación para mostrar misericordia de manera práctica y tangible.

Compromiso práctico:

Haz un acto de misericordia concreto hoy, como ayudar a alguien en necesidad o escribir una nota de ánimo a una persona que está pasando por un momento difícil.

Puntos de oración:

Agradece a Dios por Su misericordia que se renueva cada mañana, Ora para que Su compasión fluya a través de ti hacia otros, Clama por quienes necesitan experimentar la misericordia de Dios en sus vidas.

Día 31 - Agosto:
Fructificación en la Gratitud

Citas bíblicas a leer: Salmos 106-108

Reflexión:

El Salmo 106:1 declara: "Alabad a Jehová, porque él es bueno; porque para siempre es su misericordia."

La gratitud nos conecta con la bondad de Dios y nos ayuda a vivir con una perspectiva llena de gozo. Cuando alabamos a Dios por Su fidelidad, incluso en los tiempos difíciles, nuestra fe crece y nuestra vida se llena de Su paz.

Reflexiona:

¿Estás practicando la gratitud diariamente? ¿Cómo puedes cultivar un corazón más agradecido?

Forjando mi carácter:

Expresa gratitud constantemente: Los sanguíneos pueden liderar en alabanza con su entusiasmo, inspirando a otros a ser agradecidos.

Profundiza en la reflexión: Los melancólicos pueden encontrar consuelo al reflexionar en las razones específicas para dar gracias.

Compromiso práctico:

Escribe una lista de diez cosas por las que estás agradecido hoy y compártelas con alguien cercano. Usa esto como un hábito diario.

Puntos de oración:

Agradece por la bondad y misericordia de Dios en tu vida, Ora para que tu corazón sea siempre agradecido, independientemente de las circunstancias, Clama por un espíritu de gratitud en tu comunidad y en el mundo.

SEPTIEMBRE

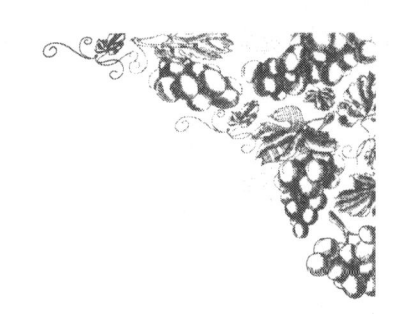

"El secreto de una vida fructífera está en permanecer profundamente conectado a la Vid Verdadera. No te sueltes de Cristo; Él es tu fuente."

"El que permanece en mí, y yo en él, éste lleva mucho fruto; porque separados de mí, nada podéis hacer." (Juan 15:5)

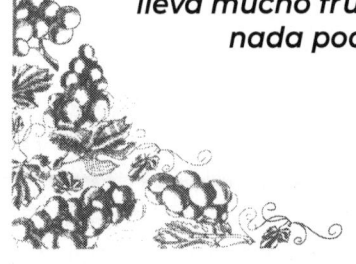

Día 1 - Septiembre:
Fructificación en la Fidelidad

Citas bíblicas a leer: 2 Crónicas 36:1-8; Daniel 1-3

Reflexión:

En Daniel 1:8 leemos: "Y Daniel propuso en su corazón no contaminarse con la porción de la comida del rey, ni con el vino que él bebía."

Este acto de Daniel no fue solo una decisión alimenticia, sino una declaración de fidelidad a Dios. En un ambiente que buscaba conformarlo a sus normas, Daniel eligió honrar a Dios antes que agradar a los hombres. La fidelidad a Dios requiere convicción y un compromiso de vivir para Él, incluso cuando enfrentamos presiones externas.

Reflexiona:

¿Qué áreas de tu vida requieren un mayor nivel de fidelidad a Dios? ¿Cómo puedes mantener tus convicciones frente a las influencias del mundo?

Afirmando mi propósito:

La fidelidad comienza con pequeñas decisiones diarias. Ser intencional en lo cotidiano prepara el camino para ser fiel en momentos de prueba.

Dios nos llama a vivir como luz en medio de la oscuridad, mostrando Su gloria a través de nuestra obediencia y fe.

Compromiso práctico:

Identifica un área en tu vida donde sientas que puedes reflejar más fidelidad a Dios. Ora por fortaleza y toma una decisión práctica para honrarlo en esa área.

Puntos de oración:

Agradece a Dios por Su fidelidad constante hacia ti, Ora para tener la fortaleza de mantener tus convicciones, Clama por aquellos que enfrentan tentaciones y luchas en su caminar con Dios.

Día 2 - Septiembre:

Fructificación en la Humildad

Citas bíblicas a leer: Daniel 4-6

Reflexión:

En Daniel 4:37, Nabucodonosor reconoce: "Yo Nabucodonosor alabo, engrandezco y glorifico al Rey del cielo, porque todas sus obras son verdad, y sus caminos justos; y Él puede humillar a los que andan con soberbia."

La soberbia llevó a Nabucodonosor a la ruina, pero la humildad lo restauró. Este testimonio nos recuerda que la verdadera grandeza no está en lo que logramos, sino en reconocer que todo lo que tenemos proviene de Dios.

Reflexiona:

¿Hay áreas de orgullo en tu vida que necesitas rendir a Dios? ¿Cómo puedes cultivar una actitud de humildad en tus relaciones y decisiones?

Afirmando mi propósito:

La humildad es esencial para caminar en los planes de Dios. Nos permite depender completamente de Él y no en nuestras propias fuerzas.

Reconocer que Dios es el Señor de todas las cosas nos posiciona para recibir Su gracia y dirección.

Compromiso práctico:

Dedica un tiempo hoy para reflexionar en las áreas donde podrías estar luchando con el orgullo. Ora y entrégaselas a Dios, pidiendo un corazón humilde.

Puntos de oración:

Agradece a Dios por Su misericordia al corregir y restaurar, Ora por un espíritu humilde que dependa totalmente de Él, Clama por aquellos que necesitan reconocer a Dios como el Señor de sus vidas.

Día 3 - Septiembre:
Fructificación en la Oración y la Visión

Citas bíblicas a leer: Daniel 7-9

Reflexión:

En Daniel 9:3, leemos: "Volví mi rostro a Dios el Señor, buscándole en oración y ruego, en ayuno, cilicio y ceniza."

Daniel nos enseña la importancia de buscar a Dios intencionalmente. Su oración no solo era un acto religioso, sino una expresión de su deseo de entender el plan de Dios y alinearse con Él. La oración es la puerta para recibir revelación y visión divina en nuestras vidas.

Reflexiona:

¿Estás dedicando tiempo para buscar a Dios con intensidad? ¿Cómo puedes hacer de la oración una parte central de tu vida diaria?

Afirmando mi propósito:

La oración no es solo un deber, es una herramienta poderosa para recibir dirección y discernir el propósito de Dios.

Un corazón dispuesto a orar abre las puertas para experimentar Su presencia y revelación.

Compromiso práctico:

Aparta un tiempo específico hoy para orar por claridad en el propósito que Dios tiene para tu vida. Escribe lo que sientas que Él está hablando a tu corazón.

Puntos de oración:

Agradece a Dios por la oportunidad de acercarte a Él en oración, Ora por sabiduría y claridad para cumplir Su voluntad, Intercede por tu familia y comunidad, pidiendo que también reciban la visión de Dios.

Día 4 - Septiembre:

Fructificación en el Conocimiento de Dios

Citas bíblicas a leer: Daniel 10-12

Reflexión:

En Daniel 10:12, el ángel le dice: "Desde el primer día que dispusiste tu corazón a entender y a humillarte en la presencia de tu Dios, fueron oídas tus palabras."

El conocimiento de Dios no es algo superficial; requiere disposición, tiempo y una búsqueda profunda. Daniel nos muestra que la humildad y la persistencia en buscar a Dios resultan en una conexión más íntima con Él.

Reflexiona:

¿Estás dedicando tiempo para conocer más a Dios y Su voluntad? ¿Qué ajustes puedes hacer en tu vida para priorizar esta relación?

Afirmando mi propósito:

Conocer a Dios es el propósito principal de nuestra vida; todo lo demás fluye de esta relación.

Un corazón dispuesto y humilde atrae la presencia de Dios y Su guía para nuestras vidas.

Compromiso práctico:

Establece una rutina diaria para pasar tiempo con Dios a través de Su Palabra y la oración. Comienza hoy y busca crecer en tu relación con Él.

Puntos de oración:

Agradece por el privilegio de conocer y relacionarte con Dios, Ora por hambre espiritual para aprender más de Su carácter y voluntad, Clama por quienes aún no han experimentado una relación personal con Él.

Día 5 - Septiembre:

Fructificación en la Obediencia

Citas bíblicas a leer: 2 Crónicas 36:9-21; Ezequiel 1-3

Reflexión:

En Ezequiel 2:7, Dios le dice: "Les hablarás mis palabras, escuchen o dejen de escuchar; porque son muy rebeldes."

La obediencia de Ezequiel nos enseña que el éxito no se mide por los resultados, sino por nuestra fidelidad a lo que Dios nos ha llamado a hacer. Aunque el pueblo era rebelde, el profeta cumplió su misión, demostrando que la obediencia radical honra a Dios y refleja nuestro compromiso con Él.

Reflexiona:

¿Estás dispuesto a obedecer a Dios incluso cuando es difícil o los resultados no son visibles? ¿Qué pasos concretos puedes tomar para vivir una obediencia más intencional?

Afirmando mi propósito:

La obediencia a Dios revela nuestra confianza en Su plan y propósito.

Cada acto de obediencia, grande o pequeño, tiene un impacto eterno, aunque no lo veamos inmediatamente.

Compromiso práctico:

Piensa en una área de tu vida donde sientas que Dios te está llamando a actuar. Da un paso de obediencia hoy, confiando en que Él te fortalecerá.

Puntos de oración:

Agradece a Dios por Su paciencia y guía en tu vida, Ora para que tengas un corazón dispuesto a obedecer sin condiciones, Clama por quienes necesitan dirección y valentía para obedecer a Dios.

Día 6 - Septiembre:
Fructificación en la Perspectiva Divina

Citas bíblicas a leer: Ezequiel 4-6

Reflexión:

En Ezequiel 5:5-6, Dios declara: "Así ha dicho Jehová el Señor: Esta es Jerusalén; la puse en medio de las naciones y de las tierras alrededor de ella. Y ella cambió mis decretos y mis ordenanzas por su impiedad."

Dios llamó a Jerusalén a ser un faro para las naciones, pero en lugar de influir, permitió ser influenciada por el pecado. Este llamado nos desafía a no perder nuestra identidad y propósito, recordándonos que hemos sido puestos en este mundo para impactarlo, no para conformarnos a él.

Reflexiona:

¿Estás viviendo con la perspectiva divina de ser una influencia positiva en tu entorno? ¿Cómo puedes reflejar más claramente los valores de Dios en tu vida diaria?

Afirmando mi propósito:

Dios nos ha puesto estratégicamente en lugares y momentos específicos para ser luz y sal.

Vivir con propósito implica permanecer firmes en nuestros valores y no dejarnos arrastrar por la corriente del mundo.

Compromiso práctico:

Identifica una área donde necesitas ser más intencional al influir positivamente en otros. Planea una acción concreta para marcar una diferencia esta semana.

Puntos de oración:

Agradece a Dios por confiarte una posición de influencia, Ora para ser fiel en tu llamado a reflejar Sus principios, Clama por quienes necesitan conocer la luz de Cristo a través de tu testimonio.

Día 7 - Septiembre:

Fructificación en la Alabanza

Citas bíblicas a leer: Salmos 109-111

Reflexión:

El Salmo 111:10 declara: "El principio de la sabiduría es el temor de Jehová; buen entendimiento tienen todos los que practican sus mandamientos."

Este versículo nos lleva a meditar en cómo la alabanza y la obediencia están profundamente conectadas. Cuando reconocemos la grandeza de Dios, nuestro temor reverente hacia Él nos impulsa a vivir sabiamente y a rendirle el honor que merece.

Reflexiona:

¿Tu alabanza a Dios está reflejándose en tu obediencia diaria? ¿Cómo puedes cultivar un corazón más agradecido y reverente?

Afirmando mi propósito:

Alabar a Dios no es solo algo que hacemos con palabras, sino con nuestra vida.

Vivir para glorificar a Dios es el propósito supremo de nuestra existencia.

Compromiso práctico:

Escribe una oración o un salmo personal de alabanza a Dios, exaltando Su grandeza y agradeciendo por Su fidelidad. Dedica un tiempo especial para compartirlo con Él en oración.

Puntos de oración:

Agradece a Dios por Su grandeza y bondad, Ora para que Su alabanza sea constante en tus palabras y acciones, Clama por un avivamiento de adoración genuina en tu iglesia y comunidad.

Día 8 - Septiembre:

Fructificación en la Santidad

Citas bíblicas a leer: Ezequiel 7-9

Reflexión:

En Ezequiel 9:4, Dios dice: "Pasa por en medio de la ciudad, por en medio de Jerusalén, y ponles una señal en la frente a los hombres que gimen y que claman a causa de todas las abominaciones que se hacen en medio de ella."

Dios busca un pueblo apartado para Él, personas que no solo se lamenten por el pecado, sino que vivan vidas santas y dedicadas. La santidad no es una carga, sino una respuesta de amor hacia Aquel que nos llamó para ser Su pueblo.

Reflexiona:

¿Estás viviendo apartado para Dios en cada área de tu vida? ¿Qué cambios necesitas hacer para reflejar Su santidad?

Afirmando mi propósito:

La santidad no es perfección, es vivir intencionalmente para agradar a Dios.

Cuando buscamos la santidad, cumplimos el propósito de ser un reflejo de Su carácter en el mundo.

Compromiso práctico:

Examina tu vida y escribe una lista de áreas donde sientes que necesitas acercarte más a Dios. Ora y pide que te ayude a vivir en santidad.

Puntos de oración:

Agradece porque Dios te llama y capacita para vivir en santidad, Ora por un corazón que desee apartarse para Él cada día más, Clama por una generación comprometida con la santidad en medio de un mundo caído.

Día 9 – Septiembre:
Fructificación en la Dirección de Dios

Citas bíblicas a leer: Ezequiel 10-12

Reflexión:

En Ezequiel 12:28, Dios afirma: "Ninguna de mis palabras se tardará más, lo que yo hable se cumplirá, dice Jehová el Señor."

La dirección de Dios siempre es segura. Aunque Su cumplimiento pueda parecer lento desde nuestra perspectiva, Él siempre cumple Sus promesas en Su tiempo perfecto. Este pasaje nos invita a confiar plenamente en la fidelidad de Dios y en Su plan para nuestras vidas.

Reflexiona:

¿Estás confiando en la dirección de Dios, incluso cuando no ves resultados inmediatos? ¿Cómo puedes fortalecer tu fe en Sus promesas?

Afirmando mi propósito:

La confianza en Dios nos da la seguridad de que Su plan es mejor que el nuestro.

Alinearnos con Su dirección asegura que viviremos una vida significativa y fructífera.

Compromiso práctico:

Escribe una promesa de Dios que necesites recordar en esta temporada de tu vida. Medita en ella diariamente y confía en que Él la cumplirá.

Puntos de oración:

Agradece a Dios por Su fidelidad al cumplir Sus promesas, Ora para tener paciencia y fe mientras esperas Su tiempo perfecto, Clama por quienes están luchando con dudas en medio de la espera.

Día 10 - Septiembre:

Fructificación en el Amor de Dios

Citas bíblicas a leer: Ezequiel 13-16

Reflexión:

En Ezequiel 16:8, Dios declara Su amor por Su pueblo: "Extendí mi manto sobre ti… hice pacto contigo, dice Jehová el Señor, y fuiste mía."

Este versículo nos muestra cómo Dios, en Su amor infinito, nos elige, nos cubre y hace un pacto eterno con nosotros. No importa cuán lejos hayamos estado, Su amor nos redime y restaura, dándonos una identidad nueva y un propósito renovado.

Reflexiona:

¿Estás viviendo cada día consciente del amor que Dios tiene por ti? ¿Cómo puedes responder a ese amor con una vida de gratitud y entrega?

Afirmando mi propósito:

El amor de Dios no solo nos salva, sino que nos da un propósito eterno.

Vivir en Su amor nos capacita para reflejar ese amor a otros.

Compromiso práctico:

Dedica un tiempo para reflexionar en el amor que Dios ha mostrado en tu vida. Escribe una carta de gratitud hacia Él y compártela en oración.

Puntos de oración:

Agradece a Dios por Su amor incondicional y eterno, Ora para que vivas cada día en la seguridad de Su amor, Clama por quienes necesitan experimentar el amor redentor de Dios en sus vidas.

Día 11 - Septiembre:
Fructificación en la Confianza Plena

Citas bíblicas a leer: Ezequiel 17-20

Reflexión:

En Ezequiel 20:44 Dios declara: "Y sabréis que yo soy Jehová, cuando haga con vosotros por amor de mi nombre, no según vuestros caminos malos, ni según vuestras perversas obras."

Este versículo destaca que Dios actúa por Su misericordia y fidelidad, no por lo que merecemos. Al confiar plenamente en Su carácter, nos liberamos de vivir bajo el peso de nuestras fallas y nos centramos en Su gracia.

Reflexiona:

¿Estás confiando en la gracia de Dios más que en tus propias obras? ¿Cómo puedes descansar más en Su fidelidad y menos en tu propio esfuerzo?

Afirmando mi propósito:

La confianza en Dios nos permite vivir sin temor al fracaso, sabiendo que Él es quien sostiene nuestra vida.

Su fidelidad nunca cambia, incluso cuando nosotros fallamos. Esto nos invita a depender plenamente de Él.

Compromiso práctico:

Haz una lista de las áreas donde estás tratando de controlar o depender de tus propias fuerzas. Ora para entregarlas completamente a Dios y confía en que Él actuará.

Puntos de oración:

Agradece por el amor constante y la fidelidad de Dios, Ora por un corazón que confíe plenamente en Su gracia y no en las circunstancias, Clama por quienes están luchando con ansiedad y necesitan confiar en Él.

Día 12 - Septiembre:

Fructificación en la Pureza

Citas bíblicas a leer: Ezequiel 21-24

Reflexión:

En Ezequiel 22:30, Dios dice: "Y busqué entre ellos hombre que hiciese vallado y que se pusiese en la brecha delante de mí a favor de la tierra, para que yo no la destruyese, y no lo hallé."

Este llamado muestra la necesidad de personas comprometidas con la pureza y la intercesión. Ser puros ante Dios implica vivir con un corazón dispuesto a interceder por otros y a luchar contra la corrupción espiritual.

Reflexiona:

¿Estás viviendo una vida de pureza y dedicación a Dios? ¿Cómo puedes ser alguien que "se ponga en la brecha" por tu familia o comunidad?

Afirmando mi propósito:

Ser puro significa apartarse del pecado y buscar honrar a Dios en todo momento.

La pureza espiritual nos capacita para interceder y ser instrumentos de cambio en el mundo.

Compromiso práctico:

Elige un tiempo específico hoy para orar e interceder por tu familia, comunidad o nación. Pide a Dios que te ayude a vivir en pureza y dedicación a Su propósito.

Puntos de oración:

Agradece por el perdón y la gracia de Dios que nos purifican, Ora por un corazón limpio y dispuesto a interceder por otros, Clama por un avivamiento de pureza y santidad en tu iglesia y comunidad.

Día 13 - Septiembre:
Fructificación en la Dependencia de Dios

Citas bíblicas a leer: Ezequiel 25-28

Reflexión:

Ezequiel 28:6-7 advierte: "Por cuanto pusiste tu corazón como corazón de Dios, he aquí yo traigo sobre ti extranjeros."

La soberbia y la autosuficiencia llevan a la ruina. Este pasaje nos recuerda que Dios se opone al orgullo y nos llama a depender completamente de Él, reconociendo que todo lo que somos y tenemos proviene de Su mano.

Reflexiona:

¿Estás viviendo con una dependencia diaria de Dios, o estás confiando demasiado en tus propios logros y habilidades? ¿Cómo puedes rendir tus planes y proyectos a Su dirección?

Afirmando mi propósito:

La verdadera grandeza radica en rendir nuestra vida a Dios y depender de Su poder, no del nuestro.

La dependencia de Dios nos permite vivir con propósito y paz, sabiendo que Él tiene el control.

Compromiso práctico:

Toma tiempo para evaluar tu corazón. Rinde a Dios tus planes y pide que sea Él quien guíe cada decisión.

Puntos de oración:

Agradece a Dios por ser tu sustento y fortaleza, Ora para depender más de Él en todas las áreas de tu vida, Clama por aquellos que están luchando con orgullo y autosuficiencia.

Día 14 - Septiembre:

Fructificación en la Generosidad

Citas bíblicas a leer: Salmos 112-114

Reflexión:

El Salmo 112:5 declara: "El hombre de bien tiene misericordia, y presta; gobierna sus asuntos con juicio."

La generosidad es una expresión del carácter de Dios en nosotros. No se trata solo de dar bienes materiales, sino de vivir con un corazón dispuesto a compartir tiempo, amor y recursos con quienes lo necesitan.

Reflexiona:

¿Estás viviendo con un corazón generoso? ¿Cómo puedes reflejar la bondad de Dios a través de tus actos de generosidad?

Afirmando mi propósito:

Vivir generosamente refleja el propósito de Dios para bendecir a otros a través de nosotros.

La generosidad no solo impacta a quienes la reciben, sino que transforma nuestro corazón para parecernos más a Cristo.

Compromiso práctico:

Haz un acto de generosidad intencional hoy, ya sea ayudando a alguien con tiempo, recursos o palabras de aliento.

Puntos de oración:

Agradece a Dios por todas las bendiciones que has recibido, Ora para tener un corazón generoso en todas las áreas de tu vida, Clama por quienes están en necesidad y por quienes tienen recursos para compartir.

Día 15 - Septiembre:
Fructificación en la Compasión

Citas bíblicas a leer: Ezequiel 29-32

Reflexión:

En Ezequiel 29:16, Dios declara: "Y sabrán que yo soy Jehová el Señor."

Dios muestra Su compasión hacia Su pueblo incluso cuando lo corrige. Este pasaje nos enseña que la compasión no excluye la verdad, sino que la comunica con amor y paciencia, reflejando el corazón de Dios.

Reflexiona:

¿Estás mostrando compasión hacia quienes te rodean, incluso cuando necesitan corrección? ¿Cómo puedes reflejar más del amor de Dios en tus interacciones?

Afirmando mi propósito:

La compasión es esencial para cumplir nuestro propósito de amar a Dios y a los demás.

Mostrar compasión es actuar con el amor y la gracia que hemos recibido de Dios.

Compromiso práctico:

Busca hoy una oportunidad para mostrar compasión hacia alguien que está pasando por un momento difícil. Ofrece ayuda, escucha o palabras de ánimo.

Puntos de oración:

Agradece a Dios por Su compasión hacia ti, incluso en tus fallas, Ora por un corazón sensible a las necesidades de otros, Clama por quienes necesitan experimentar la compasión y el amor de Dios.

Día 16 - Septiembre:

Fructificación en la Renovación

Citas bíblicas a leer: Ezequiel 33-36

Reflexión:

En Ezequiel 36:26, Dios promete: "Os daré corazón nuevo, y pondré espíritu nuevo dentro de vosotros."

Dios está en el negocio de la renovación. Nos quita el corazón endurecido y nos da uno sensible a Su voluntad. La renovación espiritual no solo transforma nuestra vida, sino que nos equipa para vivir plenamente Su propósito.

Reflexiona:

¿Hay áreas de tu vida donde necesitas permitir que Dios haga una obra de renovación? ¿Qué pasos puedes tomar para abrir tu corazón a Su transformación?

Afirmando mi propósito:

La renovación espiritual es clave para vivir alineados con el propósito de Dios.

Permitir que Dios transforme nuestro corazón nos capacita para reflejar Su amor y carácter.

Compromiso práctico:

Dedica tiempo hoy para pedirle a Dios que renueve tu corazón y espíritu. Haz una lista de las áreas donde necesitas Su transformación.

Puntos de oración:

Agradece por el poder renovador de Dios en tu vida, Ora para que tu corazón esté siempre dispuesto a ser transformado, Clama por un avivamiento de corazones renovados en tu comunidad.

Día 17 – Septiembre:

Fructificación en la Vida Abundante

Citas bíblicas a leer: Ezequiel 37-40

Reflexión:

En Ezequiel 37:5, Dios dice: "Así ha dicho Jehová el Señor a estos huesos: He aquí, yo hago entrar espíritu en vosotros, y viviréis."

El poder de Dios trae vida donde antes había muerte. Este pasaje nos recuerda que Su Espíritu puede renovar incluso las áreas más áridas de nuestra vida, llevándonos a vivir en plenitud.

Reflexiona:

¿Hay áreas de tu vida que necesitas rendir al Espíritu Santo para que Él les dé nueva vida? ¿Cómo puedes vivir más plenamente en Su poder?

Afirmando mi propósito:

La vida abundante no depende de las circunstancias, sino de estar conectados al Espíritu de Dios.

Permitir que Su Espíritu obre en nosotros nos lleva a experimentar propósito y plenitud.

Compromiso práctico:

Ora hoy para que Dios sople nueva vida sobre cualquier área que se sienta seca o sin propósito. Escríbelo y confía en que Él obrará.

Puntos de oración:

Agradece a Dios por Su poder para traer vida nueva, Ora para vivir cada día en la plenitud de Su Espíritu, Clama por un avivamiento espiritual en los corazones de las personas a tu alrededor.

Día 18 - Septiembre:

Fructificación en la Adoración Verdadera

Citas bíblicas a leer: Ezequiel 41-44

Reflexión:

En Ezequiel 43:5, el profeta describe: "Y la gloria de Jehová llenó la casa."

Cuando adoramos a Dios en espíritu y verdad, Su presencia llena nuestras vidas y transforma nuestro entorno. La adoración no es solo un acto, sino un estilo de vida que honra y glorifica a Dios en todo lo que hacemos.

Reflexiona:

¿Tu vida refleja adoración verdadera a Dios? ¿Cómo puedes dedicar más tiempo y espacio para Su presencia?

Afirmando mi propósito:

La adoración verdadera nos conecta con la gloria de Dios y nos transforma desde adentro.

Cada acto de obediencia y gratitud es una expresión de adoración.

Compromiso práctico:

Dedica tiempo hoy para adorar a Dios en oración o canción, enfocándote en Su grandeza y Su amor.

Puntos de oración:

Agradece por la oportunidad de experimentar Su presencia, Ora por un corazón que adore a Dios con sinceridad, Clama por una iglesia llena de Su gloria y adoración genuina.

Día 19 - Septiembre:

Fructificación en la Generosidad de Dios

Citas bíblicas a leer: Ezequiel 45-48

Reflexión:

En Ezequiel 47:12, leemos: "Y junto al río, en la ribera, crecerá toda clase de árboles frutales... porque sus aguas salen del santuario."

Este río representa la abundancia y provisión de Dios. Cuando nuestras vidas están conectadas a Su fuente, experimentamos frutos en abundancia que no solo nos bendicen, sino que alimentan y sostienen a otros.

Reflexiona:

¿Estás permitiendo que el río de la presencia de Dios fluya en tu vida? ¿Cómo puedes ser un canal de bendición para quienes te rodean?

Afirmando mi propósito:

Conectarnos a la fuente de Dios garantiza que viviremos con propósito y daremos frutos eternos.

Ser un árbol fructífero implica compartir lo que recibimos con generosidad.

Compromiso práctico:

Piensa en una manera específica de ser un canal de bendición hoy. Haz algo práctico para bendecir a alguien más, ya sea con tiempo, palabras o recursos.

Puntos de oración:

Agradece por el río de bendiciones que fluye desde Dios hacia ti, Ora para ser un árbol que dé fruto constante, Clama por quienes necesitan conectarse a la fuente de vida que es Cristo.

Día 20 - Septiembre:

Fructificación en la Restauración

Citas bíblicas a leer: 2 Crónicas 36:22-23; Esdras 1-3

Reflexión:

En Esdras 1:3, Ciro, rey de Persia, proclama: "Quien haya entre vosotros de su pueblo, sea su Dios con él, y suba a Jerusalén, que está en Judá, y edifique la casa de Jehová, Dios de Israel."

Dios movió el corazón de Ciro para cumplir Su promesa de restaurar a Su pueblo. La restauración no solo fue física, al reconstruir el templo, sino espiritual, al renovar el propósito y la identidad del pueblo de Israel. Este pasaje nos recuerda que Dios es fiel para cumplir Su palabra y que Su obra de restauración abarca todas las áreas de nuestra vida.

Reflexiona:

¿Estás permitiendo que Dios restaure áreas rotas de tu vida? ¿Qué pasos puedes dar para ser parte activa en Su obra de restauración?

Afirmando mi propósito:

Dios nos restaura para que vivamos plenamente Su propósito y glorifiquemos Su nombre.

Al igual que el pueblo de Israel, somos llamados a edificar nuestra vida sobre Su Palabra y Su presencia.

Compromiso práctico:

Identifica un área de tu vida donde necesites restauración. Ora y pídele a Dios que te guíe en los pasos para reconstruir lo que está roto.

Puntos de oración:

Agradece a Dios por Su fidelidad para restaurar lo que parece perdido, Ora por sabiduría y fuerza para colaborar en Su obra restauradora, Clama por quienes están enfrentando situaciones difíciles y necesitan renovación en sus vidas.

Día 21 - Septiembre:
Fructificación en la Alabanza

Citas bíblicas a leer: Salmos 115-117

Reflexión:

El Salmo 115:1 proclama: "No a nosotros, oh Jehová, no a nosotros, sino a tu nombre da gloria, por tu misericordia y por tu verdad."

Este versículo nos enseña que la alabanza no se trata de lo que Dios ha hecho por nosotros, sino de quién es Él. Cuando vivimos para glorificar Su nombre, encontramos propósito y significado en todas nuestras acciones, porque todo lo que hacemos se enfoca en exaltarlo.

Reflexiona:

¿Estás glorificando a Dios en todo lo que haces? ¿Cómo puedes vivir con un enfoque más profundo en darle la gloria que Él merece?

Afirmando mi propósito:

Vivir para la gloria de Dios es el propósito supremo de nuestra existencia.

Nuestra alabanza debe ser una respuesta sincera a Su carácter y Su obra en nuestras vidas.

Compromiso práctico:

Dedica tiempo hoy para alabar a Dios no por lo que has recibido, sino por quién es Él. Escribe una lista de Sus atributos y medita en ellos.

Puntos de oración:

Agradece a Dios por ser digno de toda alabanza, Ora para que Su gloria sea el centro de tu vida diaria, Clama por un espíritu de alabanza y gratitud en tu familia y comunidad.

Día 22 - Septiembre:
Fructificación en la Obediencia

Citas bíblicas a leer: Esdras 4; Hageo 1-2

Reflexión:

En Hageo 1:14, leemos: "Y despertó Jehová el espíritu de Zorobabel... y el espíritu de todo el resto del pueblo; y vinieron y trabajaron en la casa de Jehová de los ejércitos, su Dios."

Dios despertó el espíritu de Su pueblo para que obedecieran Su llamado a reconstruir el templo. Este acto de obediencia no solo restauró la relación del pueblo con Dios, sino que también renovó su propósito. Cuando respondemos a la voz de Dios, experimentamos Su presencia y Su poder trabajando a través de nosotros.

Reflexiona:

¿Estás escuchando la voz de Dios y obedeciendo Su llamado? ¿Qué pasos puedes dar para alinearte con Su voluntad?

Afirmando mi propósito:

La obediencia a Dios es esencial para vivir en Su propósito y experimentar Su bendición.

Cuando respondemos a Su llamado, Él nos equipa y nos respalda para cumplirlo.

Compromiso práctico:

Haz un compromiso de obedecer a Dios en un área específica donde sabes que te está llamando. Da un paso práctico hoy mismo para cumplirlo.

Puntos de oración:

Agradece a Dios por Su paciencia y dirección en tu vida, Ora por un corazón dispuesto a obedecer sin reservas, Clama por quienes necesitan escuchar y responder al llamado de Dios.

Día 23 - Septiembre:

Fructificación en la Esperanza

Citas bíblicas a leer: Zacarías 1-3

Reflexión:

En Zacarías 3:4, el ángel dice: "He aquí que he quitado de ti tu pecado, y te he hecho vestir de ropas de gala."

Este acto de Dios simboliza la esperanza y la restauración que solo Él puede traer. A pesar de nuestras fallas, Él nos limpia y nos viste con Su justicia, dándonos un nuevo comienzo. Este pasaje nos llama a vivir con la esperanza de que Dios está obrando continuamente para redimir y restaurar.

Reflexiona:

¿Estás viviendo con la esperanza de que Dios está obrando en ti y a través de ti? ¿Cómo puedes compartir esta esperanza con otros?

Afirmando mi propósito:

La esperanza en Dios nos da fuerza para seguir adelante, sabiendo que Él cumple Sus promesas.

Vivir con esperanza nos permite ser un testimonio de Su gracia y fidelidad para quienes nos rodean.

Compromiso práctico:

Comparte un testimonio de esperanza con alguien que esté enfrentando un momento difícil. Anímalo a confiar en la obra de Dios en su vida.

Puntos de oración:

Agradece por la esperanza y el perdón que Dios ofrece.

Ora para que Su esperanza llene tu corazón en todo momento.

Clama por aquellos que necesitan un recordatorio del amor redentor de Dios.

Día 24 - Septiembre:

Fructificación en la Obra de Dios

Citas bíblicas a leer: Zacarías 4-6

Reflexión:

En Zacarías 4:6, Dios afirma: "No con ejército, ni con fuerza, sino con mi Espíritu, ha dicho Jehová de los ejércitos."

La obra de Dios no depende de nuestras habilidades o recursos, sino de Su Espíritu. Este versículo nos llama a depender completamente de Él para cumplir Su propósito en nuestra vida. Cuando confiamos en Su poder, vemos resultados que van más allá de lo que podríamos lograr por nosotros mismos.

Reflexiona:

¿Estás confiando en el Espíritu de Dios para llevar a cabo Su obra, o estás tratando de hacerlo por tus propias fuerzas? ¿Cómo puedes depender más de Su poder?

Afirmando mi propósito:

La obra de Dios en nuestra vida y a través de nosotros solo puede ser realizada por el poder de Su Espíritu.

Dependemos de Él para cumplir nuestro llamado y ver Su gloria manifestada.

Compromiso práctico:

Dedica un tiempo para rendir tus esfuerzos y planes a Dios. Pide que Su Espíritu guíe cada paso y te capacite para cumplir Su propósito.

Puntos de oración:

Agradece por el poder del Espíritu Santo que opera en ti.

Ora para que Su Espíritu te guíe en cada área de tu vida.

Clama por un avivamiento espiritual en tu comunidad y en tu iglesia.

Día 25 - Septiembre:
Fructificación en la Justicia de Dios

Citas bíblicas a leer: Zacarías 7-9

Reflexión:

En Zacarías 7:9, Dios instruye: "Haced juicio verdadero, y mostrad misericordia y piedad cada cual con su hermano."

Este llamado combina justicia y misericordia, recordándonos que nuestra fe debe expresarse en acciones que reflejen el carácter de Dios. Vivir en Su justicia implica tratar a los demás con equidad, compasión y amor, reconociendo que todos somos creados a Su imagen.

Reflexiona:

¿Estás practicando la justicia y mostrando misericordia en tu vida diaria? ¿Cómo puedes ser un reflejo más claro del carácter de Dios en tus relaciones?

Afirmando mi propósito:

El propósito de Dios incluye actuar con justicia y compasión hacia los demás.

Vivir de acuerdo con Su justicia transforma no solo nuestras vidas, sino también a quienes nos rodean.

Compromiso práctico:

Busca una oportunidad para hacer un acto de justicia o mostrar misericordia a alguien que lo necesite. Hazlo con la intención de reflejar el amor de Dios.

Puntos de oración:

Agradece porque Dios es justo y misericordioso contigo.

Ora para que tengas un corazón sensible a las necesidades de otros.

Clama por quienes están enfrentando situaciones de injusticia.

Día 26 - Septiembre:

Fructificación en la Fidelidad

Citas bíblicas a leer: Zacarías 10-12

Reflexión:

En Zacarías 10:12, Dios promete: "Y los fortaleceré en Jehová, y caminarán en su nombre, dice Jehová."

Dios fortalece a quienes permanecen fieles a Su llamado. Caminar en Su nombre significa depender de Él y confiar en Su guía en cada paso. La fidelidad a Dios no solo nos fortalece, sino que nos da dirección y propósito.

Reflexiona:

¿Estás caminando en el nombre de Dios, confiando plenamente en Su fortaleza? ¿Cómo puedes fortalecer tu fidelidad hacia Él en esta temporada?

Afirmando mi propósito:

La fidelidad a Dios nos capacita para caminar en Su propósito y experimentar Su fortaleza en nuestras debilidades.

Caminar en Su nombre es un recordatorio constante de que pertenecemos a Él y dependemos de Su gracia.

Compromiso práctico:

Elige una área específica donde puedas renovar tu fidelidad a Dios. Dedica tiempo a orar y a buscar Su fortaleza para cumplir con Su llamado.

Puntos de oración:

Agradece por la fortaleza y fidelidad de Dios en tu vida.

Ora por un espíritu de fidelidad que persevere en cualquier circunstancia.

Clama por quienes necesitan recordar que en Dios encuentran dirección y fortaleza.

Día 27 - Septiembre:
Fructificación en la Restauración Final

Citas bíblicas a leer: Zacarías 13-14

Reflexión:

En Zacarías 14:9 se nos dice: "Y Jehová será rey sobre toda la tierra. En aquel día Jehová será uno, y uno su nombre."

Este pasaje apunta hacia la restauración final cuando Dios reinará completamente y todas las cosas serán renovadas. Nos anima a vivir con la esperanza de Su reino venidero, sabiendo que nuestra fidelidad hoy contribuye a Su obra eterna.

Reflexiona:

¿Estás viviendo con la expectativa de la restauración final de Dios? ¿Cómo puedes reflejar esa esperanza en tus acciones y decisiones diarias?

Afirmando mi propósito:

Nuestra vida diaria tiene significado eterno porque apunta hacia el reino de Dios.

Vivir con la esperanza de Su restauración nos da perspectiva y propósito en todo lo que hacemos.

Compromiso práctico:

Dedica tiempo para meditar en las promesas de Dios sobre Su reino eterno. Piensa en cómo puedes vivir hoy con esa esperanza en mente.

Puntos de oración:

Agradece por la esperanza de la restauración final en Cristo.

Ora para que tu vida refleje Su reino en cada aspecto.

Clama por quienes aún no conocen la esperanza del evangelio.

Día 28 - Septiembre:
Fructificación en la Gratitud

Citas bíblicas a leer: Salmos 118-119:16

Reflexión:

El Salmo 118:24 proclama: "Este es el día que hizo Jehová; nos gozaremos y alegraremos en él."

La gratitud surge de reconocer que cada día es un regalo de Dios. Cuando vivimos con un corazón agradecido, transformamos nuestras perspectivas y encontramos gozo incluso en medio de las dificultades. La gratitud es un acto de fe que nos conecta con la bondad y el propósito de Dios.

Reflexiona:

¿Estás viviendo cada día con gratitud hacia Dios? ¿Cómo puedes cultivar un espíritu agradecido en todo momento?

Afirmando mi propósito:

La gratitud nos lleva a vivir con gozo y propósito, reconociendo que cada día es una oportunidad para glorificar a Dios.

Vivir agradecidos es una forma de reflejar Su bondad a quienes nos rodean.

Compromiso práctico:

Haz una lista de 10 cosas por las que estás agradecido hoy. Dedica tiempo a orar y agradecer a Dios por cada una de ellas.

Puntos de oración:

Agradece por las bendiciones que has recibido, tanto grandes como pequeñas.

Ora para que la gratitud sea un hábito diario en tu vida.

Clama por quienes necesitan un cambio de perspectiva hacia la gratitud.

Día 29 - Septiembre:

Fructificación en la Fe Activa

Citas bíblicas a leer: Esdras 5-7

Reflexión:

En Esdras 6:14 se dice: "Edificaron, pues, los ancianos de los judíos, y prosperaron conforme a la profecía de Hageo y Zacarías."

La fe activa de los líderes del pueblo de Israel los llevó a actuar conforme a las palabras de los profetas. Este ejemplo nos enseña que la fe verdadera no solo cree, sino que actúa. La obediencia y el trabajo son respuestas a la dirección de Dios en nuestras vidas.

Reflexiona:

¿Estás actuando en fe conforme a lo que Dios te ha hablado? ¿Cómo puedes ser más diligente en cumplir Su voluntad?

Afirmando mi propósito:

La fe activa nos conecta con el plan de Dios y nos impulsa a cumplirlo con diligencia.

Cada paso de obediencia fortalece nuestra relación con Él y da fruto en Su tiempo perfecto.

Compromiso práctico:

Toma una acción concreta esta semana para cumplir con algo que sientes que Dios te ha llamado a hacer.

Puntos de oración:

Agradece a Dios por las oportunidades de actuar en fe.

Ora por fuerza y sabiduría para cumplir Su propósito en tu vida.

Clama por quienes necesitan dar pasos de obediencia hacia Su llamado.

Día 30 - Septiembre:

Fructificación en el Gozo de la Obediencia

Citas bíblicas a leer: Esdras 8-10

Reflexión:

En Esdras 8:23, se dice: "Ayunamos, pues, y pedimos a nuestro Dios sobre esto, y Él nos fue propicio."

El gozo de la obediencia surge de ver cómo Dios responde a nuestra fe y dedicación. La obediencia no siempre es fácil, pero siempre vale la pena porque nos acerca más a Su presencia y propósito.

Reflexiona:

¿Estás encontrando gozo en obedecer a Dios, incluso en los desafíos? ¿Cómo puedes seguir confiando en Su respuesta a tus oraciones?

Afirmando mi propósito:

La obediencia nos posiciona para experimentar la fidelidad y provisión de Dios.

Cada acto de obediencia nos acerca más a Su corazón y Su propósito eterno.

Compromiso práctico:

Reflexiona en una ocasión donde obedeciste a Dios y viste Su respuesta. Escríbelo como un recordatorio de Su fidelidad.

Puntos de oración:

Agradece por la oportunidad de obedecer y caminar en los caminos de Dios.

Ora por un corazón dispuesto y alegre en la obediencia.

Clama por aquellos que están luchando con decisiones difíciles en su caminar con Dios.

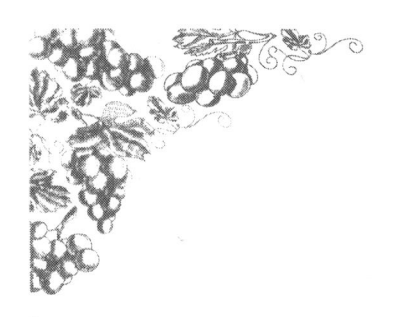

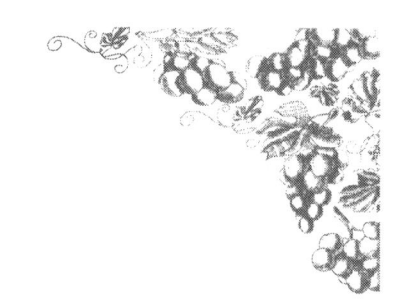

OCTUBRE

"El secreto de una vida fructífera está en permanecer profundamente conectado a la Vid Verdadera. No te sueltes de Cristo; Él es tu fuente."

"El que permanece en mí, y yo en él, éste lleva mucho fruto; porque separados de mí, nada podéis hacer." (Juan 15:5)

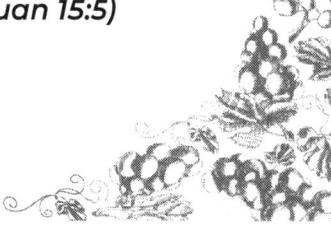

Día 1 - Octubre:
Orar con Obediencia

Citas bíblicas a leer: Ester 1-3

Reflexión:

En Ester 4:14, Mardoqueo le dice a Ester: "¿Y quién sabe si para esta hora has llegado al reino?"

Ester enfrenta una decisión crucial: obedecer el llamado de Dios arriesgando su vida o permanecer en silencio. Su historia nos recuerda que la oración no solo es hablar con Dios, sino también escuchar Su dirección y obedecer. Al orar con un corazón dispuesto a seguir Su voluntad, nos alineamos con Su propósito eterno.

APRENDIENDO A ORAR:

Disponibilidad: Al comenzar a orar, dile a Dios: "Estoy listo para escuchar y obedecer lo que me pidas."

Confianza: Reconoce que Dios nunca te llevará a un lugar donde Su gracia no te pueda sostener.

Compromiso práctico:

Haz una lista de las áreas donde sientes que Dios te está llamando a actuar. Ora por valentía para obedecer, aun en medio de las dificultades.

Puntos de oración:

Pide a Dios un corazón dispuesto a obedecer Su llamado.

Ora por sabiduría para discernir Su voluntad en las decisiones que enfrentas.

Intercede por quienes están luchando para responder al llamado de Dios en sus vidas.

Día 2 - Octubre:
Orar con Intercesión

Citas bíblicas a leer: Ester 4-6

Reflexión:

En Ester 4:16, Ester proclama: "Ayunad por mí, y no comáis ni bebáis en tres días, noche y día. Yo también con mis doncellas ayunaré igualmente."

Ester pide la intercesión de su pueblo para buscar a Dios en oración. Este acto nos enseña el poder de orar unos por otros, especialmente en tiempos de necesidad. La intercesión es una expresión de amor y confianza en que Dios puede obrar en favor de quienes enfrentan desafíos.

APRENDIENDO A ORAR:

Ora por otros: Dedica tiempo en tu oración diaria para interceder por las necesidades de familiares, amigos y tu comunidad.

Confía en el poder de la unidad: Invita a otros a unirse en oración por situaciones específicas.

Compromiso práctico:

Elige a una persona o causa por la cual orar fervientemente durante los próximos tres días. Escríbele para recordarle que estás intercediendo por ella.

Puntos de oración:

Agradece porque Dios escucha nuestras oraciones y responde.

Ora para que desarrolles un corazón intercesor y compasivo.

Clama por las personas o situaciones que necesitan intervención divina urgente.

Día 3 - Octubre:

Orar con Gratitud

Citas bíblicas a leer: Ester 7-10

Reflexión:

En Ester 9:22, se establece que los días de Purim serán días de gozo y gratitud: "Para que los judíos celebrasen el día en que Dios les dio reposo de sus enemigos."

La respuesta de los judíos a la salvación de Dios fue una celebración llena de gratitud. Esto nos recuerda que la oración no solo debe estar marcada por peticiones, sino también por alabanza y agradecimiento por lo que Dios ya ha hecho.

APRENDIENDO A ORAR:

Empieza con gratitud: Antes de pedir algo en oración, agradece a Dios por Sus bendiciones pasadas y presentes.

Reconoce Su fidelidad: Haz memoria de cómo Dios ha obrado en tu vida y deja que eso fortalezca tu fe para el futuro.

Compromiso práctico:

Escribe una lista de diez cosas por las que estás agradecido. Inclúyelas en tu tiempo de oración y compártelas con alguien más como testimonio de la fidelidad de Dios.

Puntos de oración:

Agradece por las maneras en que Dios ha demostrado Su fidelidad en tu vida.

Ora para desarrollar un corazón lleno de gratitud en todo momento.

Clama por quienes necesitan ver la bondad de Dios en medio de sus dificultades.

Día 4 - Octubre:
Orar con Confesión

Citas bíblicas a leer: Nehemías 1-3

Reflexión:

En Nehemías 1:6-7, el líder ora: "Confieso los pecados que hemos cometido contra ti; sí, yo y la casa de mi padre hemos pecado."

La oración de Nehemías comienza con confesión, reconociendo los errores propios y del pueblo. La confesión es esencial para acercarnos a Dios con un corazón limpio. No se trata solo de admitir fallas, sino de rendirlas a Dios con la confianza de que Su gracia restaura y renueva.

APRENDIENDO A ORAR:

Sé honesto: Abre tu corazón a Dios sin ocultar nada. La confesión es un acto de humildad y confianza en Su misericordia.

Pide renovación: Ora no solo por perdón, sino también por transformación en las áreas donde necesitas crecer.

Compromiso práctico:

Dedica un tiempo hoy para reflexionar en tu vida. Identifica áreas donde necesitas confesar y orar por un cambio verdadero. Escríbelo como un compromiso personal con Dios.

Puntos de oración:

Agradece a Dios por Su misericordia y disposición a perdonar.

Ora por un corazón humilde y dispuesto a cambiar.

Clama por una iglesia y una comunidad dispuestas a arrepentirse y buscar a Dios.

Día 5 - Octubre:

Orar con la Palabra

Citas bíblicas a leer: Salmos 119:17-72

Reflexión:

El Salmo 119:18 dice: "Abre mis ojos, y miraré las maravillas de tu ley."

La Palabra de Dios no solo guía nuestra vida, sino que también enriquece nuestras oraciones. Cuando oramos con la Escritura, alineamos nuestro corazón con la voluntad de Dios y encontramos respuestas en Su verdad eterna.

APRENDIENDO A ORAR:

Ora con la Biblia: Usa un versículo como guía para tus oraciones, aplicándolo a tu vida y necesidades.

Medita en Su Palabra: Antes de orar, dedica un tiempo para reflexionar en un pasaje y deja que inspire tus palabras.

Compromiso práctico:

Elige un versículo de la lectura de hoy y conviértelo en una oración personal. Escríbelo y repítelo durante el día, reflexionando en su significado.

Puntos de oración:

Agradece por la riqueza y guía que encuentras en la Palabra de Dios.

Ora para que Su Palabra sea el fundamento de tus decisiones y oraciones.

Clama por quienes necesitan conocer la verdad transformadora de la Biblia.

Día 6 - Octubre:

Orar en Medio de la Adversidad

Citas bíblicas a leer: Nehemías 4-6

Reflexión:

En Nehemías 4:9 se relata: "Entonces oramos a nuestro Dios, y por causa de ellos pusimos guarda contra ellos de día y de noche."

Enfrentando amenazas y oposición, Nehemías y el pueblo respondieron con oración y acción. Este ejemplo nos enseña a acudir primero a Dios cuando enfrentamos adversidad, confiando en que Él nos dará sabiduría y fortaleza para superar cualquier desafío.

APRENDIENDO A ORAR:

Ora en todo momento: Haz de la oración tu primera respuesta, no tu último recurso.

Busca fortaleza: Pide a Dios que te capacite para actuar con valentía y sabiduría en medio de los problemas.

Compromiso práctico:

Identifica un desafío que enfrentas actualmente. Dedica tiempo a orar por él hoy, pidiendo dirección y fortaleza para enfrentarlo.

Puntos de oración:

Agradece porque Dios escucha tus oraciones en tiempos difíciles.

Ora por fuerza y valentía para enfrentar la oposición con confianza en Él.

Clama por quienes están luchando en medio de adversidades y necesitan esperanza.

Día 7 - Octubre:
Orar con Arrepentimiento

Citas bíblicas a leer: Nehemías 7-9

Reflexión:

En Nehemías 9:3 se nos dice: "Se levantaron en su lugar, y leyeron el libro de la ley de Jehová su Dios... y confesaron sus pecados."

El pueblo respondió a la Palabra de Dios con arrepentimiento y confesión. Este pasaje nos recuerda que la oración debe incluir una respuesta honesta y humilde a lo que Dios nos revela, pidiéndole que transforme nuestras vidas.

APRENDIENDO A ORAR:

Sé transparente: Al leer la Palabra, permite que Dios examine tu corazón y revela lo que necesita ser cambiado.

Clama por renovación: Pide que el Espíritu Santo te guíe hacia un arrepentimiento genuino.

Compromiso práctico:

Dedica un tiempo hoy para reflexionar en un área específica donde necesitas arrepentimiento. Ora pidiendo perdón y fuerza para cambiar.

Puntos de oración:

Agradece porque Dios está dispuesto a perdonar y renovar.

Ora por un corazón sensible a Su corrección.

Clama por una iglesia que busque arrepentimiento y transformación.

Día 8 - Octubre:
Orar por Compromiso

Citas bíblicas a leer: Nehemías 10-13

Reflexión:

En Nehemías 10:29, el pueblo hizo un pacto: "Se obligaron bajo juramento y maldición a andar en la ley de Dios."

El compromiso del pueblo de obedecer a Dios surgió de su tiempo en oración y reflexión. Este ejemplo nos inspira a renovar nuestra dedicación a vivir según los principios de Dios, no solo de palabra, sino con acciones concretas.

APRENDIENDO A ORAR:

Renueva tu compromiso: Ora pidiendo fortaleza para cumplir con las decisiones que has tomado para honrar a Dios.

Pide constancia: Habla con Dios sobre las áreas donde necesitas perseverancia en tu caminar con Él.

Compromiso práctico:

Renueva un compromiso con Dios en una área donde sientas que has sido inconsistente. Escríbelo y ora por constancia para cumplirlo.

Puntos de oración:

Agradece porque Dios fortalece tus compromisos con Su gracia.

Ora por un corazón decidido a obedecer y agradar a Dios.

Clama por quienes necesitan hacer un pacto de obediencia con Él.

Día 9 - Octubre:

Orar con Reverencia

Citas bíblicas a leer: Malaquías

Reflexión:

En Malaquías 1:11, Dios dice: "Desde donde el sol nace hasta donde se pone, es grande mi nombre entre las naciones."

Este pasaje nos llama a reconocer la grandeza de Dios en nuestra oración. La reverencia en la oración no solo exalta Su nombre, sino que también transforma nuestro corazón al alinearlo con Su gloria y majestad.

APRENDIENDO A ORAR:

Adora a Dios por quién es: Dedica tiempo en oración a proclamar Su grandeza y alabarlo por Su carácter.

Ora con humildad: Reconoce Su soberanía sobre cada aspecto de tu vida.

Compromiso práctico:

Haz una lista de los atributos de Dios que más te inspiran y conviértelos en una oración de alabanza.

Puntos de oración:

Agradece por la grandeza y fidelidad de Dios en tu vida.

Ora por un corazón lleno de reverencia y adoración hacia Él.

Clama por un avivamiento de adoración genuina en las naciones.

Día 10 - Octubre:

Orar con la Dirección del Espíritu

Citas bíblicas a leer: Mateo 1-3

Reflexión:

En Mateo 3:16-17, al ser bautizado, Jesús recibió la afirmación de Su Padre: "Este es mi Hijo amado, en quien tengo complacencia."

La oración, guiada por el Espíritu Santo, nos alinea con la voluntad de Dios y nos asegura Su dirección. Al buscar a Dios en oración, somos fortalecidos para cumplir Su propósito y caminar en Su amor.

APRENDIENDO A ORAR:

Invoca al Espíritu Santo: Antes de orar, pídele que guíe tus palabras y pensamientos.

Busca Su dirección: Habla con Dios sobre las decisiones que enfrentas y pide claridad en Su voluntad.

Compromiso práctico:

Dedica un tiempo hoy para orar específicamente pidiendo la guía del Espíritu Santo en una decisión importante. Escucha Su respuesta en quietud y confianza.

Puntos de oración:

Agradece porque el Espíritu Santo te guía y fortalece.

Ora por discernimiento para seguir la voluntad de Dios.

Clama por quienes necesitan claridad en sus vidas y decisiones.

Día 11 - Octubre:
Orar con Dependencia

Citas bíblicas a leer: Mateo 4-7

Reflexión:

En Mateo 6:11, Jesús enseña: "El pan nuestro de cada día, dánoslo hoy."

Este versículo nos recuerda nuestra dependencia diaria de Dios para todo lo que necesitamos. La oración no solo es un acto de fe, sino también de humildad, al reconocer que toda provisión proviene de Él.

APRENDIENDO A ORAR:

Pide lo necesario: Habla con Dios sobre tus necesidades diarias, confiando en que Él proveerá.

Agradece por Su provisión: Haz de la gratitud una parte fundamental de tu oración diaria.

Compromiso práctico:

Escribe una lista de tus necesidades actuales y entrégalas a Dios en oración. Confía en que Él te proveerá lo que necesitas en Su tiempo perfecto.

Puntos de oración:

Agradece por las maneras en que Dios ha suplido tus necesidades.

Ora por un corazón que dependa plenamente de Su provisión.

Clama por quienes están enfrentando escasez y necesitan la provisión de Dios.

Día 12 - Octubre:

Orar con Gozo

Citas bíblicas a leer: Salmos 119:73-120

Reflexión:

En el Salmo 119:92, el salmista declara: "Si tu ley no hubiese sido mi delicia, ya en mi aflicción hubiera perecido."

La Palabra de Dios es una fuente de gozo incluso en los tiempos más oscuros. La oración con gozo no depende de las circunstancias, sino de la certeza de que Su Palabra y promesas son eternas y fieles.

APRENDIENDO A ORAR:

Deléitate en Su Palabra: Haz de las Escrituras el centro de tus oraciones, proclamando las promesas de Dios.

Ora con gratitud: Aun en tiempos difíciles, agradece por el gozo que Su presencia trae a tu vida.

Compromiso práctico:

Elige un versículo de la lectura de hoy que te inspire gozo y conviértelo en una oración personal. Repítelo durante el día.

Puntos de oración:

Agradece por el gozo que encuentras en la Palabra de Dios.

Ora para que tu corazón esté lleno de gratitud y alegría en todo momento.

Clama por quienes necesitan experimentar el gozo que solo Dios puede dar.

Día 13 - Octubre:

Orar con Confianza en Su Poder

Citas bíblicas a leer: Mateo 8-10

Reflexión:

En Mateo 8:8, el centurión le dice a Jesús: "Solamente di la palabra, y mi criado sanará."

Esta declaración refleja una confianza absoluta en el poder de Jesús. La oración con fe nos invita a creer que Dios no solo puede, sino que está dispuesto a actuar en nuestro favor cuando oramos según Su voluntad.

APRENDIENDO A ORAR:

Cree en Su poder: Cuando ores, recuerda que Dios es todopoderoso y nada es imposible para Él.

Declara Su voluntad: Ora con la certeza de que Dios es fiel para cumplir Sus promesas.

Compromiso práctico:

Escribe una situación en la que necesites un milagro. Ora con confianza, declarando que el poder de Dios puede traer solución y esperanza.

Puntos de oración:

Agradece porque el poder de Dios no tiene límites.

Ora para que tu fe crezca al buscar Su intervención en tu vida.

Clama por aquellos que necesitan experimentar el poder transformador de Dios.

Día 14 - Octubre:
Orar con Paciencia

Citas bíblicas a leer: Mateo 11-13

Reflexión:

En Mateo 13:31-32, Jesús compara el reino de Dios con una semilla de mostaza que, aunque pequeña, crece hasta ser un gran árbol.

Este pasaje nos enseña que muchas veces la obra de Dios toma tiempo. La oración con paciencia implica confiar en que Él está obrando, incluso cuando no vemos resultados inmediatos.

APRENDIENDO A ORAR:

Espera en Dios: Ora pidiendo paciencia para confiar en Su tiempo perfecto.

No te desanimes: Recuerda que incluso las pequeñas oraciones pueden dar grandes frutos con el tiempo.

Compromiso práctico:

Identifica un área en la que has estado orando sin ver respuestas claras. Dedica tiempo a orar nuevamente, entregándoselo todo a Dios con fe renovada.

Puntos de oración:

Agradece porque Dios obra en Su tiempo perfecto.

Ora por perseverancia y paciencia mientras esperas Sus respuestas.

Clama por quienes se sienten desanimados en su vida de oración.

Día 15 - Octubre:

Orar con Perseverancia

Citas bíblicas a leer: Mateo 14-16

Reflexión:

En Mateo 15:28, Jesús responde a la mujer cananea: "Grande es tu fe; hágase contigo como quieres."

La persistencia de esta mujer en buscar a Jesús, incluso frente a los obstáculos, nos muestra el poder de orar con perseverancia. Dios honra a quienes buscan Su presencia con fe constante, sin rendirse ante las circunstancias.

APRENDIENDO A ORAR:

Sé persistente: Continúa orando, incluso cuando enfrentes silencio o retrasos aparentes.

Confía en Su respuesta: Ora con la certeza de que Dios escucha y responderá en el momento oportuno.

Compromiso práctico:

Elige una oración que hayas dejado de hacer por desánimo o duda. Reanúdala hoy, confiando en que Dios está obrando, aunque no lo veas todavía.

Puntos de oración:

Agradece porque Dios escucha cada oración, incluso las que parecen demorarse.

Ora por un corazón que persevere en buscar Su presencia.

Clama por quienes han perdido la esperanza en medio de la espera.

Día 16 - Octubre:
Orar por Entendimiento Espiritual

Citas bíblicas a leer: Mateo 17-19

Reflexión:

En Mateo 17:20, Jesús dice: "Si tuvierais fe como un grano de mostaza, diréis a este monte: Pásate de aquí allá, y se pasará."

La fe abre nuestros ojos al poder de Dios y nos permite ver más allá de lo natural. Orar por entendimiento espiritual nos ayuda a discernir Su voluntad y confiar en Su capacidad para hacer lo imposible.

APRENDIENDO A ORAR:

Pide entendimiento: Ora para que Dios te muestre Su perspectiva sobre tus desafíos.

Declara Su poder: Habla con fe, creyendo que Él puede mover los montes en tu vida.

Compromiso práctico:

Dedica tiempo a orar por sabiduría y entendimiento en una situación específica. Lee un pasaje bíblico relacionado y medita en cómo aplicarlo.

Puntos de oración:

Agradece porque Dios ilumina nuestros corazones con Su verdad.

Ora por discernimiento espiritual en tus decisiones y desafíos.

Clama por aquellos que necesitan una nueva perspectiva en sus vidas.

Día 17 - Octubre:

Orar con Generosidad

Citas bíblicas a leer: Mateo 20-22

Reflexión:

En Mateo 20:28, Jesús dice: "El Hijo del Hombre no vino para ser servido, sino para servir y para dar Su vida en rescate por muchos."

La generosidad comienza en la oración, al interceder por otros y pedir que Dios los bendiga. Orar con un corazón generoso nos alinea con el ejemplo de Jesús, quien dio todo por amor.

APRENDIENDO A ORAR:

Ora por otros: Dedica tiempo a interceder por las necesidades de tus amigos, familia y comunidad.

Pide ser generoso: Habla con Dios sobre cómo puedes ser un canal de Su amor y provisión.

Compromiso práctico:

Elige a una persona o familia específica por la cual orar hoy. Pregunta si tienen alguna necesidad en la que puedas ayudar.

Puntos de oración:

Agradece porque Dios te da recursos para bendecir a otros.

Ora por un corazón generoso y dispuesto a servir.

Clama por quienes están en necesidad y por quienes pueden ayudarles.

Día 18 - Octubre:

Orar con un Corazón Rendido

Citas bíblicas a leer: Mateo 23-25

Reflexión:

En Mateo 25:21, Jesús dice: "Bien, buen siervo y fiel; sobre poco has sido fiel, sobre mucho te pondré."

La fidelidad comienza con un corazón rendido a Dios en oración. Cuando oramos con humildad y disposición para obedecer, Él nos capacita para ser fieles en lo poco y en lo mucho.

APRENDIENDO A ORAR:

Rinde tus planes: Al orar, entrega tus metas y proyectos a Dios, permitiendo que Él los guíe.

Ora por fidelidad: Pide a Dios que te dé un corazón obediente y comprometido con Su voluntad.

Compromiso práctico:

Haz una lista de tus planes actuales. Ora entregándolos a Dios y pídele que te guíe a ser fiel en lo que te ha encomendado.

Puntos de oración:

Agradece por las oportunidades de servir y ser fiel en lo que Dios te ha dado.

Ora por sabiduría para honrarlo en cada área de tu vida.

Clama por aquellos que necesitan rendir su voluntad a Dios.

Día 19 - Octubre:
Orar con Gratitud Profunda

Citas bíblicas a leer: Salmos 119:121-176

Reflexión:

El Salmo 119:165 declara: "Mucha paz tienen los que aman tu ley, y no hay para ellos tropiezo."

La gratitud por la Palabra de Dios nos llena de paz y seguridad. Cuando oramos agradecidos por Su dirección y promesas, nuestra fe se fortalece y nuestro corazón se llena de gozo.

APRENDIENDO A ORAR:

Expresa tu gratitud: Ora dando gracias por las promesas y enseñanzas que has recibido en la Palabra de Dios.

Pide paz: Habla con Dios sobre las áreas donde necesitas Su paz, y confía en que Él te la dará.

Compromiso práctico:

Elige un versículo del Salmo 119 que te inspire gratitud y conviértelo en una oración personal durante el día.

Puntos de oración:

Agradece por la paz que encuentras en la Palabra de Dios.

Ora para que Su ley sea siempre una guía en tu vida.

Clama por quienes necesitan conocer la paz que solo Dios puede dar.

Día 20 - Octubre:
Orar con Rendición Completa

Citas bíblicas a leer: Mateo 26-28

Reflexión:

En Mateo 26:39, Jesús ora: "Padre mío, si es posible, pase de mí esta copa; pero no sea como yo quiero, sino como tú."

Jesús nos muestra el ejemplo perfecto de una oración rendida, donde Su deseo queda sometido al plan de Dios. La oración de rendición nos ayuda a confiar en la voluntad de Dios, incluso cuando no la entendemos por completo.

APRENDIENDO A ORAR:

Entrégate por completo: Ora con sinceridad, entregando tus deseos y temores al control de Dios.

Confía en Su plan: Pide fuerza para aceptar y seguir la voluntad de Dios, sabiendo que Sus planes son perfectos.

Compromiso práctico:

Identifica una situación que te cuesta entregar completamente a Dios. Ora rindiéndola a Su voluntad, diciendo: "No como yo quiero, sino como Tú."

Puntos de oración:

Agradece porque Dios siempre actúa con amor y sabiduría.

Ora por la fe necesaria para aceptar Su voluntad en cada aspecto de tu vida.

Clama por quienes están luchando con rendirse al plan de Dios.

Día 21 - Octubre:

Orar con Fe Activa

Citas bíblicas a leer: Marcos 1-4

Reflexión:

En Marcos 2:5, Jesús responde a la fe de los amigos del paralítico: "Al ver Jesús la fe de ellos, dijo al paralítico: Hijo, tus pecados te son perdonados."

Este relato nos enseña que la fe activa se refleja en acciones concretas. La oración con fe no solo cree, sino que se mueve en obediencia, confiando en que Dios responderá de maneras poderosas.

APRENDIENDO A ORAR:

Ora con valentía: Pide a Dios lo que necesitas, creyendo en Su poder para obrar.

Combina tu fe con acción: Da pasos prácticos que reflejen tu confianza en lo que has orado.

Compromiso práctico:

Ora por una necesidad específica y actúa en fe, sabiendo que Dios está obrando, incluso cuando no ves resultados inmediatos.

Puntos de oración:

Agradece por las formas en que Dios responde a las oraciones con poder.

Ora para que tu fe crezca y se traduzca en acción.

Clama por quienes necesitan fortaleza para confiar en Dios en situaciones difíciles.

Día 22 - Octubre:
Orar por Sanidad

Citas bíblicas a leer: Marcos 5-8

Reflexión:

En Marcos 5:34, Jesús le dice a una mujer que había sido sanada: "Hija, tu fe te ha hecho salva; ve en paz, y queda sana de tu azote."

La fe y la oración son fundamentales en la búsqueda de sanidad, ya sea física, emocional o espiritual. Este pasaje nos recuerda que la oración no solo busca el milagro, sino la paz y la restauración total que solo Dios puede dar.

APRENDIENDO A ORAR:

Clama con fe: Ora por sanidad en tu vida o en la de otros, confiando en el poder de Dios para restaurar.

Pide paz: Habla con Dios sobre cualquier inquietud en tu corazón y recibe Su paz.

Compromiso práctico:

Ora hoy por alguien que esté enfrentando una enfermedad o un desafío emocional. Escríbele para recordarle que estás intercediendo por su sanidad.

Puntos de oración:

Agradece porque Dios es el sanador de cuerpo, mente y alma.

Ora por sanidad en las áreas donde tú o tus seres queridos la necesitan.

Clama por quienes buscan restauración física o emocional.

Día 23 - Octubre:
Orar con Dependencia Total

Citas bíblicas a leer: Marcos 9-12

Reflexión:

En Marcos 9:24, el padre de un niño enfermo clama: "Creo; ayuda mi incredulidad."

Esta oración sincera refleja la lucha entre fe y duda que muchos enfrentamos. Dios no solo responde a una fe perfecta, sino también a un corazón honesto que depende completamente de Él, incluso en medio de la incertidumbre.

APRENDIENDO A ORAR:

Ora con sinceridad: Habla con Dios sobre tus dudas y pídele que fortalezca tu fe.

Depende de Su gracia: Confía en que Dios obra, incluso cuando no entiendes cómo.

Compromiso práctico:

Reflexiona en un área donde sientes dudas o incertidumbre. Ora con humildad, entregándosela a Dios y pidiendo Su ayuda para confiar.

Puntos de oración:

Agradece porque Dios responde incluso a una fe pequeña y débil.

Ora por confianza y dependencia total en Su poder y plan.

Clama por aquellos que están luchando con incredulidad o temor.

Día 24 - Octubre:
Orar por Preparación Espiritual

Citas bíblicas a leer: Marcos 13-16

Reflexión:

En Marcos 13:33, Jesús advierte: "Mirad, velad y orad; porque no sabéis cuándo será el tiempo."

La oración es esencial para mantenernos espiritualmente alertas y preparados. Al orar, nos fortalecemos en la fe, discernimos los tiempos y vivimos con propósito, esperando la obra continua de Dios en nuestras vidas.

APRENDIENDO A ORAR:

Ora con vigilancia: Habla con Dios sobre cómo puedes mantenerte firme y preparado en tu fe.

Pide discernimiento: Ora por sabiduría para entender Su voluntad en el tiempo presente.

Compromiso práctico:

Dedica un tiempo hoy para orar por tu preparación espiritual. Identifica un área donde necesitas estar más alerta y fortalécela con oración y acción.

Puntos de oración:

Agradece porque Dios te equipa para enfrentar cada temporada.

Ora por un espíritu vigilante y preparado en tu caminar de fe.

Clama por la iglesia, para que esté alerta y lista para cumplir Su propósito.

Día 25 - Octubre:

Orar con Gozo en la Salvación

Citas bíblicas a leer: Lucas 1-4

Reflexión:

En Lucas 1:46-47, María proclama: "Engrandece mi alma al Señor; y mi espíritu se regocija en Dios mi Salvador."

La oración de alabanza de María refleja el gozo que surge al reconocer la obra de Dios en nuestras vidas. Orar con gozo en la salvación nos conecta con Su gracia y nos fortalece para compartir Su amor con otros.

APRENDIENDO A ORAR:

Ora con gratitud: Alaba a Dios por la salvación y el amor que has recibido.

Expresa tu gozo: Haz de tu oración una celebración de Su gracia en tu vida.

Compromiso práctico:

Escribe una oración de agradecimiento por las formas en que Dios ha transformado tu vida. Léela durante el día como recordatorio de Su fidelidad.

Puntos de oración:

Agradece por la salvación y el gozo que trae a tu vida.

Ora para mantener un corazón agradecido y gozoso en Su presencia.

Clama por aquellos que aún no han experimentado el gozo de la salvación.

Día 26 - Octubre:
Orar con Sinceridad

Citas bíblicas a leer: Salmos 120-122

Reflexión:

En el Salmo 120:1 se dice: "A Jehová clamé estando en angustia, y Él me respondió."

Dios responde a una oración sincera, incluso cuando proviene de un lugar de angustia o necesidad. Hablar con Dios desde el corazón nos acerca a Él y nos permite experimentar Su consuelo y dirección.

APRENDIENDO A ORAR:

Sé auténtico: No tengas miedo de ser completamente honesto en tus oraciones. Dios desea escuchar lo que realmente hay en tu corazón.

Busca consuelo: Ora pidiendo la paz y la presencia de Dios en medio de tus desafíos.

Compromiso práctico:

Dedica tiempo hoy para hablar con Dios sobre algo que te preocupe. Sé completamente honesto y busca Su dirección y consuelo.

Puntos de oración:

Agradece porque Dios escucha y responde a las oraciones sinceras.

Ora por paz y claridad en las áreas donde enfrentas angustia.

Clama por quienes necesitan consuelo en tiempos de dificultad.

Día 27 - Octubre:

Orar con Compasión

Citas bíblicas a leer: Lucas 5-8

Reflexión:

En Lucas 7:13, Jesús ve a una viuda y "se compadeció de ella."

La oración con compasión refleja el corazón de Jesús hacia quienes están en necesidad. Cuando oramos por otros con amor genuino, participamos en la obra de Dios para traer restauración y esperanza.

APRENDIENDO A ORAR:

Ora por otros: Dedica tiempo a interceder por las personas que atraviesan dificultades.

Pide un corazón sensible: Habla con Dios sobre cómo puedes reflejar Su compasión en tus acciones diarias.

Compromiso práctico:

Escribe los nombres de tres personas que necesiten oración. Ora específicamente por sus necesidades y pídeles cómo más puedes ayudarlas.

Puntos de oración:

Agradece porque Dios es compasivo y cercano a quienes sufren.

Ora por quienes necesitan experimentar Su amor y cuidado.

Clama por un espíritu de compasión en tu vida y comunidad.

Día 28 - Octubre:
Orar por Dirección Divina

Citas bíblicas a leer: Lucas 9-12

Reflexión:

En Lucas 11:9, Jesús dice: "Pedid, y se os dará; buscad, y hallaréis; llamad, y se os abrirá."

La oración persistente nos conecta con la dirección divina. Buscar a Dios con sinceridad y determinación nos lleva a encontrar Su guía y propósito para nuestras vidas.

APRENDIENDO A ORAR:

Busca Su guía: Ora pidiendo claridad en las decisiones importantes que enfrentas.

Confía en Su respuesta: Ten fe en que Dios abrirá las puertas correctas en Su tiempo perfecto.

Compromiso práctico:

Dedica un tiempo hoy para buscar a Dios en oración sobre una decisión importante. Confía en que Él te guiará y escucha Su dirección.

Puntos de oración:

Agradece porque Dios responde a quienes lo buscan con sinceridad.

Ora por discernimiento en las decisiones que enfrentas.

Clama por aquellos que necesitan claridad y dirección divina.

Día 29 - Octubre:

Orar por la Transformación del Corazón

Citas bíblicas a leer: Lucas 13-16

Reflexión:

En Lucas 15:20, cuando el hijo pródigo vuelve a su padre, dice: "Y cuando aún estaba lejos, lo vio su padre, y fue movido a misericordia."

La oración por la transformación del corazón nos acerca a la misericordia de Dios, que está siempre dispuesto a recibirnos y cambiarnos. Dios no solo restaura nuestras circunstancias, sino también nuestros corazones, ayudándonos a vivir conforme a Su propósito.

APRENDIENDO A ORAR:

Ora por renovación: Pide a Dios que transforme las áreas de tu vida que necesitan cambio y restauración.

Intercede por otros: Ora por quienes están lejos de Dios, pidiendo que sus corazones sean tocados y transformados.

Compromiso práctico:

Dedica un tiempo para reflexionar sobre una área de tu vida donde necesites transformación. Ora específicamente sobre ella y confía en que Dios está obrando.

Puntos de oración:

Agradece porque Dios transforma vidas y corazones con Su amor.

Ora para que Dios continúe trabajando en tu vida, moldeándote conforme a Su voluntad.

Clama por quienes están alejados de Dios, pidiendo Su intervención en sus corazones.

Día 30 - Octubre:

Orar con Esperanza

Citas bíblicas a leer: Lucas 17-20

Reflexión:

En Lucas 18:1, Jesús dice: "Es necesario orar siempre, y no desmayar."

La oración con esperanza es persistente, confiando en que Dios está obrando, incluso cuando las respuestas parecen tardar. Este pasaje nos anima a mantenernos firmes en la fe y llenos de esperanza, sabiendo que Dios cumple Sus promesas en Su tiempo perfecto.

APRENDIENDO A ORAR:

Ora con perseverancia: No te desanimes si la respuesta tarda; sigue buscando a Dios con fe.

Renueva tu esperanza: Habla con Dios sobre tus sueños y promesas pendientes, confiando en Su fidelidad.

Compromiso práctico:

Haz una lista de oraciones que has hecho por un largo tiempo. Repásalas y ora nuevamente con fe renovada, confiando en que Dios sigue obrando.

Puntos de oración:

Agradece porque Dios es fiel y cumple Sus promesas.

Ora por perseverancia en las oraciones que no han sido respondidas aún.

Clama por aquellos que necesitan esperanza en medio de la espera.

Día 31 - Octubre:

Orar con una Visión Eterna

Citas bíblicas a leer: Lucas 21-24

Reflexión:

En Lucas 24:45, Jesús "les abrió el entendimiento, para que comprendiesen las Escrituras."

Orar con una visión eterna nos ayuda a alinear nuestras prioridades con las de Dios. Cuando comprendemos Su plan eterno, nuestras oraciones se transforman, buscando Su reino y Su justicia antes que cualquier otra cosa.

APRENDIENDO A ORAR:

Ora por perspectiva: Pide a Dios que te ayude a ver tus circunstancias a la luz de Su propósito eterno.

Busca Su reino: Haz de tus oraciones una herramienta para alinearte con la expansión de Su obra en el mundo.

Compromiso práctico:

Dedica un tiempo hoy para orar por las misiones y el avance del evangelio. Pide a Dios que te muestre cómo puedes ser parte de Su obra en el mundo.

Puntos de oración:

Agradece porque Dios te incluye en Su plan eterno.

Ora por un entendimiento más profundo de Su propósito y voluntad.

Clama por un avivamiento global y el crecimiento de Su reino.

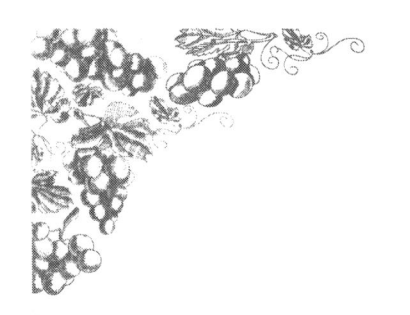

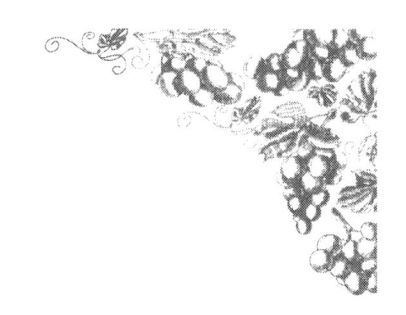

NOVIEMBRE

"El secreto de una vida fructífera está en permanecer profundamente conectado a la Vid Verdadera. No te sueltes de Cristo; Él es tu fuente."

"El que permanece en mí, y yo en él, éste lleva mucho fruto; porque separados de mí, nada podéis hacer." (Juan 15:5)

Día 1 - Noviembre:

Guiados por la Luz de Dios

Citas bíblicas a leer: Juan 1-3

Reflexión:

En Juan 1:4-5 se declara: "En Él estaba la vida, y la vida era la luz de los hombres. La luz en las tinieblas resplandece, y las tinieblas no prevalecieron contra ella."

Jesús, como la luz del mundo, ilumina los caminos del creyente. El Espíritu Santo, que mora en nosotros, nos guía hacia esa luz y nos aleja de las tinieblas. Ser guiados por el Espíritu nos permite caminar con claridad y confianza, incluso en momentos de confusión o incertidumbre.

SIENDO GUIADOS POR EL ESPÍRITU SANTO:

Busca la iluminación espiritual: Dedica tiempo a escuchar Su voz a través de la oración y la meditación en la Palabra. Él trae luz a nuestras decisiones y nos revela verdades que transforman nuestra vida.

Vive en la luz: Permite que el Espíritu te guíe en cada aspecto de tu vida, asegurándote de actuar de manera coherente con Su dirección y dejando que Su luz brille a través de ti.

Compromiso práctico:

Identifica un área de tu vida donde necesites claridad. Dedica un momento en oración, pidiendo al Espíritu Santo que ilumine esa situación y te guíe a tomar decisiones según Su voluntad.

Puntos de oración:

Agradece porque el Espíritu Santo te guía hacia la luz y la verdad.

Ora por sabiduría para caminar en esa luz diariamente.

Clama por quienes están en tinieblas, para que puedan conocer la luz de Cristo.

Día 2 - Noviembre:

Guiados hacia la Paz

Citas bíblicas a leer: Salmos 123-125

Reflexión:

El Salmo 125:1 proclama: "Los que confían en Jehová son como el monte de Sion, que no se mueve, sino que permanece para siempre."

La confianza en Dios nos otorga estabilidad y paz, aun en tiempos de tormenta. El Espíritu Santo guía a los creyentes hacia una paz que trasciende las circunstancias, asegurándoles que la soberanía de Dios es su refugio seguro.

SIENDO GUIADOS POR EL ESPÍRITU SANTO:

Busca señales de Su paz: Una de las maneras en que el Espíritu nos guía es mediante la paz en nuestro corazón. Si algo no trae tranquilidad, es una oportunidad para buscar Su dirección más profundamente.

Permite que Él gobierne tus emociones: Rinde tus ansiedades al Espíritu Santo, dejando que Su paz guarde tu corazón y tus pensamientos en Cristo Jesús.

Compromiso práctico:

Dedica tiempo hoy para reflexionar en cualquier área donde sientas inquietud o preocupación. Lleva esas cargas en oración al Espíritu Santo y pide Su paz.

Puntos de oración:

Agradece por la paz inquebrantable que proviene de confiar en Dios.

Ora para que Su paz guíe tus decisiones y emociones.

Clama por quienes están en medio de ansiedad y necesitan experimentar la paz que solo Dios puede dar.

Día 3 - Noviembre:

Guiados hacia el Verdadero Pan de Vida

Citas bíblicas a leer: Juan 4-6

Reflexión:

En Juan 6:35, Jesús dice: "Yo soy el pan de vida; el que a mí viene, nunca tendrá hambre; y el que en mí cree, no tendrá sed jamás."

El Espíritu Santo nos lleva a Jesús, quien satisface las necesidades más profundas de nuestro corazón. No importa cuánto busquemos en lo material o temporal, solo al depender del Espíritu encontramos satisfacción y plenitud verdadera.

SIENDO GUIADOS POR EL ESPÍRITU SANTO:

Sigue Su dirección hacia Cristo: Él siempre nos llevará a poner a Jesús en el centro de nuestra vida, ayudándonos a depender de Él en cada situación.

Busca alimento espiritual diario: Dedica tiempo a orar y estudiar la Palabra, dejando que el Espíritu la haga viva en ti, satisfaciendo tu alma y fortaleciendo tu fe.

Compromiso práctico:

Reflexiona en qué áreas de tu vida estás buscando satisfacción fuera de Jesús. Pide al Espíritu Santo que te ayude a rendir esas áreas y a depender completamente de Cristo como tu fuente de vida.

Puntos de oración:

Agradece porque Jesús es suficiente para satisfacer todas tus necesidades.

Ora para depender más profundamente en Él como el pan de vida.

Clama por quienes están buscando satisfacción en lo temporal y necesitan conocer a Cristo.

Día 4 - Noviembre:
Guiados hacia una Fe Viva

Citas bíblicas a leer: Juan 7-9

Reflexión:

En Juan 7:38, Jesús promete: "El que cree en mí, como dice la Escritura, de su interior correrán ríos de agua viva."

El Espíritu Santo llena al creyente con una fe activa y dinámica, que no solo transforma su vida, sino que también impacta a otros. Ser guiados por el Espíritu nos permite experimentar Su poder y compartirlo con quienes nos rodean.

SIENDO GUIADOS POR EL ESPÍRITU SANTO:

Permite que Él fluya a través de ti: Los "ríos de agua viva" simbolizan Su poder en acción, tanto en nuestro interior como en nuestro impacto hacia otros.

Fortalece tu fe diariamente: Ora, medita en la Palabra y busca una comunión constante con el Espíritu para vivir una fe que inspire y bendiga a otros.

Compromiso práctico:

Ora hoy por una situación específica donde necesites un toque del Espíritu Santo para fortalecer tu fe. Confía en que Él puede hacer fluir Su poder a través de ti para bendecir a otros.

Puntos de oración:

Agradece por el poder transformador del Espíritu en tu vida.

Ora por una fe viva y activa que inspire a otros.

Clama por quienes necesitan experimentar el poder del Espíritu en sus vidas.

Día 5 - Noviembre:

Guiados en el Amor del Buen Pastor

Citas bíblicas a leer: Juan 10-12

Reflexión:

En Juan 10:27, Jesús declara: "Mis ovejas oyen mi voz, y yo las conozco, y me siguen."

El Espíritu Santo es quien nos ayuda a discernir la voz de Jesús, nuestro Buen Pastor. Él nos guía con cuidado y amor, asegurándonos que nunca estaremos solos ni perdidos. Al seguir Su dirección, encontramos seguridad, propósito y paz.

SIENDO GUIADOS POR EL ESPÍRITU SANTO:

Discierne Su voz: Dedica tiempo para estar en silencio ante Dios, permitiendo que el Espíritu te ayude a distinguir Su dirección en medio de tantas voces.

Sigue Su guía con confianza: Cuando sabes que el Espíritu te está guiando, no dudes en avanzar, sabiendo que Él tiene planes buenos para ti.

Compromiso práctico:

Pasa unos minutos hoy en quietud, buscando escuchar la voz del Espíritu Santo. Anota cualquier impresión o dirección que recibas y pídele que te ayude a obedecerla.

Puntos de oración:

Agradece porque el Espíritu Santo te guía como el Buen Pastor cuida de sus ovejas.

Ora para reconocer Su voz y seguirla fielmente.

Clama por quienes están confundidos y necesitan ser guiados hacia la seguridad en Cristo.

Día 6 - Noviembre:

Guiados hacia el Servicio en Amor

Citas bíblicas a leer: Juan 13-15

Reflexión:

En Juan 13:14-15, Jesús dice: "Pues si yo, el Señor y el Maestro, he lavado vuestros pies, vosotros también debéis lavaros los pies los unos a los otros."

El Espíritu Santo nos guía a vivir una vida de servicio, reflejando el amor y la humildad de Cristo. Este llamado no se trata de actos grandiosos, sino de pequeñas acciones diarias que demuestran el amor de Dios en nuestras relaciones y comunidades.

SIENDO GUIADOS POR EL ESPÍRITU SANTO:

Permite que Él forme un corazón humilde en ti: El Espíritu Santo transforma nuestra actitud para que sirvamos desde un lugar de amor genuino y no de obligación.

Busca necesidades a tu alrededor: Él te mostrará oportunidades para servir a otros, muchas veces en gestos simples pero significativos.

Compromiso práctico:

Busca hoy una oportunidad para servir a alguien, ya sea en tu hogar, trabajo o iglesia. Permite que el Espíritu te inspire con una acción concreta que refleje el amor de Cristo.

Puntos de oración:

Agradece porque el Espíritu Santo te capacita para servir con humildad y amor.

Ora por un corazón dispuesto a buscar el bienestar de los demás.

Clama por una comunidad donde el servicio sea una marca del amor de Dios.

Día 7 - Noviembre:
Guiados hacia la Victoria en la Aflicción

Citas bíblicas a leer: Juan 16-18

Reflexión:

En Juan 16:33, Jesús afirma: "En el mundo tendréis aflicción; pero confiad, yo he vencido al mundo."

El Espíritu Santo nos da la fortaleza para enfrentar las dificultades con confianza en la victoria de Cristo. Aunque las pruebas sean inevitables, Su presencia nos asegura que nunca estamos solos y que la victoria está garantizada en Jesús.

SIENDO GUIADOS POR EL ESPÍRITU SANTO:

Confía en Su consuelo: El Espíritu nos recuerda las promesas de Dios, llenándonos de paz y esperanza en medio de la adversidad.

Deja que Él dirija tus pasos: Incluso en tiempos de aflicción, Él te guía hacia decisiones sabias y te da la fuerza para continuar.

Compromiso práctico:

Identifica una prueba que enfrentes actualmente. Dedica un momento hoy para entregársela al Espíritu Santo en oración, declarando tu confianza en la victoria de Cristo sobre esa situación.

Puntos de oración:

Agradece porque el Espíritu Santo te fortalece en tiempos difíciles.

Ora por paz y confianza para enfrentar cualquier aflicción con fe.

Clama por quienes necesitan esperanza en medio de su dolor.

Día 8 - Noviembre:
Guiados hacia la Redención Completa

Citas bíblicas a leer: Juan 19-21

Reflexión:

En Juan 19:30, Jesús declara: "Consumado es."

Estas palabras marcan el cumplimiento del plan redentor de Dios. El Espíritu Santo nos guía a vivir plenamente en esa redención, recordándonos que somos libres de la culpa y el pecado. Al rendirnos a Su obra en nuestras vidas, experimentamos transformación y restauración.

SIENDO GUIADOS POR EL ESPÍRITU SANTO:

Vive como redimido: El Espíritu te ayuda a comprender y abrazar tu identidad en Cristo, permitiéndote caminar en libertad y gozo.

Permite que Él te transforme: Su obra en nosotros no es instantánea, pero es constante. Coopera con Su guía para experimentar una redención completa en cada área de tu vida.

Compromiso práctico:

Reflexiona en un área donde todavía necesitas experimentar la libertad del Espíritu. Dedica tiempo hoy a entregarla en oración, confiando en que Él traerá redención completa.

Puntos de oración:

Agradece por la obra redentora de Cristo que el Espíritu aplica en tu vida.

Ora por un entendimiento más profundo de tu identidad como hijo de Dios.

Clama por quienes necesitan experimentar la redención que solo Jesús puede dar.

Día 9 - Noviembre:
Guiados hacia la Restauración Espiritual

Citas bíblicas a leer: Salmos 126-128

Reflexión:

El Salmo 126:5-6 proclama: "Los que sembraron con lágrimas, con regocijo segarán."

El Espíritu Santo obra en medio de nuestras pruebas, guiándonos hacia una restauración completa. Él transforma nuestras lágrimas en gozo y nos asegura que todo lo que sembramos con fe dará fruto en Su tiempo perfecto.

SIENDO GUIADOS POR EL ESPÍRITU SANTO:

Siembra con esperanza: Aunque los tiempos difíciles puedan parecer interminables, el Espíritu nos impulsa a perseverar, confiando en que la cosecha llegará.

Acepta Su obra restauradora: Él trabaja en lo profundo de nuestro ser, sanando heridas y renovando nuestro espíritu para reflejar la gloria de Dios.

Compromiso práctico:

Identifica una situación donde sientas que necesitas restauración. Ora con fe, entregándosela al Espíritu Santo y pidiendo Su guía para perseverar mientras esperas Su intervención.

Puntos de oración:

Agradece porque el Espíritu Santo restaura lo que parecía perdido.

Ora por paciencia y confianza mientras esperas Su obra restauradora.

Clama por quienes están en momentos de quebranto, para que experimenten el gozo de Su restauración.

Día 10 - Noviembre:
Guiados hacia el Poder para Testificar

Citas bíblicas a leer: Hechos 1-4

Reflexión:

En Hechos 1:8, Jesús dice: "Recibiréis poder, cuando haya venido sobre vosotros el Espíritu Santo, y me seréis testigos."

El Espíritu Santo equipa a los creyentes para compartir el evangelio con valentía y efectividad. Este poder no depende de nuestras habilidades, sino de Su obra en nosotros, dando vida a nuestras palabras y acciones para alcanzar a otros con el mensaje de Cristo.

SIENDO GUIADOS POR EL ESPÍRITU SANTO:

Pide Su llenura diaria: El Espíritu nos capacita para testificar, pero necesitamos buscar Su llenura constantemente, rindiéndonos a Su dirección.

Sé un testigo con tu vida: Tu testimonio no solo se expresa en palabras, sino también en cómo vives, mostrando el carácter de Cristo en tus relaciones y decisiones.

Compromiso práctico:

Ora hoy por alguien que no conoce a Jesús. Pide al Espíritu Santo que te guíe a compartir el evangelio con esa persona y te dé las palabras correctas.

Puntos de oración:

Agradece por el poder del Espíritu Santo que hace eficaz tu testimonio.

Ora por valentía y sabiduría para compartir el evangelio.

Clama por quienes aún no han conocido a Jesús como su Salvador.

Día 11 - Noviembre:
Guiados hacia una Obediencia Radical

Citas bíblicas a leer: Hechos 5:1-8:3

Reflexión:

En Hechos 5:29, Pedro y los apóstoles declaran: "Es necesario obedecer a Dios antes que a los hombres."

El Espíritu Santo nos guía a vivir una obediencia total y radical hacia Dios, incluso cuando enfrentamos oposición o incomprensión. La verdadera obediencia, guiada por el Espíritu, siempre da fruto, aunque los resultados no sean inmediatos.

SIENDO GUIADOS POR EL ESPÍRITU SANTO:

Obedece sin reservas: Confía en que Su dirección es siempre para tu bien, incluso cuando no entiendes el panorama completo.

Camina en Su fortaleza: Él no solo nos guía, sino que nos da la valentía y la capacidad de cumplir Su voluntad.

Compromiso práctico:

Identifica un área donde sientas que Dios te está llamando a obedecer. Ora hoy pidiendo fortaleza y da un paso concreto hacia esa obediencia.

Puntos de oración:

Agradece porque el Espíritu Santo te capacita para obedecer con valentía.

Ora por sensibilidad para escuchar Su voz y responder sin dudas.

Clama por quienes enfrentan oposición por obedecer a Dios.

Día 12 - Noviembre:

Guiados hacia la Unidad en Cristo

Citas bíblicas a leer: Hechos 8:4-11

Reflexión:

En Hechos 8:6 se relata: "Y la gente unánime escuchaba atentamente las cosas que decía Felipe."

El Espíritu Santo une a los creyentes en propósito y misión, creando una comunidad centrada en Cristo. La unidad espiritual, guiada por el Espíritu, es una fuerza poderosa que impacta al mundo y glorifica a Dios.

SIENDO GUIADOS POR EL ESPÍRITU SANTO:

Busca la paz y la armonía: Él nos ayuda a superar las diferencias y enfocarnos en el propósito común de glorificar a Dios.

Colabora con otros: Permite que el Espíritu te guíe hacia relaciones saludables y proyectos que reflejen el amor de Cristo al mundo.

Compromiso práctico:

Busca hoy una manera de trabajar en unidad con otros creyentes, ya sea en tu iglesia o comunidad. Ora para que el Espíritu Santo dirija sus esfuerzos hacia un propósito común.

Puntos de oración:

Agradece porque el Espíritu Santo une a los creyentes en amor y propósito.

Ora por una iglesia unida que refleje a Cristo al mundo.

Clama por la unidad en el cuerpo de Cristo a nivel global.

Día 13 - Noviembre:
Guiados hacia la Misión de Dios

Citas bíblicas a leer: Hechos 12-14

Reflexión:

En Hechos 13:2 leemos: "Apartadme a Bernabé y a Saulo para la obra a la que los he llamado."

El Espíritu Santo dirige la misión de la iglesia, llamando y enviando a Sus siervos a tareas específicas. La obra de Dios siempre está guiada por Su Espíritu, quien nos equipa con poder, sabiduría y amor para cumplir el propósito divino. Ser guiados por Él nos permite actuar en obediencia y con impacto eterno.

SIENDO GUIADOS POR EL ESPÍRITU SANTO:

Discierne Su llamado personal: El Espíritu Santo habla a través de la comunión con Dios, mostrando nuestro rol en Su misión. Busca claridad a través de la oración y la Palabra para saber dónde te quiere usar.

Confía en Su respaldo: Cuando Él llama, también provee. El Espíritu da los recursos, la fortaleza y las conexiones necesarias para cumplir el propósito.

Compromiso práctico:

Dedica tiempo hoy para reflexionar y orar sobre cómo puedes participar en la misión de Dios. Pregunta al Espíritu Santo: "¿Cuál es mi lugar en Tu obra?" y da un primer paso de obediencia.

Puntos de oración:

Agradece porque el Espíritu Santo dirige y equipa para Su misión.

Ora por claridad sobre tu rol en el propósito de Dios.

Clama por los misioneros y líderes que están cumpliendo Su llamado.

Día 14 - Noviembre:

Guiados hacia una Fe Activa

Citas bíblicas a leer: Santiago

Reflexión:

En Santiago 2:26 se afirma: "La fe sin obras está muerta."

El Espíritu Santo nos mueve a vivir una fe activa que se traduce en acciones concretas. Cuando somos guiados por Él, nuestra vida refleja las obras de justicia, compasión y servicio que glorifican a Dios y benefician a los demás.

SIENDO GUIADOS POR EL ESPÍRITU SANTO:

Permite que tu fe sea visible: El Espíritu Santo inspira nuestras acciones, no como un esfuerzo para ganar aceptación, sino como fruto de una fe viva.

Actúa en obediencia: Escucha Su dirección en situaciones cotidianas y actúa con prontitud, mostrando el carácter de Cristo en cada interacción.

Compromiso práctico:

Hoy, toma una acción específica que demuestre tu fe, como ayudar a alguien en necesidad, orar por otra persona o compartir el evangelio. Pide al Espíritu Santo que guíe tus pasos y actitudes.

Puntos de oración:

Agradece porque el Espíritu Santo activa tu fe para impactar a otros.

Ora por oportunidades para mostrar el amor de Dios a través de tus acciones.

Clama por una iglesia que refleje una fe viva en sus comunidades.

Día 15 - Noviembre:

Guiados hacia la Libertad Espiritual

Citas bíblicas a leer: Gálatas

Reflexión:

En Gálatas 5:1 se proclama: "Estad, pues, firmes en la libertad con que Cristo nos hizo libres, y no estéis otra vez sujetos al yugo de esclavitud."

El Espíritu Santo nos guía a vivir en la libertad que Cristo ganó para nosotros. Esta libertad no es para complacernos a nosotros mismos, sino para vivir conforme a la voluntad de Dios, libres de la culpa, el temor y el pecado.

SIENDO GUIADOS POR EL ESPÍRITU SANTO:

Permite que Él gobierne tu vida: Caminar en libertad significa someterte al Espíritu, dejando que Él dirija tus pensamientos, emociones y decisiones.

Vive con propósito: El Espíritu nos capacita para usar nuestra libertad de manera que glorifique a Dios, sirviendo a otros con amor y generosidad.

Compromiso práctico:

Reflexiona sobre áreas donde necesitas experimentar más libertad espiritual. Ora al Espíritu Santo, entregándole esos aspectos y declarando que en Cristo eres verdaderamente libre.

Puntos de oración:

Agradece por la libertad que Cristo te ha dado y que el Espíritu confirma en tu vida.

Ora por una vida que refleje esa libertad en tus relaciones y acciones.

Clama por quienes aún están atrapados en cadenas espirituales, para que sean liberados por el poder de Dios.

Día 16 - Noviembre:
Guiados hacia la Perseverancia

Citas bíblicas a leer: Salmos 129-131

Reflexión:

El Salmo 130:5 declara: "Esperé yo a Jehová, esperó mi alma; en Su palabra he esperado."

El Espíritu Santo nos da la fortaleza para perseverar en tiempos de espera y dificultad. Él nos guía hacia un entendimiento más profundo de las promesas de Dios, llenándonos de paz mientras aguardamos Su obra.

SIENDO GUIADOS POR EL ESPÍRITU SANTO:

Permanece en Su tiempo: El Espíritu nos enseña a confiar en que los planes de Dios se cumplirán en el momento perfecto, guiándonos a descansar en Su soberanía.

Encuentra gozo en la espera: Mientras aguardas, permite que el Espíritu renueve tu fuerza y te recuerde que la fidelidad de Dios nunca falla.

Compromiso práctico:

Identifica una situación donde necesitas paciencia y perseverancia. Ora al Espíritu Santo, entregándole tus inquietudes y pidiendo fortaleza para esperar con confianza.

Puntos de oración:

Agradece porque el Espíritu Santo fortalece tu fe en tiempos de espera.

Ora para mantenerte firme y confiado en las promesas de Dios.

Clama por quienes están perdiendo la esperanza, para que encuentren ánimo en el Señor.

Día 17 - Noviembre:

vGuiados hacia el Gozo en la Adversidad

Citas bíblicas a leer: Hechos 15-16

Reflexión:

En Hechos 16:25, Pablo y Silas, encarcelados, cantaban himnos a Dios: "Pero a medianoche, orando Pablo y Silas, cantaban himnos a Dios; y los presos los oían."

El Espíritu Santo nos da gozo en medio de las pruebas. Este gozo no depende de nuestras circunstancias, sino de Su presencia en nosotros, recordándonos que Dios está obrando incluso en los momentos difíciles.

SIENDO GUIADOS POR EL ESPÍRITU SANTO:

Permite que Su gozo te fortalezca: El gozo del Espíritu te da la energía y el enfoque necesarios para superar cualquier dificultad.

Canta en medio de la prueba: La alabanza, inspirada por el Espíritu, transforma nuestro corazón y nuestras circunstancias.

Compromiso práctico:

Enfrenta cualquier dificultad con una actitud de alabanza. Dedica tiempo hoy para cantar o expresar tu gratitud a Dios, confiando en que Él está obrando en medio de tu situación.

Puntos de oración:

Agradece por el gozo que el Espíritu Santo trae a tu vida, incluso en tiempos difíciles.

Ora por una actitud de alabanza que transforme tu perspectiva.

Clama por quienes están enfrentando pruebas y necesitan experimentar el gozo del Señor.

Día 18 - Noviembre:
Guiados hacia el Gozo en la Comunidad

Citas bíblicas a leer: Filipenses

Reflexión:

En Filipenses 2:2 se exhorta: "Completad mi gozo, sintiendo lo mismo, teniendo el mismo amor, unánimes, sintiendo una misma cosa."

El Espíritu Santo nos une como comunidad de creyentes, trayendo gozo y propósito compartidos. La verdadera unidad espiritual no es una tarea humana, sino una obra divina que se manifiesta cuando buscamos Su guía y nos sometemos a Su liderazgo.

SIENDO GUIADOS POR EL ESPÍRITU SANTO:

Busca la unidad: Él te llevará a fortalecer tus relaciones con otros creyentes, promoviendo el amor y la paz.

Vive con propósito compartido: El gozo se multiplica cuando trabajamos juntos para cumplir la misión de Dios.

Compromiso práctico:

Conecta hoy con alguien en tu iglesia o comunidad. Ora con esa persona o comparte un momento de apoyo mutuo, buscando promover la unidad y el gozo en Cristo.

Puntos de oración:

Agradece por la unidad y el gozo que el Espíritu Santo trae a Su iglesia.

Ora por relaciones fortalecidas dentro de tu comunidad de fe.

Clama por una iglesia global unida en amor y propósito.

Día 19 - Noviembre:

Guiados hacia una Esperanza Activa

Citas bíblicas a leer: 1 Tesalonicenses

Reflexión:

En 1 Tesalonicenses 1:3 se destaca: "Acordándonos sin cesar delante del Dios y Padre nuestro de la obra de vuestra fe, del trabajo de vuestro amor y de vuestra constancia en la esperanza."

El Espíritu Santo nos guía a vivir con una esperanza activa que se manifiesta en fe, amor y perseverancia. Esta esperanza no es pasiva, sino que nos impulsa a trabajar y a esperar con confianza el cumplimiento de las promesas de Dios.

SIENDO GUIADOS POR EL ESPÍRITU SANTO:

Mantén viva la esperanza: El Espíritu renueva nuestras fuerzas mientras aguardamos, recordándonos que las promesas de Dios son fieles y seguras.

Actúa con propósito: Una esperanza viva nos lleva a invertir nuestro tiempo y recursos en lo eterno, confiando en que nuestro trabajo en el Señor nunca es en vano.

Compromiso práctico:

Piensa en una promesa de Dios que estés esperando. Ora hoy al Espíritu Santo para que renueve tu esperanza y te muestre cómo trabajar activamente mientras esperas Su cumplimiento.

Puntos de oración:

Agradece porque el Espíritu Santo te llena de esperanza y propósito.

Ora por perseverancia mientras esperas el cumplimiento de las promesas de Dios.

Clama por quienes han perdido la esperanza, para que encuentren renovación en el Espíritu.

Día 20 - Noviembre:

Guiados hacia la Verdad de Dios

Citas bíblicas a leer: Hechos 17-18:11; 2 Tesalonicenses

Reflexión:

En Hechos 17:11, los bereanos "recibieron la palabra con toda solicitud, escudriñando cada día las Escrituras para ver si estas cosas eran así."

El Espíritu Santo nos guía hacia la verdad, ayudándonos a discernir y aplicar la Palabra de Dios en nuestras vidas. Esta guía nos capacita para vivir en integridad y resistir los engaños del mundo.

SIENDO GUIADOS POR EL ESPÍRITU SANTO:

Busca la verdad con pasión: Él nos lleva a profundizar en las Escrituras, revelando la verdad y fortaleciendo nuestra fe.

Aplica la verdad en tu vida: Ser guiados por el Espíritu no solo implica aprender, sino también obedecer y vivir conforme a lo que Dios ha revelado.

Compromiso práctico:

Dedica tiempo hoy para estudiar un pasaje de la Escritura profundamente. Pide al Espíritu Santo que te revele cómo aplicar esa verdad en tu vida diaria.

Puntos de oración:

Agradece porque el Espíritu Santo te guía hacia la verdad que transforma.

Ora por discernimiento para aplicar la Palabra de Dios en cada área de tu vida.

Clama por quienes están buscando la verdad, para que la encuentren en Cristo.

Día 21 - Noviembre:

Guiados hacia la Sabiduría Espiritual

Citas bíblicas a leer: 1 Corintios 1-3

Reflexión:

En 1 Corintios 2:10-11, Pablo escribe: "Pero Dios nos las reveló a nosotros por el Espíritu; porque el Espíritu todo lo escudriña, aun lo profundo de Dios."

El Espíritu Santo nos guía a una sabiduría que va más allá del entendimiento humano. Su propósito es revelarnos las verdades profundas de Dios y capacitarnos para vivir conforme a Su voluntad. Esta sabiduría nos equipa para tomar decisiones que glorifiquen a Dios y beneficien a otros.

SIENDO GUIADOS POR EL ESPÍRITU SANTO:

Busca Su revelación: El Espíritu revela lo que los ojos naturales no pueden ver. Ora y pide claridad en áreas donde necesitas dirección.

Camina en sabiduría: Permite que el Espíritu transforme tu manera de pensar para actuar con discernimiento en cada situación.

Compromiso práctico:

Reflexiona en una decisión importante que enfrentas. Dedica tiempo hoy para orar al Espíritu Santo, pidiendo sabiduría y discernimiento para elegir lo que honre a Dios.

Puntos de oración:

Agradece porque el Espíritu Santo revela las verdades profundas de Dios.

Ora por sabiduría para aplicar Su dirección en tu vida diaria.

Clama por quienes necesitan la guía del Espíritu en decisiones complejas.

Día 22 - Noviembre:
Guiados hacia Relaciones Santas

Citas bíblicas a leer: 1 Corintios 4-7

Reflexión:

En 1 Corintios 6:19-20, Pablo dice: "¿O ignoráis que vuestro cuerpo es templo del Espíritu Santo, el cual está en vosotros, el cual tenéis de Dios, y que no sois vuestros?"

El Espíritu Santo nos guía a honrar a Dios en nuestras relaciones, incluyendo cómo tratamos nuestro cuerpo y cómo nos relacionamos con los demás. Su guía nos enseña a vivir en pureza, respeto y amor, reflejando a Cristo en nuestras interacciones.

SIENDO GUIADOS POR EL ESPÍRITU SANTO:

Busca Su dirección en tus relaciones: Permite que el Espíritu te muestre cómo edificar relaciones que glorifiquen a Dios y reflejen Su amor.

Honra a Dios en tu cuerpo: Reconoce que tu cuerpo es un templo y vive en obediencia, reflejando gratitud y reverencia hacia Dios.

Compromiso práctico:

Identifica una relación en tu vida que necesite ser fortalecida o restaurada. Ora al Espíritu Santo, pidiendo sabiduría y gracia para actuar de manera que refleje Su amor y pureza.

Puntos de oración:

Agradece porque el Espíritu Santo te ayuda a vivir en pureza y amor.

Ora para que tus relaciones sean un reflejo de Cristo.

Clama por quienes necesitan sanidad en sus relaciones.

Día 23 - Noviembre:

Guiados hacia la Adoración Verdadera

Citas bíblicas a leer: Salmos 132-134

Reflexión:

El Salmo 132:7 proclama: "Entremos en Su tabernáculo; adoremos ante el estrado de Sus pies."

El Espíritu Santo nos guía hacia una adoración que es más que canciones o rituales; es una vida rendida a Dios. La adoración verdadera nace de un corazón guiado por el Espíritu, que reconoce la grandeza de Dios y vive para glorificar Su nombre.

SIENDO GUIADOS POR EL ESPÍRITU SANTO:

Adora en espíritu y en verdad: El Espíritu transforma nuestra adoración para que sea auténtica y centrada en Dios. Busca rendir cada área de tu vida como un acto de adoración.

Permite que Él renueve tu corazón: A veces, la rutina puede robar la pasión de la adoración. El Espíritu nos guía a redescubrir el gozo de adorar a Dios con sinceridad.

Compromiso práctico:

Dedica un tiempo especial hoy para adorar a Dios, no solo con palabras, sino con un acto concreto que muestre gratitud y entrega.

Puntos de oración:

Agradece porque el Espíritu Santo guía tu corazón hacia una adoración verdadera.

Ora para vivir cada día como un acto de adoración.

Clama por una iglesia que adore a Dios en espíritu y en verdad.

Día 24 - Noviembre:

Guiados hacia una Vida de Servicio

Citas bíblicas a leer: 1 Corintios 8:1-11:1

Reflexión:

En 1 Corintios 10:31 se nos dice: "Si, pues, coméis o bebéis, o hacéis otra cosa, hacedlo todo para la gloria de Dios."

El Espíritu Santo nos guía a servir a los demás como una forma de glorificar a Dios. Nuestro servicio, cuando es inspirado por el Espíritu, se convierte en una expresión de amor que refleja el carácter de Cristo.

SIENDO GUIADOS POR EL ESPÍRITU SANTO:

Sirve con un corazón dispuesto: El Espíritu Santo nos guía a servir desde un lugar de humildad y amor, dejando de lado el orgullo o la obligación.

Busca necesidades específicas: Permite que el Espíritu te muestre cómo y dónde puedes ser una bendición para los demás.

Compromiso práctico:

Identifica una necesidad en tu entorno y toma acción para atenderla hoy. Ora al Espíritu Santo para que te dé fuerza y alegría mientras sirves.

Puntos de oración:

Agradece porque el Espíritu Santo te guía a glorificar a Dios a través del servicio.

Ora por un corazón sensible a las necesidades de otros.

Clama por quienes necesitan experimentar el amor de Dios a través del servicio de Su pueblo.

Día 25 - Noviembre:

Guiados hacia el Amor Verdadero

Citas bíblicas a leer: 1 Corintios 11:2-14:40

Reflexión:

En 1 Corintios 13:1-2, Pablo dice: "Si no tengo amor, nada soy."

El Espíritu Santo nos guía a vivir en amor, que es el reflejo más puro de la naturaleza de Dios. Este amor no es superficial ni egoísta, sino un amor que sirve, perdona y busca el bienestar de los demás.

SIENDO GUIADOS POR EL ESPÍRITU SANTO:

Permite que Él transforme tu corazón: El Espíritu Santo produce en nosotros un amor que no depende de nuestras emociones, sino de Su obra en nuestro interior.

Ama en acción: El amor guiado por el Espíritu no se queda en palabras; se manifiesta en obras que edifican y restauran.

Compromiso práctico:

Busca hoy una manera específica de mostrar amor a alguien que lo necesite. Hazlo con humildad, sin esperar nada a cambio.

Puntos de oración:

Agradece porque el Espíritu Santo derrama el amor de Dios en tu corazón.

Ora para vivir un amor que refleje a Cristo en todas tus relaciones.

Clama por una iglesia que sea conocida por su amor incondicional.

Día 26 - Noviembre:

Guiados hacia la Victoria Final

Citas bíblicas a leer: 1 Corintios 15-16

Reflexión:

En 1 Corintios 15:57 se proclama: "Mas gracias sean dadas a Dios, que nos da la victoria por medio de nuestro Señor Jesucristo."

El Espíritu Santo nos recuerda constantemente que en Cristo ya hemos ganado la victoria. Su obra nos capacita para vivir con confianza y esperanza, incluso en medio de desafíos.

SIENDO GUIADOS POR EL ESPÍRITU SANTO:

Confía en Su poder: El Espíritu Santo te capacita para vivir como alguien que ya ha vencido en Cristo.

Espera con gozo: Mientras esperamos la victoria final, Él nos da la fortaleza para seguir adelante con fe y alegría.

Compromiso práctico:

Identifica un área de tu vida donde necesites confiar más en la victoria de Cristo. Ora al Espíritu Santo, entregándole esa situación y declarando Su triunfo.

Puntos de oración:

Agradece porque la victoria en Cristo ya está garantizada.

Ora por fortaleza para vivir como vencedor en cada área de tu vida.

Clama por quienes necesitan experimentar la esperanza de la victoria en Cristo.

Día 27 - Noviembre:

Guiados hacia la Reconciliación

Citas bíblicas a leer: 2 Corintios 1-5

Reflexión:

En 2 Corintios 5:18 se nos dice: "Y todo esto proviene de Dios, quien nos reconcilió consigo mismo por Cristo, y nos dio el ministerio de la reconciliación."

El Espíritu Santo nos guía a ser agentes de reconciliación, llevando el mensaje de paz y restauración de Dios al mundo. Este llamado comienza con nuestra relación con Él y se extiende hacia nuestras relaciones con los demás.

SIENDO GUIADOS POR EL ESPÍRITU SANTO:

Reconoce Su obra en tu vida: Permite que el Espíritu restaure cualquier área rota en tu relación con Dios o con otros.

Sé un instrumento de reconciliación: Él te capacita para trabajar en la restauración de relaciones y para compartir el evangelio con quienes aún no conocen a Cristo.

Compromiso práctico:

Busca hoy una relación que necesite reconciliación. Ora al Espíritu Santo para que te guíe en humildad y amor, y toma un paso concreto hacia la restauración.

Puntos de oración:

Agradece porque el Espíritu Santo te reconcilia con Dios y con los demás.

Ora por un corazón dispuesto a buscar la paz en tus relaciones.

Clama por quienes necesitan ser reconciliados con Dios a través de Cristo.

Día 28 - Noviembre:

Guiados hacia una Generosidad Transformadora

Citas bíblicas a leer: 2 Corintios 6-9

Reflexión:

En 2 Corintios 9:7 se afirma: "Dios ama al dador alegre."

El Espíritu Santo nos guía hacia una vida de generosidad, no solo con nuestros recursos, sino también con nuestro tiempo, talentos y amor. Este tipo de generosidad refleja el carácter de Dios y abre puertas para Su obra en el mundo.

SIENDO GUIADOS POR EL ESPÍRITU SANTO:

Da con un corazón alegre: El Espíritu nos enseña a dar desde un lugar de gratitud, confiando en que Dios proveerá para nuestras necesidades.

Busca oportunidades para bendecir: Permite que Él te guíe hacia las personas o causas que necesitan de tu apoyo.

Compromiso práctico:

Identifica hoy una oportunidad para ser generoso, ya sea con tus recursos, tiempo o talentos. Ora al Espíritu Santo para que dirija tu acción con gozo y gratitud.

Puntos de oración:

Agradece porque el Espíritu Santo te enseña a dar con alegría.

Ora para que tu vida sea un canal de bendición para otros.

Clama por quienes necesitan provisión y apoyo.

Día 29 - Noviembre:

Guiados hacia la Humildad

Citas bíblicas a leer: 2 Corintios 10-13

Reflexión:

En 2 Corintios 12:9, Dios responde a Pablo: "Bástate mi gracia; porque mi poder se perfecciona en la debilidad."

El Espíritu Santo nos guía a reconocer nuestra dependencia total de Dios, recordándonos que Su gracia es suficiente y que Su poder se manifiesta en nuestra debilidad.

SIENDO GUIADOS POR EL ESPÍRITU SANTO:

Confía en Su fortaleza: Permite que Él transforme tu debilidad en un testimonio de Su poder.

Rinde tu orgullo: La humildad es la puerta para experimentar el obrar del Espíritu de manera plena.

Compromiso práctico:

Ora hoy entregando tus debilidades al Espíritu Santo. Declara que Su gracia es suficiente y que confías en Su poder para obrar en ti y a través de ti.

Puntos de oración:

Agradece porque el Espíritu Santo fortalece en medio de la debilidad.

Ora para caminar en humildad y dependencia de Dios.

Clama por quienes luchan con orgullo o inseguridad, para que encuentren paz en Su gracia.

Día 30 - Noviembre:

Guiados hacia la Alabanza

Citas bíblicas a leer: Salmos 135-137

Reflexión:

El Salmo 135:3 proclama: "Alabad a Jehová, porque Él es bueno; cantad salmos a Su nombre, porque es benigno."

El Espíritu Santo nos guía a una vida de alabanza continua, recordándonos la bondad y fidelidad de Dios. La alabanza, inspirada por el Espíritu, nos conecta con Su presencia y renueva nuestra fe.

SIENDO GUIADOS POR EL ESPÍRITU SANTO:

Alaba en todo tiempo: Permite que el Espíritu te inspire a alabar a Dios, incluso en medio de dificultades. La alabanza abre puertas para Su obrar en tu vida.

Refleja Su bondad: Vive de manera que tu vida sea un testimonio de la grandeza y amor de Dios.

Compromiso práctico:

Dedica un tiempo especial hoy para alabar a Dios por Su bondad y fidelidad. Escribe una lista de razones para alabarlo y compártela con alguien como testimonio.

Puntos de oración:

Agradece por la bondad y fidelidad de Dios en tu vida.

Ora para que tu corazón esté lleno de alabanza en todo momento.

Clama por quienes necesitan ser inspirados a alabar a Dios, para que encuentren gozo en Su presencia.

DICIEMBRE

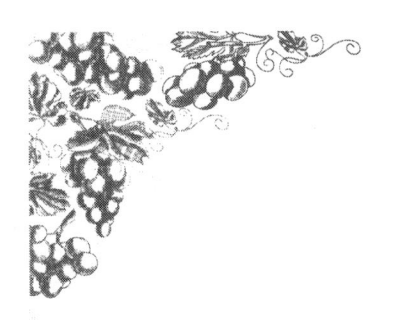

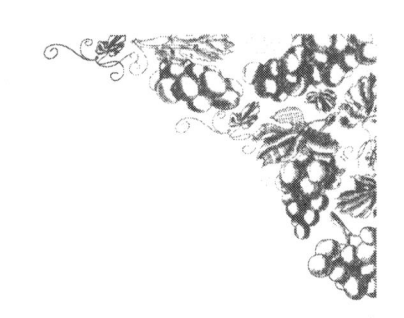

"El secreto de una vida fructífera está en permanecer profundamente conectado a la Vid Verdadera. No te sueltes de Cristo; Él es tu fuente."

"El que permanece en mí, y yo en él, éste lleva mucho fruto; porque separados de mí, nada podéis hacer." (Juan 15:5)

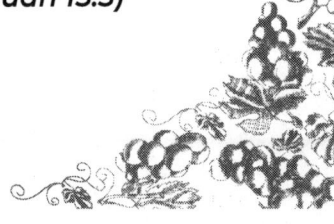

Día 1 - Diciembre:

Identidad en Cristo

Citas bíblicas a leer: Hechos 18:12-19:41; Efesios 1-2

Reflexión:

En Efesios 1:4-5, Pablo declara: "En amor nos predestinó para ser adoptados hijos suyos por medio de Jesucristo."

Este pasaje resalta nuestra identidad como hijos amados de Dios, elegidos desde antes de la fundación del mundo. Saber quiénes somos en Cristo nos da estabilidad emocional y espiritual, incluso en momentos de incertidumbre.

Controlando mis emociones:

Cuando nos sentimos rechazados o inseguros, recordar nuestra identidad en Cristo puede ser transformador.

Reconoce la raíz de tus emociones: Identifica si tus sentimientos de inseguridad provienen de palabras o acciones de otros.

Afirma quién eres en Cristo: Repítete: "Soy hijo amado de Dios, escogido y aceptado en Su amor."

Compromiso práctico:

Escribe una lista de promesas de Efesios 1 y 2 que reafirmen tu identidad en Cristo. Léelas diariamente y medita en ellas cuando te sientas emocionalmente inestable.

Puntos de oración:

Agradece por el amor incondicional de Dios que te da identidad.

Ora para que tus emociones se alineen con la verdad de Su Palabra.

Clama por quienes luchan con sentimientos de rechazo, para que encuentren su seguridad en Cristo.

Día 2 - Diciembre:

Fortaleza Interior

Citas bíblicas a leer: Efesios 3-6

Reflexión:

Efesios 3:16 dice: "Para que os dé, conforme a las riquezas de Su gloria, el ser fortalecidos con poder en el hombre interior por Su Espíritu."

El Espíritu Santo nos da fortaleza interior para enfrentar desafíos emocionales y espirituales. No se trata de nuestras fuerzas, sino del poder divino que actúa en nosotros.

Controlando mis emociones:

Restaura tu fortaleza interna: Cuando te sientas débil, dedica tiempo a orar y pedir al Espíritu que renueve tu fuerza.

Evita actuar impulsivamente: Antes de responder en medio de la ira o frustración, pide sabiduría para reaccionar en amor.

Compromiso práctico:

Haz una pausa durante el día para orar por fortaleza interior. Toma 5 minutos para respirar profundamente y reflexionar en el poder de Dios que opera en ti.

Puntos de oración:

Agradece por el Espíritu Santo que renueva tu fuerza cada día.

Ora para que Dios te capacite para enfrentar las dificultades con paz.

Clama por aquellos que se sienten débiles o agotados, para que encuentren fuerza en el Señor.

Día 3 - Diciembre:

Justicia por Fe

Citas bíblicas a leer: Romanos 1-3

Reflexión:

Romanos 3:24 dice: "Siendo justificados gratuitamente por Su gracia, mediante la redención que es en Cristo Jesús."

La justificación es un regalo inmerecido. Esto significa que no somos definidos por nuestros fracasos emocionales o espirituales, sino por la obra de Cristo. Esta verdad nos llena de paz y seguridad.

Controlando mis emociones:

Acepta la gracia de Dios: No permitas que el remordimiento o la culpa te definan. Entrégaselos al Señor.

Perdónate a ti mismo: A veces somos más duros con nosotros mismos que Dios. Aprende a recibir Su perdón.

Compromiso práctico:

Reflexiona en un área de tu vida donde luchas con la culpa. Escribe una oración de rendición, entregando esa carga a Dios y declarando tu confianza en Su gracia.

Puntos de oración:

Agradece porque Dios te ha justificado por Su gracia.

Ora por libertad de la culpa y el perfeccionismo.

Clama por quienes se sienten indignos, para que experimenten el amor redentor de Cristo.

Día 4 - Diciembre:

La Fe que Avanza

Citas bíblicas a leer: Romanos 4-6

Reflexión:

Romanos 4:20 afirma acerca de Abraham: "No dudó, por incredulidad, de la promesa de Dios, sino que se fortaleció en fe, dando gloria a Dios."

La fe nos lleva a confiar en las promesas de Dios, incluso cuando nuestras emociones nos llevan a dudar. Es un ancla que nos permite avanzar hacia Su propósito.

Controlando mis emociones:

Enfrenta la duda con fe: Cuando sientas temor o ansiedad, proclama en voz alta las promesas de Dios.

Fortalece tu fe: Lee historias bíblicas como la de Abraham que te inspiren a confiar en el Señor.

Compromiso práctico:

Escribe una promesa de Dios que sea relevante para la situación que enfrentas. Medita en ella y repítela cada vez que sientas duda o miedo.

Puntos de oración:

Agradece por la fe que Dios te ha dado para confiar en Sus promesas.

Ora para que tu fe crezca aun en medio de las dificultades.

Clama por aquellos que están luchando con incredulidad, para que encuentren esperanza en la Palabra de Dios.

Día 5 - Diciembre:

Libertad en Cristo

Citas bíblicas a leer: Romanos 7-9

Reflexión:

Romanos 8:1 declara: "Ahora, pues, ninguna condenación hay para los que están en Cristo Jesús."

Este versículo nos recuerda que la condenación no tiene lugar en la vida del creyente. Jesús nos ha liberado de la esclavitud del pecado, y Su Espíritu nos ayuda a vivir en libertad y plenitud.

Controlando mis emociones:

Rompe el ciclo de la condenación: Cuando te sientas atrapado por pensamientos negativos, pídele al Espíritu Santo que te recuerde la verdad de tu libertad en Cristo.

Vive en el Espíritu: La libertad se encuentra cuando dejamos que Él guíe nuestras decisiones y emociones.

Compromiso práctico:

Escribe en tu diario un área donde te sientes condenado. Ora al Señor, pidiéndole que te ayude a caminar en Su libertad.

Puntos de oración:

Agradece porque Cristo te ha liberado de la condenación.

Ora por sensibilidad para vivir según el Espíritu y no según la carne.

Clama por aquellos que necesitan experimentar la libertad que hay en Cristo.

Día 6 - Diciembre:

Renovando Nuestra Mente

Citas bíblicas a leer: Romanos 10-12

Reflexión:

En Romanos 12:2 se nos exhorta: "No os conforméis a este siglo, sino transformaos por medio de la renovación de vuestro entendimiento, para que comprobéis cuál sea la buena voluntad de Dios."

El Espíritu Santo trabaja en nuestra mente para transformarla y alinearla con la verdad de Dios. Este proceso nos permite controlar nuestras emociones y vivir conforme a Su voluntad.

Controlando mis emociones:

Identifica pensamientos dañinos: Pregúntate si los pensamientos que alimentan tus emociones reflejan la verdad de Dios o las mentiras del enemigo.

Permite que Dios renueve tu mente: Dedica tiempo a memorizar y meditar en pasajes bíblicos que reemplacen los patrones de pensamiento negativos.

Compromiso práctico:

Escribe un versículo que hable a una emoción específica que estás enfrentando (por ejemplo, ansiedad, enojo o tristeza). Memorízalo y repítelo cada vez que esa emoción te afecte.

Puntos de oración:

Agradece porque el Espíritu Santo renueva tu mente con Su verdad.

Ora por la fortaleza para reemplazar pensamientos negativos con la Palabra de Dios.

Clama por quienes están atrapados en patrones de pensamiento dañinos, para que encuentren libertad en Cristo.

Día 7 - Diciembre: Refugio en el Señor

Citas bíblicas a leer: Salmos 138-140

Reflexión:

El Salmo 138:7 declara: "Si anduviere yo en medio de la angustia, Tú me vivificarás; contra la ira de mis enemigos extenderás Tu mano, y me salvará Tu diestra."

En momentos de angustia emocional, Dios es nuestro refugio y fortaleza. Él extiende Su mano para sostenernos y protegernos, vivificando nuestras almas con Su presencia.

Controlando mis emociones:

Busca refugio en la oración: Cuando te sientas abrumado, acércate a Dios en oración y confía en Su protección.

Recuerda Su fidelidad: Reflexiona en las formas en que Dios te ha librado en el pasado y deja que esa confianza llene tu corazón.

Compromiso práctico:

Tómate unos minutos hoy para orar específicamente por cualquier situación que te cause angustia. Escribe una oración de entrega, declarando tu confianza en el cuidado de Dios.

Puntos de oración:

Agradece porque Dios es tu refugio en tiempos de angustia.

Ora para que Su paz llene tu corazón y te dé fortaleza.

Clama por quienes necesitan experimentar la protección y el consuelo de Dios.

Día 8 - Diciembre:

Viviendo en Amor

Citas bíblicas a leer: Romanos 13-16

Reflexión:

Romanos 13:10 enseña: "El amor no hace mal al prójimo; así que el cumplimiento de la ley es el amor."

El amor es la base de nuestras acciones como creyentes. Cuando permitimos que el amor de Dios gobierne nuestras emociones, nuestras palabras y acciones se alinean con Su carácter, trayendo paz y reconciliación a nuestras relaciones.

Controlando mis emociones:

Deja que el amor guíe tus reacciones: Antes de responder con enojo o frustración, pregúntate: "¿Esto refleja el amor de Cristo?"

Elige perdonar: El perdón es una expresión de amor que libera tu corazón de la carga emocional del rencor.

Compromiso práctico:

Identifica una relación en la que necesites actuar con más amor o perdón. Ora por sabiduría y fortaleza para dar ese paso, confiando en que Dios transformará la situación.

Puntos de oración:

Agradece porque el amor de Dios te capacita para amar a otros.

Ora para que tus emociones reflejen el amor de Cristo en cada situación.

Clama por quienes necesitan experimentar el amor y la reconciliación en sus vidas.

Día 9 - Diciembre:

Propósito en Medio de las Pruebas

Citas bíblicas a leer: Hechos 20-22

Reflexión:

En Hechos 20:24, Pablo dice: "Pero de ninguna cosa hago caso, ni estimo preciosa mi vida para mí mismo, con tal que acabe mi carrera con gozo, y el ministerio que recibí del Señor Jesús."

Las pruebas y desafíos emocionales pueden ser desalentadores, pero cuando recordamos el propósito que Dios tiene para nuestra vida, encontramos fuerza para perseverar con gozo.

Controlando mis emociones:

Encuentra propósito en la prueba: Pregunta a Dios qué quiere enseñarte o cómo desea usarte en medio de tu situación actual.

Enfócate en lo eterno: Permite que el Espíritu Santo te ayude a mirar más allá de las circunstancias temporales, hacia el plan eterno de Dios.

Compromiso práctico:

Escribe una lista de formas en las que Dios ha usado pruebas pasadas para fortalecer tu fe o bendecir a otros. Usa esa lista como recordatorio de Su fidelidad.

Puntos de oración:

Agradece porque Dios tiene un propósito incluso en medio de las pruebas.

Ora por fortaleza para perseverar con gozo y fe.

Clama por quienes están enfrentando dificultades, para que encuentren esperanza en el plan de Dios.

Día 10 - Diciembre:
Manteniendo una Buena Conciencia

Citas bíblicas a leer: Hechos 23-25

Reflexión:

En Hechos 24:16, Pablo declara: "Y por esto procuro tener siempre una conciencia sin ofensa ante Dios y ante los hombres."

Una conciencia limpia nos da paz emocional y nos ayuda a mantener relaciones saludables. Vivir con integridad y honestidad, tanto con Dios como con otros, es esencial para manejar nuestras emociones de manera saludable.

Controlando mis emociones:

Evalúa tu corazón: Dedica tiempo a examinar si hay actitudes o acciones que necesitas confesar a Dios o reconciliar con otros.

Busca la paz: Elimina las fuentes de culpa o remordimiento, actuando en obediencia a lo que el Espíritu Santo te guía a hacer.

Compromiso práctico:

Reflexiona en tu relación con Dios y con otros. Si identificas áreas donde necesitas reconciliación o confesión, toma un paso concreto hacia la restauración hoy mismo.

Puntos de oración:

Agradece porque el Espíritu Santo te guía a mantener una conciencia limpia.

Ora por valentía para confesar errores y buscar la paz con otros.

Clama por quienes están luchando con culpa, para que encuentren libertad en Cristo.

Día 11 - Diciembre:
Testificando con Gozo

Citas bíblicas a leer: Hechos 26-28

Reflexión:

En Hechos 26:2, Pablo dice: "Me tengo por dichoso, oh rey Agripa, de que haya de defenderme hoy delante de ti."

Incluso en medio de la adversidad, Pablo encontró gozo en testificar del evangelio. Cuando permitimos que nuestras emociones sean guiadas por Dios, podemos experimentar gozo en compartir nuestra fe, independientemente de las circunstancias.

Controlando mis emociones:

Enfrenta la oposición con confianza: Pide al Espíritu Santo que te dé valentía y gozo para testificar de Cristo, incluso en situaciones desafiantes.

Mantén un corazón agradecido: La gratitud transforma nuestras emociones y nos ayuda a compartir el evangelio con entusiasmo.

Compromiso práctico:

Ora hoy por una oportunidad para compartir tu testimonio. Confía en que Dios te dará las palabras y el gozo para hablar de Su obra en tu vida.

Puntos de oración:

Agradece por la oportunidad de compartir el evangelio.

Ora por gozo y valentía al testificar de Cristo.

Clama por quienes necesitan escuchar el mensaje de salvación.

Día 12 - Diciembre:

Plenitud en Cristo

Citas bíblicas a leer: *Colosenses*

Reflexión:

Colosenses 2:10 dice: "Y vosotros estáis completos en Él, que es la cabeza de todo principado y potestad."

Nuestra plenitud no proviene de lo que tenemos o hacemos, sino de quiénes somos en Cristo. Esta verdad nos libera de la ansiedad y nos permite vivir con paz y gozo en cada área de nuestra vida.

Controlando mis emociones:

Descansa en Su suficiencia: Deja de buscar tu valor en el rendimiento o la aprobación de otros.

Permite que Cristo sea tu centro: Busca en Él la satisfacción que ninguna otra cosa puede dar.

Compromiso práctico:

Escribe tres razones por las que estás completo en Cristo y agradece a Dios por ellas. Usa esta lista como un recordatorio de tu plenitud en Él.

Puntos de oración:

Agradece porque en Cristo tienes todo lo que necesitas.

Ora por un corazón satisfecho en Su plenitud.

Clama por quienes buscan completarse en lo temporal, para que encuentren verdadera satisfacción en Cristo.

Día 13 - Diciembre:
Viviendo en la Confianza de Su Palabra

Citas bíblicas a leer: Hebreos 1-4

Reflexión:

En Hebreos 4:12 se dice: "Porque la palabra de Dios es viva y eficaz, y más cortante que toda espada de dos filos."

La Palabra de Dios es una fuente inagotable de confianza y dirección. Cuando enfrentamos emociones como la inseguridad o el temor, podemos encontrar fortaleza al meditar en Su verdad.

Controlando mis emociones:

Permite que la Palabra examine tu corazón: La Palabra de Dios puede revelar las raíces de tus emociones negativas y ayudarte a enfrentarlas con sabiduría.

Confía en Su poder: Reconoce que las Escrituras tienen el poder de renovar tu mente y estabilizar tus emociones.

Compromiso práctico:

Dedica un tiempo hoy para leer y meditar en un pasaje que hable directamente a una emoción que enfrentas. Escribe cómo esa verdad puede transformar tu perspectiva.

Puntos de oración:

Agradece porque la Palabra de Dios es viva y eficaz.

Ora para que Su Palabra te dé estabilidad emocional.

Clama por quienes necesitan ser consolados y guiados por las Escrituras.

Día 14 - Diciembre:

Paz en Medio del Caos

Citas bíblicas a leer: Salmos 141-143

Reflexión:

El Salmo 143:8 declara: "Hazme oír por la mañana Tu misericordia, porque en Ti he confiado."

Cuando las circunstancias parecen abrumadoras, podemos encontrar paz al recordar que Dios nos sostiene con Su misericordia cada día. Esta certeza nos ayuda a mantener la calma en medio del caos.

Controlando mis emociones:

Céntrate en Su misericordia: En lugar de enfocarte en tus problemas, reflexiona en cómo Dios ya ha mostrado Su fidelidad en el pasado.

Practica la gratitud: Cambia tu perspectiva anotando tres cosas por las que estás agradecido hoy.

Compromiso práctico:

Cuando te sientas abrumado, toma un momento para orar y respirar profundamente, recordando que Su misericordia es nueva cada mañana.

Puntos de oración:

Agradece porque Su misericordia te da paz en medio del caos.

Ora para que tu corazón descanse en Su fidelidad.

Clama por quienes están enfrentando situaciones difíciles, para que encuentren consuelo en Dios.

Día 15 - Diciembre:

Creciendo en Madurez Espiritual

Citas bíblicas a leer: Hebreos 5-8

Reflexión:

En Hebreos 5:14 se nos dice: "Pero el alimento sólido es para los que han alcanzado madurez, para los que por el uso tienen los sentidos ejercitados en el discernimiento del bien y del mal."

El crecimiento espiritual nos ayuda a manejar nuestras emociones con mayor sabiduría y autocontrol. A medida que maduramos en nuestra fe, aprendemos a responder en lugar de reaccionar.

Controlando mis emociones:

Busca el alimento sólido: Dedica tiempo a profundizar en las Escrituras y en la oración, permitiendo que Dios te transforme desde adentro.

Ejercita el discernimiento: Antes de actuar según tus emociones, evalúa si tus pensamientos y acciones reflejan los principios de Dios.

Compromiso práctico:

Haz un compromiso de profundizar en un libro de la Biblia durante esta semana. Busca cómo aplicar sus enseñanzas en tu vida diaria para crecer en madurez espiritual.

Puntos de oración:

Agradece porque Dios te equipa para crecer en madurez espiritual.

Ora por discernimiento para manejar tus emociones de manera sabia.

Clama por una iglesia que busque la madurez en Cristo.

Día 16 - Diciembre:

Fe para lo Imposible

Citas bíblicas a leer: Hebreos 9-11

Reflexión:

En Hebreos 11:1 se declara: "Es, pues, la fe la certeza de lo que se espera, la convicción de lo que no se ve."

La fe nos da estabilidad emocional, incluso cuando enfrentamos lo desconocido. Saber que Dios tiene el control nos llena de esperanza y nos permite caminar con confianza hacia lo que Él ha prometido.

Controlando mis emociones:

Reemplaza la duda con confianza: Cuando enfrentes incertidumbre, repite las promesas de Dios en voz alta.

Mantén una perspectiva eterna: Reconoce que las promesas de Dios siempre se cumplen, aunque no veamos resultados inmediatos.

Compromiso práctico:

Escribe una oración de fe por una situación que parezca imposible. Confía en que Dios está obrando, incluso cuando no lo veas.

Puntos de oración:

Agradece porque la fe te da esperanza en lo imposible.

Ora por confianza en las promesas de Dios, aun en la incertidumbre.

Clama por quienes necesitan fe para enfrentar sus desafíos.

Día 17 - Diciembre:
Perseverancia con Gozo

Citas bíblicas a leer: Hebreos 12-13; Tito

Reflexión:

En Hebreos 12:2, se nos insta: "Puestos los ojos en Jesús, el autor y consumador de la fe, el cual por el gozo puesto delante de Él sufrió la cruz."

El ejemplo de Jesús nos enseña a perseverar con gozo, sabiendo que nuestras pruebas son temporales y que el propósito de Dios es eterno.

Controlando mis emociones:

Enfócate en Jesús: Cuando tus emociones se desborden, recuerda el sacrificio y la victoria de Cristo.

Encuentra gozo en el propósito: Permite que el Espíritu Santo te revele cómo tus pruebas están moldeando tu carácter y fortaleciendo tu fe.

Compromiso práctico:

Haz una lista de razones para agradecer a Dios por lo que estás aprendiendo en tus pruebas actuales. Mantén esa lista como recordatorio de Su obra en tu vida.

Puntos de oración:

Agradece por el ejemplo de perseverancia de Jesús.

Ora por gozo en medio de tus pruebas.

Clama por quienes necesitan fuerzas para perseverar.

Día 18 - Diciembre:
Viviendo con Propósito

Citas bíblicas a leer: 1 Timoteo

Reflexión:

En 1 Timoteo 6:12 se exhorta: "Pelea la buena batalla de la fe, echa mano de la vida eterna."

Dios nos llama a vivir con propósito, peleando la buena batalla de la fe. Esto significa controlar nuestras emociones para que no nos distraigan del llamado que Dios ha puesto en nuestra vida.

Controlando mis emociones:

Define tu propósito en Dios: Ora y pide al Espíritu Santo que te ayude a enfocarte en lo que realmente importa.

Evita las distracciones emocionales: Cuando sientas enojo o tristeza, pregúntate si estas emociones están alineadas con el propósito de Dios.

Compromiso práctico:

Dedica tiempo a reflexionar en tu llamado y escribe tres formas prácticas de avanzar en ese propósito esta semana.

Puntos de oración:

Agradece porque Dios te ha dado un propósito eterno.

Ora por enfoque y determinación para vivir según Su llamado.

Clama por quienes necesitan descubrir su propósito en Cristo.

Día 19 - Diciembre:
Amor y Servicio

Citas bíblicas a leer: 2 Timoteo; Filemón

Reflexión:

En Filemón 1:7, Pablo dice: "Pues tenemos gran gozo y consolación en tu amor, porque por ti, oh hermano, han sido confortados los corazones de los santos."

El amor nos motiva a servir y edificar a otros. Cuando nuestras emociones están alineadas con el amor de Dios, nuestras palabras y acciones tienen el poder de consolar y fortalecer a los demás.

Controlando mis emociones:

Sirve con amor genuino: Elimina el resentimiento o la obligación de tu servicio, permitiendo que el amor de Dios guíe tus motivaciones.

Refresca a otros: Busca maneras prácticas de animar y fortalecer a quienes te rodean.

Compromiso práctico:

Hoy, identifica a alguien que necesite aliento. Ora por esa persona y encuentra una manera de mostrarle amor a través de un acto de servicio.

Puntos de oración:

Agradece porque Dios te capacita para amar y servir a otros.

Ora para que tus emociones reflejen el amor de Cristo.

Clama por quienes necesitan ánimo y apoyo en sus vidas.

Día 20 - Diciembre:

Viviendo como Extranjeros

Citas bíblicas a leer: 1 Pedro

Reflexión:

En 1 Pedro 2:11 se nos dice: "Amados, yo os ruego como a extranjeros y peregrinos, que os abstengáis de los deseos carnales que batallan contra el alma."

Reconocer que nuestra verdadera ciudadanía está en el cielo nos ayuda a controlar nuestras emociones y deseos, enfocándonos en lo eterno en lugar de lo temporal.

Controlando mis emociones:

Recuerda tu identidad celestial: Cuando enfrentes tentaciones o emociones desordenadas, recuerda que eres ciudadano del cielo.

Busca lo eterno: Dedica tiempo a pensar cómo tus acciones actuales impactan el reino de Dios.

Compromiso práctico:

Haz una lista de cosas que valoras en esta vida. Ora sobre ellas y pide al Espíritu Santo que te ayude a priorizar lo que tiene un impacto eterno.

Puntos de oración:

Agradece porque Dios te ha hecho ciudadano del cielo.

Ora por fortaleza para abstenerte de los deseos carnales.

Clama por una iglesia enfocada en lo eterno.

Día 21 - Diciembre:

Fortaleza en el Señor

Citas bíblicas a leer: Salmos 144-146

Reflexión:

El Salmo 144:1 dice: "Bendito sea Jehová, mi roca, quien adiestra mis manos para la batalla, y mis dedos para la guerra."

Dios es nuestra fortaleza en medio de cualquier lucha. Él nos equipa para enfrentar los desafíos emocionales y espirituales con valentía y confianza, recordándonos que no estamos solos en la batalla.

Controlando mis emociones:

Descansa en Su fortaleza: Cuando sientas miedo o debilidad, recuerda que Dios es tu roca y tu defensor.

Permite que Él guíe tus batallas: En lugar de actuar impulsivamente, ora por Su sabiduría y fuerza para responder correctamente.

Compromiso práctico:

Identifica una situación que parezca un desafío emocional o espiritual. Ora al Señor, entregándole la batalla y pidiéndole que te guíe y te fortalezca.

Puntos de oración:

Agradece porque Dios es tu roca y tu refugio.

Ora por valentía para enfrentar los desafíos con Su fortaleza.

Clama por quienes están luchando con inseguridad o miedo.

Día 22 - Diciembre:

Amor Perfecto que Echa Fuera el Temor

Citas bíblicas a leer: 1 Juan

Reflexión:

En 1 Juan 4:18 se proclama: "En el amor no hay temor, sino que el perfecto amor echa fuera el temor."

El amor de Dios calma nuestras emociones más intensas, especialmente el miedo. Cuando somos conscientes de cuánto nos ama el Señor, podemos enfrentar cualquier circunstancia con seguridad.

Controlando mis emociones:

Recuerda que eres amado: En momentos de ansiedad o temor, medita en el amor incondicional de Dios hacia ti.

Deja que Su amor te transforme: Permite que el Espíritu Santo te guíe a reaccionar con amor y no con miedo.

Compromiso práctico:

Escribe una carta a ti mismo, recordándote cuánto te ama Dios. Léela cada vez que sientas temor o inseguridad.

Puntos de oración:

Agradece porque el amor de Dios te da seguridad y paz.

Ora para vivir en el amor que echa fuera el temor.

Clama por quienes están atrapados en el miedo, para que encuentren libertad en el amor de Cristo.

Día 23 - Diciembre:
Guardados en la Verdad

Citas bíblicas a leer: 2 Pedro; 2 Juan; 3 Juan; Judas

Reflexión:

En Judas 1:24 se afirma: "Y a aquel que es poderoso para guardaros sin caída y presentaros sin mancha delante de Su gloria con gran alegría."

Dios nos guarda en Su verdad y nos fortalece para vivir en santidad, incluso en un mundo lleno de confusión. Esto nos da estabilidad emocional y nos asegura que Su gracia es suficiente.

Controlando mis emociones:

Aférrate a la verdad de Dios: No permitas que tus emociones sean influenciadas por mentiras o medias verdades; busca Su Palabra.

Confía en Su poder para sostenerte: Cuando te sientas débil, recuerda que es Dios quien te guarda y te capacita para mantenerte firme.

Compromiso práctico:

Identifica una verdad bíblica que necesites recordar en este momento. Escríbela y repítela durante el día.

Puntos de oración:

Agradece porque Dios te guarda y te fortalece.

Ora para que Su verdad te guíe en cada decisión.

Clama por quienes están luchando con dudas o confusión.

Día 24 - Diciembre:
Una Visión Celestial

Citas bíblicas a leer: Apocalipsis 1-4

Reflexión:

En Apocalipsis 4:11 se declara: "Señor, digno eres de recibir la gloria, la honra y el poder; porque Tú creaste todas las cosas."

Tener una visión celestial nos ayuda a poner nuestras emociones en perspectiva. Saber que Dios es soberano y digno de alabanza nos llena de paz y confianza en medio de las dificultades.

Controlando mis emociones:

Adora en medio de la prueba: La adoración te conecta con la soberanía y grandeza de Dios, calmando tus temores y preocupaciones.

Enfócate en lo eterno: No permitas que las emociones momentáneas te desvíen de la gloria de Dios y Su propósito eterno.

Compromiso práctico:

Dedica un tiempo especial hoy para adorar a Dios. Escucha un himno o salmo que celebre Su grandeza y permite que esa adoración te renueve.

Puntos de oración:

Agradece porque Dios es digno de toda alabanza y honor.

Ora para mantener tus emociones enfocadas en lo eterno.

Clama por una iglesia que adore a Dios con fervor y verdad.

Día 25 - Diciembre:

El Cordero que Trae Paz

Citas bíblicas a leer: Apocalipsis 5-7

Reflexión:

En Apocalipsis 5:12, los ángeles proclaman: "El Cordero que fue inmolado es digno de tomar el poder, las riquezas, la sabiduría, la fortaleza, la honra, la gloria y la alabanza."

Jesús, el Cordero de Dios, trae paz a nuestras almas al reconciliarnos con Dios y darnos acceso a Su presencia. Su sacrificio nos permite descansar en Su gracia y vivir con confianza.

Controlando mis emociones:

Descansa en la obra de Cristo: Cuando sientas ansiedad o culpa, recuerda que Jesús ya ha hecho todo lo necesario para tu salvación.

Vive en gratitud: Permite que Su sacrificio inspire paz y gratitud en tu corazón.

Compromiso práctico:

Tómate un momento hoy para agradecer a Jesús por Su sacrificio. Escribe una oración expresando cómo Su paz ha transformado tu vida.

Puntos de oración:

Agradece por la paz que Jesús trae a tu vida.

Ora para vivir en esa paz diariamente.

Clama por quienes necesitan reconciliarse con Dios.

Día 26 - Diciembre:

Seguridad en el Juicio de Dios

Citas bíblicas a leer: Apocalipsis 8-11

Reflexión:

En Apocalipsis 11:15 se proclama: "Los reinos del mundo han venido a ser de nuestro Señor y de Su Cristo; y Él reinará por los siglos de los siglos."

El juicio de Dios no es motivo de temor para Sus hijos, sino una garantía de que Su justicia prevalecerá. Esta seguridad nos llena de paz y esperanza, sabiendo que Él tiene el control.

Controlando mis emociones:

Confía en Su justicia: Deja de preocuparte por lo que no puedes controlar; confía en que Dios está obrando Su plan perfecto.

Espera con paciencia: Permite que Su soberanía calme tus ansiedades.

Compromiso práctico:

Identifica un área donde sientes temor o incertidumbre. Entrégasela a Dios en oración, declarando que confías en Su control y justicia.

Puntos de oración:

Agradece porque Dios es justo y soberano.

Ora por paz mientras esperas Su obra perfecta.

Clama por quienes están llenos de temor ante el futuro.

Día 27 - Diciembre:
Adorando al Cordero Vencedor

Citas bíblicas a leer: Apocalipsis 12-13

Reflexión:

En Apocalipsis 12:11 se nos dice: "Ellos le han vencido por medio de la sangre del Cordero y de la palabra del testimonio de ellos."

La victoria de los creyentes se encuentra en el sacrificio de Cristo y en Su poder manifestado en nuestras vidas. El enemigo no tiene poder sobre quienes permanecen firmes en la verdad de Dios y testifican de Su obra.

Controlando mis emociones:

Aférrate a la victoria de Cristo: Cuando enfrentes miedo o dudas, proclama que ya eres vencedor por la sangre del Cordero.

Adora con gratitud: Deja que la alabanza transforme cualquier sentimiento de derrota en esperanza y confianza en Su poder.

Compromiso práctico:

Escribe un testimonio breve de cómo has experimentado la victoria de Dios en tu vida este año. Comparte esa historia con alguien para fortalecer su fe y proclamar la obra del Cordero.

Puntos de oración:

Agradece porque la sangre de Cristo te da victoria sobre el pecado y el enemigo.

Ora por fe para enfrentar las batallas espirituales con valentía.

Clama por quienes necesitan experimentar la victoria del Cordero en sus vidas.

Día 28 - Diciembre:

Adorando al Creador

Citas bíblicas a leer: Salmos 147-150

Reflexión:

El Salmo 148:5 declara: "Alaben el nombre de Jehová; porque Él mandó, y fueron creados."

La creación entera alaba al Señor por Su poder y majestad. Cuando dirigimos nuestro corazón a adorar a Dios, nuestras emociones se alinean con la verdad de Su soberanía y bondad.

Controlando mis emociones:

Cambia el enfoque: En medio de tristeza o ansiedad, enfócate en la grandeza de Dios y Su obra en la creación.

Únete a la adoración universal: Recuerda que toda la creación proclama la gloria de Dios; únete con gratitud y gozo a ese cántico.

Compromiso práctico:

Dedica un momento al aire libre para contemplar la creación de Dios. Mientras lo haces, haz una lista de motivos para alabar a Dios por Su poder y amor.

Puntos de oración:

Agradece porque Dios es el creador y sustentador de todo.

Ora para que tu corazón esté lleno de alabanza, incluso en los desafíos.

Clama por quienes necesitan reconocer la gloria de Dios en sus vidas.

Día 29 - Diciembre:
Declarando Su Victoria

Citas bíblicas a leer: Apocalipsis 14-16

Reflexión:

En Apocalipsis 15:3-4, los santos proclaman: "Grandes y maravillosas son Tus obras, Señor Dios Todopoderoso; justos y verdaderos son Tus caminos, Rey de los santos."

La victoria de Dios es segura y Su juicio es justo. Declarar Su poder nos llena de confianza y esperanza en medio de los desafíos de la vida.

Controlando mis emociones:

Declara Su soberanía: Cuando te enfrentes a incertidumbre o temor, recuerda que Dios siempre está en control.

Confía en Su justicia: Permite que Su juicio justo calme tus emociones de frustración o desánimo.

Compromiso práctico:

Hoy, escribe una oración de alabanza que celebre la justicia y la victoria de Dios en tu vida y en el mundo. Léela en voz alta como una declaración de fe.

Puntos de oración:

Agradece porque la victoria de Dios es segura y eterna.

Ora para vivir con confianza en Su justicia y plan soberano.

Clama por quienes necesitan experimentar esperanza en medio de la incertidumbre.

Día 30 - Diciembre:
Descansando en Su Gobierno

Citas bíblicas a leer: Apocalipsis 17-19

Reflexión:

En Apocalipsis 19:6 se proclama: "Aleluya, porque el Señor nuestro Dios Todopoderoso reina."

El gobierno de Dios es inquebrantable. Su reino es eterno y Su autoridad perfecta. Cuando descansamos en Su gobierno, encontramos paz y estabilidad en nuestras emociones, independientemente de las circunstancias.

Controlando mis emociones:

Rinde tus preocupaciones a Su reino: Recuerda que Dios está gobernando sobre todo. Descansa en Su control.

Celebra Su victoria sobre el mal: No permitas que el caos o la injusticia del mundo afecten tu fe; Dios está obrando Su plan perfecto.

Compromiso práctico:

Escribe un área de tu vida donde necesitas confiar más en el gobierno de Dios. Ora al Señor, entregándole esa situación y declarando que Él reina sobre ella.

Puntos de oración:

Agradece porque Dios reina con justicia y poder.

Ora por paz en tu corazón al confiar en Su gobierno.

Clama por quienes luchan con el miedo o la inseguridad, para que encuentren descanso en Su autoridad.

Día 31 - Diciembre:
Anticipando Su Regreso

Citas bíblicas a leer: Apocalipsis 20-22

Reflexión:

En Apocalipsis 22:20, Jesús dice: "Ciertamente vengo en breve."

La promesa del regreso de Cristo llena de esperanza y gozo a quienes le aman. Saber que todas las cosas serán restauradas en Su gloria nos motiva a vivir con propósito y expectativas santas.

Controlando mis emociones:

Vive con esperanza: Cuando enfrentes emociones de desesperanza o desánimo, recuerda que el regreso de Cristo traerá restauración y gozo eterno.

Prepara tu corazón: Permite que el Espíritu Santo guíe tus pensamientos y emociones hacia lo eterno.

Compromiso práctico:

Escribe una meta espiritual para el próximo año que refleje tu esperanza en el regreso de Cristo. Dedica tiempo a orar y planificar cómo vivir con más propósito.

Puntos de oración:

Agradece por la promesa del regreso de Cristo y la esperanza que trae.

Ora para que tu corazón esté alineado con Su voluntad mientras esperas Su regreso.

Clama por quienes aún no conocen a Cristo, para que encuentren salvación antes de Su venida.

PERFIL DEL AUTOR:

El Pastor Luis Ricardo Meza es un siervo apasionado por las almas y un líder entregado al servicio del Reino de Dios. Como pastor principal de la Iglesia Comunidad Cristiana El Faro Ministerio Internacional y fundador del movimiento Jesús Transforma, su vida y ministerio han sido un canal de transformación espiritual para innumerables personas.

Director y maestro de Legacy Christian University en Colombia, combina su amor por la enseñanza con un compromiso profundo de formar discípulos de Cristo que impacten su entorno. Con 19 años caminando con el Señor y 14 años como ministro y predicador, ha demostrado una fe sólida y un corazón dispuesto a servir.

Formado bajo la guía del Apóstol Alejandro Ariza Torres, quien moldeó su carácter y lo instruyó en la Palabra, el Pastor Meza ha crecido como un hombre de fe y humildad, con una marca inconfundible de servicio desinteresado. Está felizmente casado con la Pastora Histar Ariza Herrera, con quien comparte la bendición de ser padres de tres hermosos hijos.

Este devocional refleja su pasión por llevar a otros a una relación más profunda con Dios. A través de sus páginas, el Pastor Meza enfatiza que la verdadera fructificación espiritual solo se logra al permanecer en Cristo, como nos enseña Su Palabra. Invita a los lectores a fortalecer su fe y a descubrir en cada día una oportunidad para vivir plenamente en el propósito eterno de Dios.

BIBLIOGRAFIA

MLA: Sociedades Bíblicas Unidas. La Santa Biblia: Reina-Valera 1960. 1960.

Brunet, M. (s.f.). Ser para hacer..

Brunet, M. (s.f.). Dios no tiene favoritos, tiene íntimos.

Chavda, M. (s.f.). El poder oculto del ayuno y la oración. Editorial Peniel.

Foster, R. J. (s.f.). Alabanza de la disciplina. Editorial Betania.

Graham, B. (s.f.). El Espíritu Santo. Editorial Casa Bautista de Publicaciones.

Hagin, K. E. (s.f.). Cómo ser guiado por el Espíritu Santo. Legacy Edition.

LaHaye, T. (s.f.). Manual del temperamento. Editorial Unilit.

Maxwell, J. C. (s.f.). Piense para obtener un cambio. Editorial Casa Creación.

Meyer, J. (s.f.). Controla tus emociones. Editorial Casa Creación.

Murray, A. (s.f.). Señor, enséñanos a orar. Editorial Tesoro Bíblico.

Pegues, D. S. (s.f.). Controle su lengua en 30 días. Editorial Portavoz.

Roberts, O. (s.f.). Semilla de fe.

Sociedades Bíblicas Unidas. (1960). La Santa Biblia, Reina-Valera 1960. [Versión electrónica o impresa].

MLA: Sociedades Bíblicas Unidas. La Santa Biblia: Reina-Valera 1960. 1960.

Made in the USA
Columbia, SC
07 February 2025